G

8048.

BIOGRAPHIE UNIVERSELLE.

DES

ARCHITECTES CÉLÈBRES

PAR

Feu ALEXANDRE DU BOIS

ARCHITECTE DU GOUVERNEMENT
MEMBRE DU CONSEIL D'HYGIÈNE DU DÉPARTEMENT DE LA SEINE

ET

CHARLES LUCAS

ARCHITECTE

INTRODUCTION

—

1er Fascicule　　　　　　　　　　**Livraisons 1 et 2**

(BUREAUX : RUE ROCHECHOUART, 55)

PARIS

IMPRIMERIE GÉNÉRALE DE CH. LAHURE

IMPRIMEUR DU SÉNAT
RUE DE FLEURUS, 9

—

1868

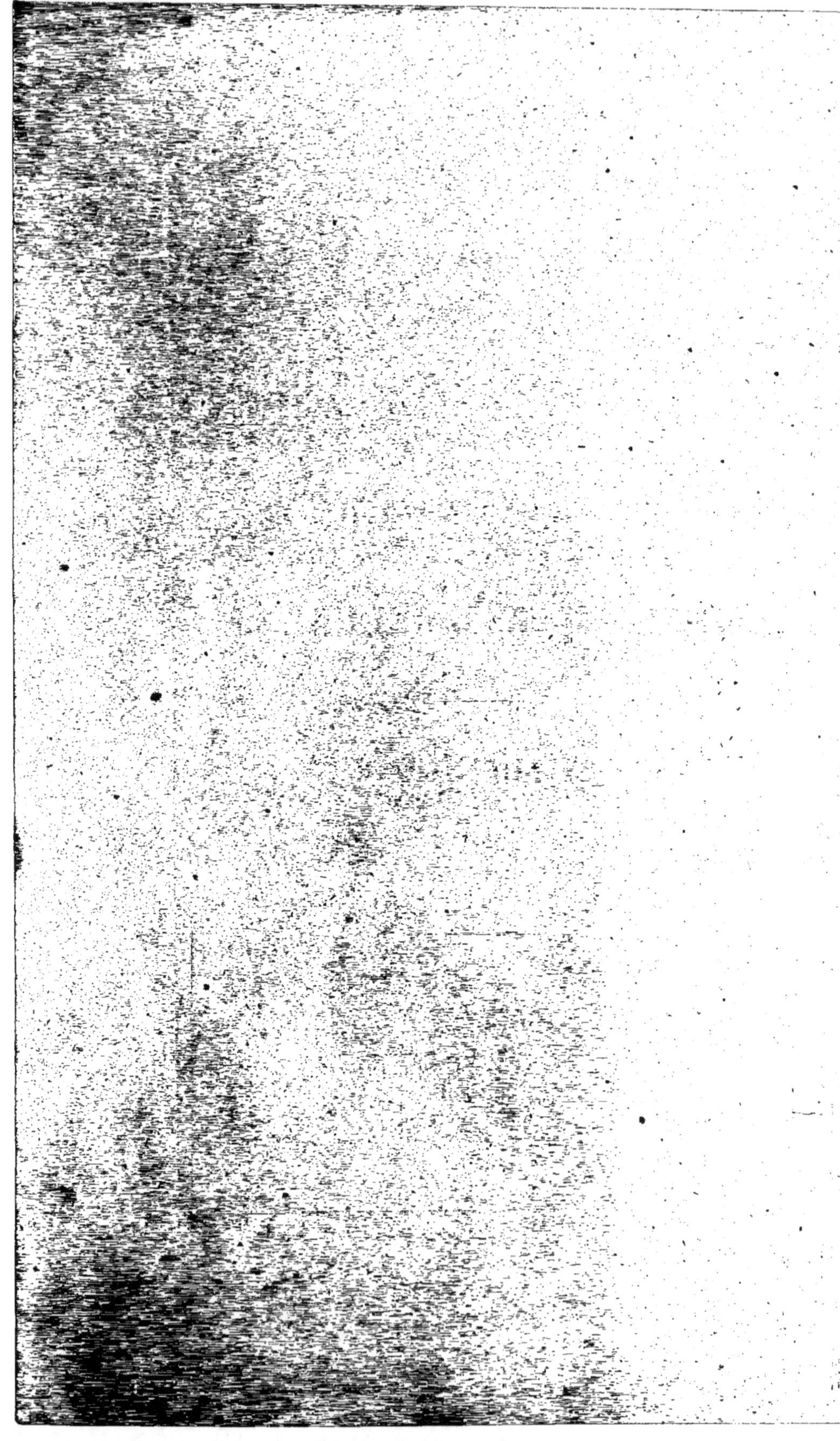

BIOGRAPHIE UNIVERSELLE

DES

ARCHITECTES CÉLÈBRES

—

INTRODUCTION

INTRODUCTION.

Cui fidas vide.

Parmi ces hommes, intelligences d'élite, auxquels la Providence accorde la rare faveur de ne pas mourir tout entiers, les uns, natures impétueuses et hardies, avides d'éclat et de bruit, joignant au savoir vrai qui aime à habiter les profondeurs de l'esprit le savoir-faire qui se produit au dehors, protégés souvent d'ailleurs, il faut bien le dire, par les temps et les circonstances, savourent de leur vivant les jouissances de la célébrité et s'endorment du dernier sommeil aux murmures flatteurs de la foule; les autres, natures froides et rêveuses, âmes silencieuses et modestes, mais infatigables au travail et acharnées à la poursuite de la vérité, préfèrent aux enivrements de la gloire une solitude qui leur est chère; ils meurent sans bruit entre les bras de quelques intimes, rares confidents de leurs immenses labeurs, et ce n'est qu'après leur mort que la main d'un enfant, d'un ami, découvrant les trésors entassés par leur persévérance de bénédictin, arrache à l'oubli les travaux de ces savants inconnus pour en faire profiter ceux qui, dans le monde entier, ont à cœur de connaître tout ce qui fait progresser l'humanité.

Alexandre Du Bois a été l'un de ces derniers et, s'il n'a pas attaché son nom à une de ces œuvres de pierre ou de marbre qui assurent l'immortalité à leur créateur, artiste convaincu, épris de son art, il a du moins consacré soixante ans de talent et de patience à élever à la gloire de ce même art une sorte de *Panthéon architectural,* un *Livre d'or* des gloires de la noble profession d'architecte.

Il travaillait encore, comme au premier jour, à cette œuvre capitale, lorsque la mort à laquelle on crie vainement : « attends encore » est venue le surprendre.

Nous nous honorons, certes, d'avoir été choisi, quoique jeune encore, pour compléter et finir le monument élevé par Alexandre Du Bois à la mémoire de ces grands génies ; et, s'il faut avouer toute notre pensée, à nos inquiétudes légitimes en présence de cette lourde tâche, nous sentons se mêler une joie bien douce à notre cœur.

Écrire la *Biographie universelle des architectes célèbres,* était une mission que, livré à nous-mêmes, nous n'osions nous promettre d'accomplir un jour. Tel était cependant notre plus ardent désir, tel était notre rêve ambitieux : mais, si grand était le sentiment de notre faiblesse, si grande nous paraissait notre insuffisance devant une pareille tâche, que de jour en jour nous remettions au lendemain le commencement de ce rude labeur qui veut de longues années passées à en préparer les matériaux et qui exige, poussée à ses dernières limites, la connaissance de toutes les données qui font un véritable architecte [1].

Sommes-nous donc plus fort aujourd'hui, plus audacieux, ou la tâche étant devenue moins lourde, sommes-nous plus

---

1. Nous ne saurions trop renvoyer ici à la lecture du premier chapitre de VITRUVE : *Quid sit architectura et de architectis instituendis, De l'architecture et des qualités requises dans l'architecte ;* ainsi qu'à celle de l'article *Architecte* du *Dictionnaire d'Architecture* de QUATREMÈRE DE QUINCY ; les vérités fondamentales qu'ont exprimées ces maîtres étant de tous les temps, de tous les pays et devant fournir aux esprits sérieux motif à d'utiles méditations. Ajoutons que si, dans ce grand développement des connaissances humaines qui sera un des caractères particuliers du dix-neuvième siècle, la division ou plutôt la démarcation des professions permet à l'ar-

capable de l'entreprendre ? C'est ce que nous demandons
avec confiance à notre lecteur, de vouloir bien impartialement
étudier avec nous, lui promettant de mettre de notre part
toute franchise dans l'exposé de notre situation et de notre
programme.

Quant au caractère purement littéraire de l'œuvre, il en
pourra juger sur-le-champ, s'il veut bien lire les lignes suivantes consacrées à la mémoire de celui dont nous sommes
le continuateur et le disciple.

Car nous avons considéré comme un devoir d'esquisser ici
même, en quelques traits, la biographie d'Alexandre Du Bois,
qui avait sa place marquée dans le cours de notre publication, et cette légère irrégularité, — s'il y a irrégularité, —
nous étions certain qu'on nous la pardonnerait en faveur du
sentiment de piété filiale qui l'a seule inspirée.

Alexandre Du Bois, mort l'an dernier à l'âge de quatre-
vingt-un ans[1], était plus qu'un architecte, c'était l'architecte par excellence. Dans le cours de sa longue carrière, il
avait eu à s'enquérir de tous les éléments si divers dont se
compose notre belle profession, il les avait tous conscien-
cieusement étudiés, et il en possédait quelques-uns à un
remarquable degré de perfection. Théorie et pratique, dessin
et comptabilité, science et art, questions toutes spéciales
relatives à l'étude si difficile des théâtres et des vastes locaux
aménagés pour l'industrie, il avait tout cherché, tout appris, il
pouvait enseigner presque tout. Aussi sa vie est-elle plus qu'un
modèle à citer, elle est *typique*, — que l'on nous permette
cette expression, — et c'est pour cela que nous croirions

chitecte de restreindre, sous certains points de vue, le cercle de ses études,
il lui faut d'autre part agrandir ce cercle pour donner satisfaction à nombre de besoins moraux et matériels, qui sont la conséquence souvent heureuse mais toujours forcée de notre état de civilisation avancée et surtout
de l'appel de tous aux jouissances intellectuelles.

L'architecte étant devenu plus que jamais le réalisateur des besoins de
tous, a plus encore qu'autrefois à connaître, plus encore à créer.

1. Il naquit à Paris en septembre 1785 et y mourut le 6 novembre 1866.

manquer à tout sentiment des délicates circonstances dans lesquelles nous entreprenons de compléter et d'éditer son œuvre si nous n'essayions et ne tenions à honneur de retracer ici cette existence laborieuse que Dieu fit si longue et, jusqu'au dernier jour, si active, afin de récompenser dans ce monde cet excellent chrétien en lui permettant d'assurer dans l'avenir le succès de son œuvre.

« Admis d'abord à l'École Centrale, puis à l'École Poly-
« technique, d'où il sortit ingénieur-géographe presque
« immédiatement après, Alexandre Du Bois obtint à l'École
« Militaire une chaire de mathématiques qu'il garda trois
« ans. Son goût pour les beaux-arts lui fit préférer au pro-
« fessorat l'étude de l'architecture dont il s'occupa dès lors
« exclusivement, en recherchant avec fruit quels avantages
« les architectes doivent retirer de la connaissance des
« sciences exactes[1]. »

On le voit, notre regretté confrère avait ce don précieux qui fait les artistes, la *vocation*, et si, dans le cours de ses longs travaux, il ne lui fut pas permis de signer de son nom un de ces édifices qui servent à fixer les formes du beau, et que l'on compte, tant il sont rares; il n'en eut pas moins toutes les aspirations sans lesquelles le véritable artiste ne saurait exister, et, dans une sphère modeste relativement à sa valeur, ou collaborateur de confrères plus heureux, toujours il fit deviner, malgré son extrême délicatesse, qu'à côté de la science qui s'acquiert par le travail et de l'intelligence qui est un don de l'esprit, il possédait une âme atteinte par la flamme vivifiante de l'idéal et qui, elle aussi, pouvait s'épanouir en rayonnements féconds dans le domaine du beau.

MM. Le Bas et Debret furent les maîtres et tout de suite les amis d'Alexandre Du Bois qui, — comme le dit la *Notice*

---

1. *Notice nécrologique* sur ALEXANDRE DU BOIS, par M. P.-B. Fournier, président de la *Société libre des Beaux-Arts, Comité central*. Annales de la Société libre des Beaux-Arts. (*Revue artistique et littéraire*, n° du 15 novembre 1866. — Paris.)

citée plus haut et à laquelle nous ferons encore de nombreux emprunts, — vint à l'étude de l'architecture, déjà expert dans les sciences exactes et doué d'une grande maturité d'esprit, précieuses qualités qu'il faut souhaiter rencontrer chez tous ceux qui embrassent la carrière de l'architecture, et chez lesquels bien souvent on s'efforce, au contraire, de développer trop tôt un sentiment artistique prématuré et qui doit lutter longtemps sans frein contre les puériles aspirations d'une extrême jeunesse[1].

L'invasion étrangère qui, en 1815, passa comme un vent furieux sur une partie de notre belle France, vint arracher Du Bois à ses occupations pacifiques. Ancien élève de l'École Polytechnique, ce palladium de l'honneur national, il courut rejoindre ses anciens camarades et fut chargé par ses frères d'armes, dans cet héroïque élan de la jeunesse parisienne, de la construction d'ouvrages avancés destinés à couvrir la capitale. Tel Leonardo da Vinci fortifia pour Lodovico di Sforza, duc de Milan, les murs de cette ville après avoir peint la *Cène* dans le couvent de Sainte-Marie-des-Grâces et avant de peindre, pour François Ier, à Fontainebleau, le si remarquable portrait dit de *La Belle Féronnière*.

« La paix rendit Alexandre Du Bois aux occupations de « son goût. Il rentra dans l'administration des travaux pu- « blics où il avait été admis en quittant l'atelier de MM. Le « Bas et Debret. C'est par lui que fut alors dirigé l'achève- « ment de l'abattoir de Grenelle, commencé par M. Alphonse « de Gisors[2].

---

1. Nous ne craignons pas de constater ici que bon nombre d'exemples, que nous-mêmes citerons avec complaisance dans le cours de cet ouvrage, viennent, pour ainsi dire, infirmer cette opinion ; mais il ne faut pas oublier qu'à côté des vocations impérieuses, irrésistibles, et qui renversent toutes les méthodes naturelles d'enseignement, il y a beaucoup d'artistes et surtout d'architectes chez lesquels le feu sacré de l'art, plus lent à s'allumer, brille d'un éclat d'autant plus grand qu'ils savent le vivifier encore par l'heureux concours de connaissances empruntées à de sérieuses études.

2. M. Alphonse de Gisors, que nous appellerons l'oncle pour le distin-

« Il avait déjà succédé, avant 1815, à M. Bellangé, pour
« la construction de celui de Montmartre, dont les événe-
« ments avaient suspendu l'exécution [1]. »

Ces deux édifices constituent la partie la plus importante
de la participation d'Alexandre Du Bois aux travaux de la
ville de Paris et, sans entrer dans de plus longs détails
qui trouveront naturellement leur place dans la biographie
de M. Baltard, réorganisateur et directeur actuel du service
des travaux d'architecture de la Préfecture de la Seine, nous
tenons à constater ici qu'il y a cinquante ans, à l'époque où
Du Bois entra dans les travaux de la Ville de Paris, ce n'était
pas un titre médiocre que d'appartenir à cette administration
qui, bien moins nombreuse, était d'un accès fort difficile,
les hommes qui font la gloire de notre profession ayant toujours tenu à honneur de lui appartenir.

Ces deux abattoirs qui, avec un troisième, celui de Miro-
ménil et celui, plus petit, de La Villette, suffirent pendant
cinquante ans et plus, — jusqu'à ce jour en un mot, — à la
consommation parisienne, donnèrent lieu à l'étude de questions très-intéressantes, sinon du domaine de l'art (ces édifices devant toujours être revêtus d'un grand caractère de sobriété et de simplicité), mais au point de vue plus pratique
de l'aménagement, de l'hygiène, de la salubrité, enfin de
tout ce qui peut intéresser la santé publique.

Aussi serait-ce dans ces travaux, à défaut de ceux que
nous allons citer, que nous trouverions une grande et irré-
futable preuve de l'universalité des connaissances de notre
regretté confrère.

La construction de la salle actuelle de l'Opéra, rue Le
Pelletier, en 1820 [2], fut confiée par le gouvernement à

guer de M. Alphonse de Gisors, son neveu, contemporain ou presque
d'Alexandre Du Bois et qui est mort l'an dernier, architecte du palais du
Sénat, membre de l'Institut et inspecteur général des bâtiments civils.

1. *Notice* de M. P.-B. Fournier, déjà citée.

2. Tout l'historique de notre Opéra français au point de vue architec-

· MULTUM EGERUNT QUI ANTE NOS FUERUNT ;
SED NON PEREGERUNT ·

· Sénèque le philosophe. LXIVᵉ Ep. à Lucilius ·

· DESCRIPTION ·

· AVERS ·	· REVERS ·
· Sur un TUMULUS, dont le soubassement est formé de STELES portant inscription et dont la cime est ornée de couronnes d'immortelles et terminée par une pomme de pin. ~ TUMULUS, dédié ainsi que l'indique la légende · AD MEMORIAM MAJORVM · (*) à la mémoire des architectes célèbres. ~ la TRADITION, dans sa marche à travers les siècles, dépose son SOUVENIR en transmettant la lumière aux générations de l'avenir. ~ Une BRANCHE DE LAURIER, derrière le tumulus, indique la gloire qui attend les disciples gardant le culte des ancêtres ·	· la lampe, dit la TRADITION ; les livres, ——— la SCIENCE ; l'étoile, ——— l'INSPIRATION ; le crayon, ——— la FORME ; le compas, ——— la MESURE ; la plume, ——— les ECRITS ; la palme, la RECOMPENSE ·

· EPIGRAPHE ·

· C'est à nous qu'il appartient de continuer la tâche commencée.

Imitation de Sénèque le philosophe.

· CH · LUCAS ·

(*) · MAJORES veut dire à la fois plus grands, c.-à-d. les célèbres & les ancêtres ·

· CH · LUCAS · ARC · INVENIT ·   · H · GRENAUD · DEL · SCULPSIT ·

Imprimerie Aug. Delatre, 303, rue St Jacques, Paris.   Livre Iᵉʳ Planche Iʳᵉ

M. Debret, qui compta Alexandre Du Bois au nombre de
ses inspecteurs. La part de collaboration de celui-ci dans
l'œuvre commune fut des plus considérables. Et si, lisant
les biographies de MM. Debret et Grillon qui s'occupèrent
surtout, dans des conditions économiques des plus restreintes, de donner à cet édifice provisoire un caractère
élégant et un aménagement comfortable, on a quelque
peine à démêler la part d'Alexandre Du Bois; nous rappellerons que ce fut lui qui étudia les nombreuses questions de
ventilation, chauffage, acoustique et mécanique de la scène,
qui font encore aujourd'hui de la salle de la rue Le Pelletier,
conservée à peu près dans l'état où elle fut livrée au public
en 1822, une salle type qui n'a pas été dépassée ni en
France ni à l'étranger, pour ce qui est de la solution ou
plutôt de l'essai de solution encore incomplétement résolu
de ces si importantes données de la construction des théâtres.

A ce sujet, on nous permettra de nous souvenir ici, qu'à
peine deux mois avant sa mort, Alexandre Du Bois, toujours
désireux de se tenir au courant des progrès qui avaient pu
s'accomplir dans cette voie, relativement si négligée par
des architectes plus artistes que savants, assistait avec nous
à l'inauguration du *Théâtre du Prince-Impérial* et nous re-
traçait, avec une rare bienveillance, mais aussi avec un certain découragement, toutes les tentatives si diverses qu'il
avait vu entreprendre dans cet ordre d'idées où la théorie
scientifique doit suivre pied à pied et quelquefois dominer
l'imagination de l'artiste, même le mieux doué.

Un long Mémoire, enrichi de planches et marquant l'état
le plus avancé de la science à cette époque, fut adressé, à
propos de la construction de la salle de la rue Le Pelletier,
par Alexandre Du Bois à S. Exc. M. le Ministre de la maison

tural, se trouvera dans les biographies des nombreux architectes qui s'y
sont succédé depuis Louis jusqu'à M. Charles Garnier, qui élève le palais
de marbre et d'or du boulevard des Capucines.

du Roi. Ce travail, résultat précieux d'une mission accomplie en Angleterre, et dont une copie se trouve dans la riche bibliothèque laissée par notre collaborateur, témoigne, plus que tout autre, de l'intime alliance, dans son esprit, des facultés artistiques et des études scientifiques alors bien incomplétement faites par la plupart des artistes.

Nous terminerons ce qui a trait à la carrière officielle de notre regretté confrère, en disant, qu'après l'achèvement de l'Opéra, il entra comme *Commissaire-Voyer de première classe* à la Préfecture de police et que, pendant plus de trente ans, son expérience et son excellente confraternité, exercèrent une très-heureuse influence sur l'ensemble des travaux de ce service si important alors, au point de vue de tout ce qui se rapportait à la salubrité et à l'hygiène générale de la Ville de Paris.

Alexandre Du Bois fut, au reste, un des premiers fondateurs des *Commissions d'hygiène et de salubrité* auxquelles, jusqu'à son dernier jour, il ne cessa de prêter le concours de ses connaissances toutes spéciales.

Sans entrer dans sa carrière comme architecte privé, et après avoir dit toutefois qu'il fut souvent nommé expert par le tribunal de la Seine ou ceux des départements voisins, il y a deux importants travaux que nous ne pouvons passer sous silence et dans lesquels Alexandre Du Bois donna toute la mesure de son talent, mûri par de rares études ; nous voulons parler de l'ascension de l'eau au sommet de la Butte-Montmartre — problème d'hydraulique, vainement tenté avant lui — et de la construction de la première usine à gaz.

« Cette usine, située à l'extrémité du faubourg Mont-
« martre, n'était destinée d'abord qu'à l'éclairage du palais
« des Tuileries, de l'Opéra et de quelques bâtiments dépen-
« dant de la liste civile : sa construction, sur une grande
« échelle, permit à Du Bois d'appliquer ce qu'il avait vu
« sous ce rapport dans les grands établissements de l'An-
« gleterre ; aussi cette fabrique, qui depuis a été achetée par

« une Compagnie (elle avait été construite primitivement
« sur les ordres du roi Louis XVIII), est-elle celle qui a
« jusqu'à présent donné les plus beaux produits[1]. » ·

« On doit aussi à Alexandre Du Bois, une fabrique de
« toiles à Batignolles, une briqueterie à Passy, une tein-
« turerie à Saint-Denis, plusieurs manufactures à Belleville
« et dans divers faubourgs de Paris, enfin, une cité indu-
« strielle au Gros-Caillou[2]. »

Des châteaux, des villas, des hôtels sans nombre, des
maisons à loyer, toutes constructions des plus importantes
dans le programme auquel elles appartenaient, ont été élevées par Du Bois dans sa riche clientèle, pour laquelle il
était un conseil et un ami autant qu'un architecte, et lui
valurent la fortune qui est un des titres les plus honorables à
la considération de tous lorsque, comme la sienne, elle est le
fruit du travail et de la persévérance.

Mais, où le côté artistique de son talent se révéla plus
d'une fois et toujours avec succès, ce fut dans l'exécution de
nombreux monuments funéraires où Du Bois, s'inspirant de
l'antiquité romaine, sut revêtir la pensée de la mort d'une
forme architecturale toujours noble et élevée, jamais bizarre et d'un goût contestable, comme l'ont fait certains
artistes contemporains, dont l'imagination seule a inspiré le
crayon.

« Si, des projets réalisés, des constructions, on passe aux
« œuvres graphiques, aux projets conçus, aux mémoires et
« notices, il faut ouvrir des archives volumineuses, de riches
« portefeuilles. Sans parler du mémoire d'Alexandre Du Bois
« sur sa mission en Angleterre, sans parler des rapports qui
« lui furent demandés par notre Société[3], entre autres celui

---

1. *Archives des Hommes du jour*, sous la direction de MM. Tisseron et
de Quency. Neuvième année. — Paris, 1849.

2. Notice extraite du Ve volume des *Biographies et Nécrologies des Hommes marquants du* xixe *siècle,* par V. Lacaine et Ch. Laurent.—Paris, 1848.

3. Alexandre Du Bois était membre de la *Société libre des Beaux-Arts*

« qu'il fit sur le projet de l'architecte Lusson, ayant pour but
« de réunir le Louvre aux Tuileries, et qui est inséré dans
« nos Annales (1ᵉʳ cahier de 1838) que de choses à citer, que
« d'idées à examiner ! Ce sont des églises, des fabriques,
« des usines, un amphithéâtre pour les Champs-Élysées, des-
« tiné à des représentations, exercices et jeux à l'instar des
« anciens[1], et des plans sans nombre pour toutes sortes de
« constructions.

« Connaissant bien l'homme, on n'est plus étonné qu'il ait
« consacré tant de soins et d'argent à l'édification et à la
« formation d'une · bibliothèque telle qu'il est permis de
« douter qu'un autre particulier en possède une semblable.
« Elle ne comprend pas moins de 20 000 volumes[2], sans
« compter les brochures et les fascicules dont le nombre est
« considérable. C'est qu'il avait beaucoup de recherches à
« faire, c'est que tous ses loisirs étaient studieux, c'est qu'il
« voulait publier des ouvrages qui exigeaient beaucoup de
« matériaux. Quand la mort l'a frappé, il mettait la dernière
« main à une *Bibliographie des Beaux-Arts et spécialement*
« *de l'Architecture, ainsi que des Arts et Métiers qui en dé-*
« *pendent* (3 volumes in-8°); à un *Traité de Stéréométrie ou*
« *application de la géométrie descriptive à la coupe des pier-*
« *res;* à un *Dictionnaire d'architecture* (3 volumes in-8°); à

depuis sa fondation et en avait été élu président de la *classe d'architecture*
en 1864, remplaçant ainsi dans cette dignité MM. Debret, de Gisors, Grillon, Guénepin et Hittorff que la Société s'est honorée d'avoir compté parmi
ses membres.

1. On nous permettra de rappeler ici le projet de Cirque à élever dans
le jardin du Palais-Royal par Louis, architecte du roi, etc. Paris. — Bibliothèque impériale.

2. Ces volumes ont trait à toutes les branches des connaissances humai ·
nes et, à côté des Sciences pures ou appliquées, de la Littérature académique
et de la Poésie, du Théâtre ou des Romans, de la Jurisprudence et de la
Théologie, de l'Histoire ou des Récits de Voyages, se trouvent des Œuvres
bibliographiques et biographiques du plus haut intérêt, enrichies de nombreuses notes manuscrites et accompagnées de nombreux cartons de dessins
et de gravures.

« un *Traité de comptabilité des bâtiments* (2 volumes in-12),
« et à une *Biographie des architectes anciens et modernes*
« (3 volumes in-8°)[1]. »

C'est cette dernière œuvre interrompue par la mort que
nous avons l'honneur de soumettre à l'appréciation d'un
public d'élite. Juste toujours et bienveillant autant qu'il
nous a été possible de l'être, nous attendons de sa part bienveillance et justice, et c'est sans orgueil et sans crainte que
nous avons inscrit en tête de cette introduction la maxime
qu'Alexandre Du Bois avait fait graver en lettres d'or sur la
porte de sa bibliothèque : « Cui fidas vide. » Cette épigraphe
sera comme le sceau de notre impartialité, impartialité qu'assure d'une part le souvenir laissé par A. Du Bois, et d'autre
part, le nom honorablement porté déjà dans la profession par
Achille Lucas, notre père et notre premier maître.

Terminons en disant qu'un ami d'Alexandre Du Bois, que
nous nous enorgueillissons d'avoir eu et de conserver pour
professeur, et qui veut bien nous honorer de son amitié,
M. Constant-Dufeux, architecte du Palais du Sénat, a aidé
de ses conseils le commencement de notre œuvre, et,
qu'en cas de silence de la part de notre regretté collaborateur ou d'insuffisance de la nôtre, nous sommes assuré de
trouver auprès de ce maître la force qui nous est si nécessaire
pour mener à bonne fin une œuvre aussi importante, à la
réalisation de laquelle nous nous associons complétement et
dont, ainsi que nous le disions plus haut, nous voulons, dans
la pensée d'Alexandre Du Bois comme dans la nôtre, faire *Le
Livre d'Or* des gloires de notre belle profession d'architecte.

Nous sommes heureux de pouvoir offrir à nos lecteurs,
avec cette Introduction qui leur témoigne par avance des
conditions matérielles dans lesquelles cet ouvrage est entrepris, une première planche due au talent de Monsieur Henri

---

1. *Notice* de M. P.-B. Fournier, déjà citée.

Grenaud, l'artiste qui reproduira, à l'aide du burin et de l'eau forte, les portraits empruntés aux cartons d'Alexandre Du Bois de quelques-uns des architectes les plus illustres des temps anciens et modernes

Nous avons essayé dans ce dessin, nous inspirant des maîtres — MM. Constant-Dufeux et Henri Labrouste, architectes, Eugène Oudiné, graveur, qui ont symbolisé en 1844, la *Société* alors naissante *des Architectes*, — de symboliser à notre tour et la pensée qui doit dominer notre œuvre et les dons si nécessaires à l'intelligence de notre art; heureux si, par le respect que nous vouons à nos maîtres de toutes les époques et par la conscience que nous apportons à l'étude des œuvres contemporaines, nous inspirons à tous la confiance et la sympathie, et si nous obtenons de tous un concours fructueux que nous sollicitons avec espoir et que nous accepterons avec reconnaissance.

Nous croyons devoir dire ici — afin d'éviter toute pensée de mercantilisme au sujet de l'œuvre que nous entreprenons de compléter et d'éditer — que, fidèle à la pensée de notre regretté collaborateur, nous ne ferons pour les architectes français contemporains que la biographie de ceux dont la notoriété aura été sanctionnée par les suffrages du gouvernement, de l'Institut ou de leurs confrères, comprenant dans ce cadre les architectes en chef des Administrations publiques, les lauréats des Expositions, les pensionnaires de l'Académie de France à Rome et les membres de la Légion d'Honneur.

Les architectes qui ont conquis ces divers rameaux d'or de la célébrité appartiennent de droit à notre publication et nous osons espérer qu'ils seront, pour eux et pour leurs confrères, nos premiers et nos meilleurs collaborateurs.

Pour les architectes étrangers, les bonnes relations que nous avons déjà et que nous nous efforcerons d'accroître avec les Académies ou les Sociétés d'architecture, compléteront les lacunes qui peuvent se trouver dans les notes d'Alexandre Du Bois.

Enfin remercions M. Baltard, membre de l'Institut, directeur du service d'architecture de la ville de Paris, qui a bien voulu s'intéresser à nos premiers essais, M. Constant-Dufeux, notre professeur aimé, M. César Daly, directeur de la *Revue d'Architecture et des Travaux publics* auquel nous devons tant déjà et auquel nous espérons devoir plus encore, et M. Arsène Houssaye, inspecteur général des Beaux-Arts, qui, fidèle aux traditions de l'*Artiste*, veut bien encourager nos premiers pas.

Charles LUCAS.

Paris, le 1er janvier 1868.

G. Bossi del.

L . B . A L B E R T I .

Ch. Lucas inv.

HG del.

Biographie Universelle des Architectes célèbres

AU LECTEUR

Les sentiments de piété filiale, dans lesquels est conçu le premier fascicule servant d'introduction et que nous avons publié en janvier dernier, ne nous ont pas permis d'aborder toutes les questions préliminaires de diverse nature qui viennent à l'esprit des intéressés au début de toute œuvre importante, surtout d'une œuvre biographique où, comme dans un vaste cadre, doivent figurer des illustrations artistiques de toutes les époques.

Nous devons donc quelques développements à notre lecteur en lui présentant ce second fascicule qui est bien le type de l'œuvre telle qu'elle se poursuivra, et, pour cette raison, nous allons examiner brièvement le texte et les planches qui composent ces trois livraisons.

L'ordre alphabétique, on le voit, est celui adopté. Peut-être, par déférence pour des conseils venus de bouches autorisées, aurions-nous pu, en groupant les architectes par époque, par école artistique ou par nationalité, choisir ainsi une marche plus didactique; mais l'expérience de toutes les publications biographiques l'a prouvé nombre de fois déjà,

1 — 1

l'ordre alphabétique est de tous le plus commode pour le lecteur, pour le chercheur et aussi pour l'auteur. Car, plus que tout autre, l'ordre alphabétique permet de trouver instantanément l'article cherché et aussi de combler, par la publication facile de suppléments, les lacunes toujours nombreuses qui ne manquent pas de se produire dans un ouvrage biographique qui, comme celui-ci, doit emprunter au présent une grande partie de son importance et de son intérêt.

Ajoutons que des index et des tables raisonnées, placés à la fin du dernier volume, répondront aux désirs de tous et, donnant à côté des noms des architectes groupés par époque, par école artistique et par nationalité, les noms de tous les édifices cités, à l'historique desquels renverront de nombreux renvois, permettront de la façon la plus commode de reconstituer le mouvement de l'architecture depuis les premiers adeptes de cet art jusqu'à nos jours. Nous écrirons ainsi, au milieu même de la biographie des architectes, comme une véritable histoire monumentale d'une grande partie du monde entier.

Cette partie sera la plus intéressante et celle vraiment originale de l'œuvre que nous entreprenons de compléter et d'éditer, et c'est celle par laquelle, — nous inspirant des progrès accomplis dans l'art d'écrire l'histoire par la nouvelle école historique moderne et nous servant des nombreux et précieux matériaux amassés par notre collaborateur Alexandre du Bois, qui avait ainsi presque devancé son époque, — nous espérons assurer à la Biographie universelle des architectes célèbres une place honorable dans la bibliothèque, non-seulement des architectes, mais encore de tous ceux,

— et ils sont nombreux aujourd'hui, — qui s'intéressent aux études artistiques.

Nous eussions désiré donner chaque mois une livraison nouvelle, ainsi que l'ont indiqué quelques écrivains qui ont bien voulu faire bon accueil à notre Introduction ; mais les précautions à apporter au début d'une semblable publication, les sympathies qu'il était indispensable de lui concilier et surtout les données morales et matérielles d'exécution, ont mis de grands obstacles à l'exécution de nos désirs. Nous citerons, au nombre de ces obstacles, la fermeture prolongée de la Bibliothèque Impériale, non pour justifier une fois de plus notre retard, mais pour rendre hommage ici au grand architecte qui a fait de la nouvelle Salle de Lecture de la rue Richelieu un véritable palais des lettrés, et pour remercier l'Historien Couronné qui veut que, — songeant à ses constantes préoccupations pour le développement intellectuel de la France, — tout écrivain, tout chercheur s'écrie avec Virgile : « DEUS NOBIS HÆC OTIA FECIT.

Trois livraisons, deux de texte et une planche, constituent ce second fascicule.

Abacco, le vieux maître de la Renaissance italienne, l'architecte graveur, s'assoit sur la première marche de ce vaste gradin où tour à tour vont défiler tous les maîtres présents et passés de l'architecture.

Au lecteur pressé qui cherche dans toute lecture une idée générale sur ce qu'il n'est permis à aucune nature distinguée d'ignorer, nous offrons, dans le texte même de la biographie d'Abacco et de celles qui suivent, des données sommaires pour lesquelles nous avons surtout dû beaucoup à notre *regretté collaborateur; mais aux architectes et à tous ceux qui veulent aller plus loin, à tous ceux à qui nous disons avec Montaigne: CECI EST UN LIVRE ÉCRIT DE BONNE FOI et de plus un livre nouveau et utile à consulter pour des études sérieuses et approfondies; à tous les travailleurs enfin nous donnons, dans de nombreuses notes placées au bas des pages, des indications qui peuvent être d'un grand secours et qui se recommandent à l'attention de tous par la plus grande fidélité possible. C'est ainsi que les biographies de M. Abadie père et de M. Abadie fils rappellent, sur la ville d'Angoulême et sur les cathédrales de Saint-Pierre d'Angoulême et de Saint-Front de Périgueux, des renseignements précieux que nous avons essayé de résumer brièvement, mais que plus tard des tables spéciales rapprocheront de ceux que nous publierons dans la suite de l'œuvre sur le même sujet, et nous aurons ainsi constitué l'histoire monumentale de cette région.*

Encore un seul exemple : — comme nous l'annoncions p. VII de l'Introduction, pour l'historique de la salle de notre Opéra Français, — pour Saint-Pierre de Rome, remontant même avant Riccardo Rossellini et Leo Baptista Alberti, les premiers architectes chargés, en 1450, par le pape Nicolas V, de faire les dessins de cette église, nous donnerons, dans les biographies des artistes qui se sont succédé dans la direction des travaux de construction de la basilique chrétienne des Papes, depuis ceux que nous venons de citer jusqu'à Charles Marchionni, tout l'historique de ce si intéressant édifice.

C'est donc une œuvre de longue haleine que nous entreprenons et pour laquelle, dans l'intérêt de nos lecteurs, nous chercherons à puiser à toutes les sources historiques dignes de foi, heureux de rendre à tous nos collaborateurs, morts ou vivants, dans la partie bibliographique placée à la suite de chaque étude, la part de mérite et aussi de responsabilité qu'ils doivent assumer.

Afin que le fascicule que nous offrons aujourd'hui puisse être considéré comme typique, nous y avons joint la planche destinée à la biographie d'Alberti, nous réservant de décrire, quand nous traiterons de cet artiste, la vignette que nous avons cru devoir composer pour accompagner son portrait. Tel est ce dernier, tels ils seront tous; cependant, ce n'est qu'à défaut d'édifice d'une réelle importance, et c'est plus encore pour donner une juste idée de l'étendue des connaissances d'Alberti, que nous ne nous sommes pas borné à publier une gravure purement architecturale au bas de son portrait. En revanche, les planches consacrées aux architectes Antoine et Brunelleschi, planches qui sont en préparation, donneront la vue d'ensemble des édifices qui assurent à ces maîtres une place importante dans notre œuvre.

On a pu remarquer que nous avons apporté quelques modifications à la couverture de ce fascicule, surtout à l'avers de la médaille, dans laquelle nous avions essayé de symboliser la pensée qui doit dominer notre œuvre et les dons si nécessaires à l'intelligence de notre art; c'est sur de précieux conseils, desquels nous sommes très-reconnaissant, que nous avons fait ce changement : heureux sommes-nous si, avec plus de sobriété dans le dessin, nous avons obtenu plus de clarté dans notre symbolisme.

Au reste, notre intention avait toujours été de placer ce dessin sur la couverture de nos livraisons : mais on voudra bien lire au-dessus de cette médaille les mots : Ouvrage honoré de la souscription de la société impériale et centrale des architectes de france. *Plus que de toute autre, nous sommes fier de cette précieuse sympathie acquise, dès nos premiers efforts, à notre œuvre, et nous la considérons comme un encouragement et aussi comme l'obligation de faire mieux encore que nous ne nous le proposions. Que M. Baltard qui, comme Président de la Société, a bien voulu appuyer notre lettre d'envoi à cette Compagnie dont l'autorité est grande sur les architectes contemporains, que M. Baltard veuille bien ici agréer tous nos respectueux remercîments pour l'illustre patronage dont il a ainsi couvert la Biographie universelle des architectes célèbres.*

Sur la proposition d'un de nos plus honorables confrères et maîtres, M. Chenavard, Président d'honneur de la Société académique d'architecture de Lyon, cette Société a suivi l'exemple de la Société impériale et centrale, et de nombreux adhérents nous sont venus de sociétés et d'artistes français et étrangers, d'Angleterre surtout, où notre excellent confrère, M. Godwin, rédacteur en chef du Builder, a mis dans les colonnes de son intéressante publication un long compte rendu de notre Introduction, et a donné à notre collaborateur la part d'éloges que mérite sa longue carrière si honorablement remplie. A tous deux, MM. Chenavard et Godwin, ainsi qu'à nos amis de la presse française parisienne et départementale, qui nous ont accueilli avec sympathie, nous sommes heureux d'exprimer notre sincère reconnaissance.

Un dernier mot. L'œuvre commencée le 1ᵉʳ janvier 1868

sera terminée entièrement et le plus rapidement possible, Mlle Alexandrine du Bois, aujourd'hui Mme Élie Brault, ayant mis, il y a près d'un an dejà, toutes les possibilités matérielles d'exécution à notre disposition, et d'honorables amitiés nous prétant un concours si précieux en présence de tant de difficultés à vaincre.

Au lecteur donc de nous pardonner cette longue entrée en matière, qui nous a paru necessaire avant de commencer une œuvre aussi importante. Maintenant, que tous ceux qui s'intéressent au noble art de l'architecture nous viennent en aide, et surtout soient nos premiers et nos meilleurs collaborateurs!

Charles LUCAS.

ABACCO (ANTONIO).

Né à Florence dans la première moitié du seizième siècle,
Antonio Abacco, souvent appelé *Labacco*[1], vécut à Rome
où il s'adonna également à l'architecture et à la gravure. Les
travaux qu'il a laissés dans cette dernière branche de l'art,
et surtout l'exécution d'un modèle en bois de *l'Église Saint-
Pierre* de Rome[2], ont contribué à sauver son nom de
l'oubli et lui assignent une place honorable parmi les artistes
de cette ère si féconde en maîtres illustres.

1. Une lettre, signé ANTONIO *alias* ABACCO et adressée à Baldazzare
Peruzzi, a été recueillie dans le tome II des *Lettere pittorichè* et justifie la
place que, malgré l'autorité de Giorgio Vasari qui fait cependant mention
de cette lettre, nous avons cru devoir donner à Abacco dans cet ouvrage.

2. Baldazzare Peruzzi étant mort en 1536, Antonio di San Gallo resta
seul chargé par le pape Paul III de la continuation des travaux de Saint-
Pierre et fit exécuter, pour ce pontife, par Abacco, un modèle en bois qui
coûta *cinq mille cent quatre-vingt quatre écus* d'or, somme considérable
pour l'époque. Ce modèle se voit encore à Rome, dans une des salles dites
du *Belvédère*. Ses principales dimensions sont *trente-cinq palmes* en longueur, *vingt-six* en largeur et un peu plus de *vingt* en hauteur. S'il eût
été mis à exécution, la basilique aurait eu *mille quarante palmes* de longueur et *trois cent soixante* de largeur. (Le palme romain de cette époque,
un peu plus petit que le palme grec, était le quart du *pied* romain, soit
environ *soixante-quatorze millimètres* et le dixième de la *canne*, mesure
employée par Abacco dans son *Livre d'architecture* cité plus loin.

La disposition générale de ce projet, répondant aux désirs du Saint-Père,
présente la forme d'une croix grecque, allongée par un grand vestibule
et dont la croisée est surmontée d'une coupole. Le pape Paul III était
grand appréciateur de l'antiquité, à ce point qu'il avait créé des *inspecteurs*

Il fut élève d'Antonio di San Gallo, frère de Julien Giamberti di San Gallo, le contemporain de Bramante et de Raphaël.

Comme architecte, on doit à l'Abacco la porte d'entrée du *Palais Carboniano*[1], à Rome, et peut-être aussi la façade du *Palais Sciarra Colonna* : en outre, il fut associé, par le pape Clément VII, à son maître San Gallo et à Giulan Leno, pour surveiller l'exécution des fortifications de Parme et de Plaisance[2].

Comme graveur, il a laissé le plan de *l'église Saint-Pierre* de Rome, d'après le dessin d'Antonio di San Gallo[3], et les planches de son ouvrage, intitulé : *Libro d'Antonio Abacco, appartenente all'architettura, nel quale si figurano alcune notabili antichita di Roma;* — in-fol. Roma, 1552. Venise, 1557.

Plusieurs éditions successives de ce livre à Rome et à Venise, de 1558 à 1579, et les nombreux emprunts qui lui ont été faits par les auteurs de divers recueils de monuments antiques publiés vers la fin du seizième siècle, mon-

chargés de veiller à la conservation des monuments de Rome ancienne ; aussi ce nouveau projet se ressent-il, — plus que ceux adoptés par les prédécesseurs de San Gallo, — du sentiment et de l'influence des études antiques, au moins pour l'intérieur décoré d'une ordonnance unique destinée à supporter la coupole. Quant à l'extérieur, le goût dominant, la Renaissance italienne à cette époque le fit surcharger d'ordres et de motifs d'architecture, entassés l'un sur l'autre, ce qui valut à ce modèle l'épithète de *gothique*, que lui appliqua un peu à la légère Michel-Ange, en décidant le pape Paul III à renoncer à son exécution.

1. Voir *Palazzi di Roma* par Ferrerio, demi-fol.

2. Beaucoup d'exemples, tels que celui de Leonardo da Vinci que nous rappelions dans la biographie d'Alexandre du Bois (*Introduction*, p. vii) nous montrent les artistes italiens de la Renaissance souvent chargés de travaux aujourd'hui réservés aux ingénieurs militaires, mais dont cependant à cette époque les architectes acceptaient volontiers la direction et dont ils se tiraient à leur honneur. En France, sous Louis XVI, Gabriel fut le dernier exemple de cette glorieuse extension de la profession d'architecte. (Voir Gabriel.)

3. Plan, grand in-folio, publié à Rome en 1548, par Ant. Salamanca.

trent toute l'autorité reconnue du talent d'Abacco[1]. Les planches, au nombre de trente-six, dont quatre sont consacrées à la dédicace et au privilége, reproduisent de remarquables restes de l'architecture romaine antique, tels que le *tombeau* d'Adrien, le *temple de Nerva* au Forum de Trajan, la *colonne Trajane*, un temple dorique, le *temple de Vulcain*, les trois temples, l'un dorique et les deux autres ioniques, près le théâtre de Marcellus, et le *port de Trajan* s'ajoutant au port de *Claude*, à Ostie, ainsi qu'un projet d'édifice circulaire, probablement une *Église des douze Apôtres* de sa composition[2].

M. Percier tenait le recueil d'Abacco en grande estime à cause de la consciencieuse reproduction qu'il renfermait des détails des ordres antiques empruntés aux édifices qu'avait

1. C'est sur la recommandation d'Abacco que Francesco de'Salviati fut choisi, par maëstro Filippo de Sienne, pour peindre à fresque, dans une niche au-dessus de la porte de *Santa Maria della pace*, un Christ conversant avec saint Philippe ainsi que la Vierge et l'ange annonçant au saint sa mission divine.

2. Le plan de cet édifice offre en sa partie centrale une grande salle ronde entourée, au rez-de-chaussée, de seize arcades séparées par des colonnes ioniques engagées aux deux tiers et portées sur des piédestaux. Au-dessus de chaque arcade couronnée par un fort bandeau, et entre la partie supérieure des colonnes, est une mezzonine carrée. Un entablement complet, avec attique élevé, couronne cette ordonnance et une balustrade court sur la corniche au devant de cet attique. Au-dessus et dans l'axe de chaque colonne ionique, des pilastres corinthiens séparent des fenêtres en arcade, encadrées par des colonnes corinthiennes engagées portant des entablements avec frontons triangulaires. Un entablement des plus simples complète cette seconde ordonnance et sert de point de départ à une voûte sphérique, divisée elle aussi en seize parties dans sa circonférence et en cinq dans sa hauteur, ce qui forme ainsi quatre-vingts caissons profondément refouillés. Au-dessus de cette coupole, une lanterne couronnée d'un dôme et éclairée par seize baies séparées par de petits pilastres corinthiens, termine cette magnifique salle dont la proportion intérieure est fort remarquable. Des quatre arcades du rez-de-chaussée, situées dans les axes principaux de l'édifice, trois donnent accès à des vestibules extérieurs et la quatrième, à une salle circulaire ornée de grands pilastres. Entre ces quatre parties les douze autres arcades s'ou-

dessinés Abacco, et il avait mis à la disposition de ses élèves un exemplaire du *Libro d'Antonio Abacco*, dont les bonnes éditions italiennes sont assez rares et dont on ne connaît pas d'édition française [1].

vrent sur des *cellæ* ou petites chapelles rayonnantes, voûtées sur un plan carré. Les deux situées à droite et à gauche de l'entrée principale offrent, par une porte percée dans le mur extérieur, accès à un petit escalier qui conduit à une galerie circulaire pourtournant la grande salle et y prenant jour par les mezzonines cités plus haut.

L'ordonnance extérieure se rapproche beaucoup de celle intérieure ; au rez-de-chaussée, même ordre ionique avec arcades comprenant des niches carrées encadrées par de petites colonnes ioniques avec entablement et fronton triangulaire ; au-dessus de chaque niche, un œil-de-bœuf dans l'axe de la mezzonine intérieure. Des piédestaux au-dessus de chaque colonne portent des statues dessinées dans un sentiment tout païen et placées au devant de fortes consoles, sorte de contre-forts dont abusa plus tard l'École dite *jésuitique*, et dans la hauteur desquelles est percée une petite arcade servant à faciliter un chemin continu à l'extérieur de l'édifice au-dessus des combles des cellæ et vestibules. De fortes côtes partagent la coupole en seize parties et des consoles plus petites, mais de la même disposition que celles décrites plus haut, se développent entre chaque baie de la lanterne. Un globe surmonté d'une croix donne à tout l'édifice comme une consécration chrétienne, quoiqu'il revète plutôt le caractère artistique d'un *panthéon* dédié aux *douze grands dieux* dans les derniers temps du paganisme romain.

La saillie produite par les petits escaliers à droite et à gauche de l'entrée principale, forme, avec celle-ci, un vaste motif milieu décoré d'une grande arcade de chaque côté de laquelle sont deux étages de niches circulaires, entre des colonnes ioniques portées sur un piédestal continu et couronnées d'un entablement avec fronton triangulaire. Dans cette arcade du milieu, au-dessous de l'œil-de-bœuf, est une arcade plus petite servant d'entrée et encadrée par des colonnes ioniques avec fronton. Les deux entrées latérales, aux extrémités de l'axe transversal, sont formées par deux arcades en tout semblables.

Comme on peut le voir par cette description, l'édifice projeté par Abacco offrait de grandes dispositions empreintes d'une certaine unité de composition, unité qui se retrouve surtout dans le sentiment général de la décoration.

1. BRUNET, dans son *Manuel du libraire*, indique, par un article détaillé, plusieurs observations utiles à ceux qui veulent bien connaître cet ouvrage. Il en est de même de CICOGNARRA, dans le *Catalogue* de sa propre bibliothèque.

On ne sait pas l'époque de la mort d'Abacco, dont un fils, appelé *Mario,* fut, comme son père, architecte; mais n'a attaché son nom à aucune œuvre remarquable. Cet artiste nous est seulement connu à cause de la mention faite de lui par Antonio Abacco dans l'avis au lecteur placé en tête de l'ouvrage cité plus haut[1].

BIBLIOGRAPHIE. — J. GAILHABAUD. *Monuments anciens et modernes.* T. IV, in-4°, Paris.

HEINKEN. *Dictionnaire des Artistes.*

GIORGIO VASARI. *Vies des peintres, sculpteurs et architectes,* traduites et annotées par LÉOPOLD LECLANCHÉ, et commentées par JEANRON et LÉOPOLD LECLANCHÉ; tomes VI, VII, VIII et IX, in-8° Paris, Just Tessier, 1842. (Nous aurons souvent recours au texte italien original et à cette traduction que nous désignerons, suivant un usage assez général, sous le titre de *Vasari français.*)

---

1. Cet avis, dont nous ne connaissons pas de traduction et qui nous montre, à côté du grand respect d'Abacco pour l'architecture antique, son admiration pour le *fameux* Bramante et pour Antonio di San Gallo son maître, accorde à Mario Abacco une certaine influence sur la décision prise par son père de livrer immédiatement à la connaissance du public les monuments anciens dont il a recueilli les détails, et qui, par leurs ruines, prouvent mieux que les longs discours de nombreux écrivains toute l'importance monumentale de l'antiquité romaine, quoique les guerres et les incendies nous aient privés d'un grand nombre de témoignages de sa magnificence. Le nom de son fils *Mario* n'est pas cité moins de trois fois par Abacco dans ce document de peu d'étendue, et, en outre, il y est fait mention de la *perfection* avec laquelle Mario réduisait les dessins que son père avait relevés et mesurés, comme ce dernier le dit lui-même « *minutieusement et non accrus ni diminués en aucune façon.* »

ABADIE (PAUL).

ABADIE (Paul) est né à Bordeaux en 1784. Sa famille y
était honorablement connue dans l'entreprise, et son père
exerçait la profession de *plâtrier*[1]. M. Abadie fit ses premières études d'architecture sous la direction de M. Bonfin[2],
architecte à Bordeaux, et vint à Paris dans l'atelier de
MM. Percier et Fontaine. Il fut bientôt reçu élève de l'Académie, — depuis l'École des Beaux-Arts, — et admis peu
après au concours du grand prix. Sa notoriété comme élève
lui valut d'être exempté du service militaire à une époque
où la nécessité de défendre la France contre les coalitions
étrangères rendait cette faveur très-difficile à obtenir[3].

La haute position occupée dans les travaux d'architecture
par MM. Percier et Fontaine, architectes du roi Louis XVIII,
après l'avoir été déjà de l'empereur Napoléon Ier, permettait
à leurs élèves d'apprendre la construction et de faire une

---

1. Il n'est pas sans intérêt de dire ici que, dans une partie de la France,
où la construction en pierre ou en granit est très-répandue à cause de la
facilité où l'on est de se procurer à bon compte ces matériaux, l'emploi
du plâtre et l'exécution des légers ouvrages de maçonnerie dans lesquels
le plâtre joue le plus grand rôle, constituent une industrie spéciale presque
exclusivement réservée aux plâtriers. Ces derniers, après l'élévation de la
grosse construction extérieure, viennent faire les distributions intérieures,
les jambages des cheminées, le carrelage, etc.

2. M. Bonfin, sur la vie duquel nous reviendrons, continuait à Bordeaux, à la fin du siècle dernier, l'école de Louis et de Gabriel.

3. Nous devons à l'obligeance de M. Paul Abadie fils communication
de la pièce relatée ci-dessous dont nous avons tenu à donner le texte *in*

sorte de *stage* dans les chantiers dirigés par ces professeurs, en même temps qu'ils acquéraient dans leur atelier de précieuses connaissances théoriques. Souvent, encore élèves et suivant les cours de l'Académie, les jeunes artistes, attachés à des édifices publics, sous les ordres de leurs maîtres et grâce à leur puissante recommandation, pouvaient gagner de modestes appointements, suffisants à cette époque pour leur permettre de vivre à Paris en y continuant leurs études. Les liens qui rattachent l'élève au maître étant des plus développés dans l'enseignement de l'architecture, de pareils encouragements se trouveront fréquemment au début de la carrière des artistes les plus remarquables, aussi nous aurons souvent lieu d'y faire allusion. C'est sous la direction de MM. Percier et Fontaine que M. Abadie fut attaché en qualité d'inspecteur à la construction de l'Escalier du Louvre[1].

extenso, afin de montrer la sollicitude du premier Empire pour les beaux-arts. Quelques architectes contemporains de M. Abadie père en ont pu obtenir de semblables, et c'est, à nos yeux, une page utile à connaître dans l'histoire de l'architecture.

ABADIE,

Je soussigné, certifie que M. Abadie (Paul), né à Bordeaux le 22 janvier 1784, est un des élèves de l'École d'architecture les plus distingués par ses dispositions et ses succès; qu'il a obtenu deux médailles au concours d'émulation, et que de plus il a été admis deux fois à concourir pour les grands prix.

J'atteste en outre, que les professeurs, désirant prévenir la désorganisation de l'École, ont demandé à S. Exc. le Ministre de l'Intérieur, de pouvoir conserver jusqu'à la fin de septembre prochain quelques élèves d'un mérite transcendant; et que le nom de M. Abadie est un des premiers qu'ils ont inscrit sur la liste présentée à Son Excellence.

En foi de quoi, j'ai signé le présent certificat à Paris, le 20 décembre 1813.

Le secrétaire perpétuel de l'École des Beaux-Arts.

MÉRIMÉE.

(Suit la légalisation de la signature par le maire du XIIe arrondissement).

1. Cet escalier, sur lequel nous appellerons tout particulièrement l'at-

Il remplit ensuite les mêmes fonctions sous les ordres de M. Bénard, à *l'Hôtel des Postes* — devenu le *Ministère des Finances*, rue de Rivoli, — où il eut pour collègue M. Destailleur, et dans les travaux que fit exécuter M. Bonnard, architecte en chef des *Manufactures royales des tabacs.*

En 1818, M. Abadie, nommé architecte du département de la *Charente*, vint se fixer définitivement à Angoulême, où il a demeuré plus de quarante ans et où il a donné toute la mesure de son talent. Quelques mots sur Angoulême feront au reste mieux comprendre toute l'importance de l'œuvre de M. Abadie.

La physionomie de nos principales villes de département est fort curieuse à examiner au point de vue de leur histoire architecturale. Quelques-unes montrent même encore aujourd'hui, par les édifices que nous ont légués les siècles précédents et surtout par l'absence complète de monuments datant de telle ou telle période, quelles furent les époques d'activité artistique, — presque toujours liée à l'importance politique ou commerciale de ces villes, — et quelles furent aussi les époques où elles se tinrent en dehors de tout mouvement, sans même qu'il y ait lieu de toujours accuser les troubles politiques ou les invasions étrangères d'avoir détruit les souvenirs des âges précédents. Ainsi la ville d'Angoulême ne présente guère que des édifices romans (le style roman se perpétua fort longtemps dans cette partie du centre de la France), et des édifices construits depuis l'époque où M. Abadie vint s'y fixer, — ces derniers dus aux soins de cet architecte ou à ceux de ses élèves.

Peu importante dans le quatrième siècle, époque à laquelle elle est mentionnée pour la première fois sous le nom d'*Iculisma*, par le poëte Ausone, Angoulême subit les invasions des Visigoths et des Normands, et ses plus anciens

tention en écrivant les biographies de MM. Percier et Fontaine, a été démoli sous le second Empire, lors des nouveaux travaux entrepris dans ces dernières années pour joindre le Louvre aux Tuileries.

monuments ne datent guère que de la première moitié du douzième siècle, lorsque le pays angoumoisin appartenait en partie aux comtes de Taillefer et aux comtes de Lusignan qui firent d'Angoulême leur séjour de prédilection. François Ier, comte d'Angoulême avant de devenir roi de France, donna à la vieille capitale de son comté une splendeur passagère; mais, plus que toute autre ville, Angoulême eut à souffrir des guerres de religion et perdit beaucoup de son importance politique et commerciale après la mort du duc d'Épernon, arrivée en 1642, pour ne renaître à la vie artistique que grâce à l'influence du duc d'Angoulême, *Charles-Philippe d'Artois*[1], devenu plus tard Charles X, et de son second fils, lui aussi duc d'Angoulême.

Sous la Restauration, sauf les édifices consacrés au culte, — et encore étaient-ils en grande partie détruits ou en fort mauvais état, — tout était donc à créer dans cette ville pour l'adapter à son existence politique et administrative de chef-lieu du département de la Charente. C'est cette transformation presque totale qu'eut à opérer M. Abadie et dont il se tira généralement à son honneur, en donnant toujours à ses œuvres, dans la limite de ressources assez bornées, un heureux caractère monumental.

Le Palais de Justice, l'Hôtel de la Préfecture, le portail de l'Église Saint-André[2], la façade du dépôt des Minutes des Notaires[3], les Abattoirs sur le bord de la Cha-

---

1. De nombreux actes, relatifs à la vente du Château de Maisons, nous ont conservé pour Charles-Philippe, comte d'Artois, fils de France et frère du Roi, les titres suivants : Il était duc et comte d'Auvergne, duc de Mercœur, de Berry et de Châteauroux, comte d'Argenton, seigneur d'Henrichemont, comte de Penthièvre, duc d'Angoulême. (HENRI NICOLLE. — *Histoire du Château de Maisons.* Paris, gr. in-8.)

2. Église romane du onzième siècle dont la voûte est supportée par de grosses colonnes isolées, et à laquelle, suivant le goût de l'époque et les tendances de son éducation artistique, M. Abadie ajusta tant bien que mal un portique surmonté d'un fronton.

3. Ce dépôt d'actes est installé dans l'ancien palais des comtes de Taillefer, construction romane du treizième siècle.

rente[1], une partie des prisons départementales, la reconstruction presque totale de l'Hospice Général[2], le Collége Royal d'Angoulême[3], les Halles et un bâtiment spécial de Halles pour le blé et la minoterie, enfin l'Église du faubourg de l'*Houmeau* : tels sont à Angoulême les édifices qu'eut à construire ou à terminer M. Abadie.

Quelques détails sont nécessaires sur le *Palais de Justice*, l'*Hôtel de la Préfecture* et l'*Eglise Saint-Jacques* de l'Houmeau, édifices qui ont une réelle importance.

Le *Palais de Justice*[4] s'élève sur la *place du Mûrier*, et a été inauguré en 1828. Il est bâti sur l'emplacement d'un vieux monastère de Jacobins. Il renferme dans un rez-de-chaussée très-élevé : cour d'assises, tribunal civil, tribunal de commerce, justice de paix, conseil de prud'hommes, greffes..., précédés d'une salle des Pas-Perdus, dont la partie supérieure est occupée par une vaste bibliothèque. Un péristyle de six colonnes d'ordonnance dorique, avec attributs judiciaires dans les métopes, donne à cet édifice un assez beau caractère. La dépense totale a été de 350 000 francs[5].

1. Édifices dont le programme était nouveau à cette époque, au moins dans nos départements.

2. Cet édifice fut créé vers la fin du dix-septième siècle par l'évêque Péricart. On y réunit plus tard l'*Hospice Saint-Roch*, consacré aux *pestiférés*, et on y organisa aussi une partie destinée aux *Enfants trouvés*, ce qui nécessita un agrandissement considérable des bâtiments, agrandissement qui eut lieu de 1826 à 1828.

3. Aujourd'hui *Lycée Impérial*, agrandi par M. Paul Abadie fils, et sur la chapelle duquel nous aurons à donner quelques détails.

4. *Choix d'édifices publics*, construits ou projetés en France, extraits des *Archives du Conseil des Bâtiments Civils*, publiés avec l'autorisation du Ministre de l'intérieur, par MM. GOURLIER, BIET, GRILLON et TARDIEU, architectes, inspecteurs généraux des bâtiments civils (3ᵉ section). T. II, pl. 79, 80, 81. (Voir biographie de M. BIET.)

5. Cette dépense, vu le bon marché de la construction en pierre dans le département de la Charente et les régions voisines, ne représente guère que la *moitié* de celle qu'il eût fallu faire à Paris à cette époque, et le *tiers*

L'Hôtel de la Préfecture[1], près le *Rempart de l'Est*, au milieu d'un beau jardin et de vastes dépendances, est précédé d'une grande cour fermée par une grille d'un aspect monumental. Il fut projeté et exécuté avec un luxe spécial, eu égard à l'importance de la préfecture d'Angoulême ; mais ce luxe tenait à cette nécessité de renfermer dans l'Hôtel de la Préfecture des *appartements d'honneur* destinés à la réception de Mme la duchesse d'Angoulême. Aussi le vestibule, l'escalier et ces appartements ont-ils un caractère vraiment monumental. Cet édifice ne fut terminé qu'en 1833 et la dépense s'éleva à 142 000 francs.

Un portique dorique, des bas côtés, un transsept et un chœur circulaire avec clocher dans le sentiment italien à arcades et couvert en tuiles, telles sont les principales parties de l'Église *Saint-Jacques* de l'Houmeau. Cet édifice présente surtout ceci de remarquable dans l'œuvre de M. Abadie, que cet artiste paraît avoir subi quelque peu, dans sa construction achevée en 1840, l'influence du style roman consacré, dès cette époque dans cette région, à la construction et à la décoration des églises, et dont son fils, M. Pau Abadie, ldevait être et est un des adeptes les plus fervents.

M. Abadie père dut à sa position d'architecte du département de la Charente, d'ériger de nombreux édifices publics dans les arrondissements du ressort de la Préfecture d'Angoulême, et il faut citer notamment l'Hôtel de la Préfecture et le Palais de Justice de Ruffec ainsi que les prisons de Ruffec et de Confolens.

---

de celle nécessaire à Paris aujourd'hui pour la réalisation du même programme. On ne saurait trop à ce sujet remarquer ici que les architectes qui construisent dans les départements ont bien souvent, à côté du regret qu'ils éprouvent à édifier des œuvres souvent mal appréciées par l'opinion publique, la satisfaction de pouvoir, avec des crédits relativement peu considérables, réaliser des édifices d'une réelle importance.

1. *Choix d'édifices publics*, ouvrage cité plus haut (2ᵉ section). T. II, pl. 103 et 104.

A Angoulême même, il fit construire un grand nombre d'hôtels[1] et de maisons particulières et inaugura ainsi, à tous les points de vue, dans cette ville, une architecture sobre dans son ensemble et étudiée dans ses détails, que de nombreux élèves ont répandue et généralisée : c'est surtout à cause de cette influence, aussi certaine que locale, que nous avons cru devoir nous étendre longuement sur la carrière de cet architecte.

M. Abadie est *membre correspondant* de l'Institut depuis 1833, et fut fait *chevalier de la Légion d'honneur* en 1836. Ses dernières œuvres remontent à une vingtaine d'années, époque à laquelle son fils, M. Paul Abadie, fut nommé *architecte diocésain* de la Charente et de la Dordogne et commença à exercer une si heureuse action sur la construction et la restauration des édifices religieux de cette contrée.

Un trait du caractère de M. Abadie père, dénote une certaine fermeté et prouve en faveur de son indépendance d'artiste[2]. Architecte de département et tenu, en cette qualité, de faire approuver au *Conseil des Bâtiments Civils* les projets des édifices à exécuter sous sa direction, M. Abadie reçut un jour avis d'une étude assez importante faite sur un de ses projets par M. Alphonse de Gisors l'oncle, *inspecteur général* du conseil, et fut invité à en prendre communication. M. Abadie refusa net, déclarant qu'il accepterait toute observation écrite, mais qu'il n'avait pas besoin qu'un autre dessinât ses projets, et il fit une résistance opiniâtre qui fut couronnée de succès à l'immixtion d'un confrère aussi haut placé dans une partie de son œuvre qui ne regardait que lui :

1. Un des plus remarquables sert aujourd'hui de succursale à la Banque de France.

2. Nous devons connaissance de l'anecdote qui suit, et dont au reste M. Abadie fils nous a certifié l'exactitude, à notre professeur aimé, M. Constant Dufeux, qui remplissait à cette époque — vers 1835 — les fonctions d'auditeur au Conseil des bâtiments civils.

s'opposant ainsi avec juste raison aux empiétements du conseil sur les attributions des architectes des départements.

Retiré depuis quelques années à Bordeaux et conservant encore toute la plénitude de ses facultés, M. Abadie jouit aujourd'hui, dans une modeste aisance, du repos qui est le digne couronnement de sa longue et honorable carrière.

BIBLIOGRAPHIE. — Voir à la suite de la biographie de M. Paul Abadie fils.

ABADIE (PAUL), FILS.

Fils du précédent, M. Abadie (Paul) est né à Paris le
10 décembre 1842. Élève des Colléges d'Angoulême et de
Bordeaux de 1823 à 1831, il fut envoyé à la fin de ses
études classiques à Paris par son père qui l'engagea à étudier
la peinture sous la direction de M. Alaux et l'architecture
sous celle de M. Achille Leclerc, tous deux membres de
l'Institut. Les soins dévoués de ce dernier gagnèrent vite la
confiance du fils de son ancien camarade, et M. Abadie,
optant pour l'architecture, resta dans l'atelier de M. Leclerc
jusqu'en 1842. Il entra à l'École des Beaux-Arts[1] en 1835,
et fut admis au Concours du Grand Prix en 1839.

M. Abadie fut attaché comme *surnuméraire* aux *Archives*

---

1. Quoique nous aurons souvent occasion de revenir sur un sujet que
nous ne voulons qu'indiquer ici, nous ferons remarquer que MM. Abadie
père et fils ne quittèrent l'École des Beaux-Arts qu'à l'âge de *trente ans*,
âge extrême fixé à cette époque pour le *Concours du Grand Prix*, et nous
verrons plus d'une fois — grâce à l'influence de maîtres aussi autorisés
que MM. Percier et Leclerc, et grâce aussi à l'espérance d'obtenir le
Grand Prix — qu'au commencement de ce siècle, les jeunes architectes
persévéraient à suivre les leçons de l'École et de leurs Ateliers, jusqu'à
l'entier achèvement de leurs études.

Aujourd'hui la limite d'âge de vingt-cinq ans (fixée par le *décret de* 1863
pour les concurrents aux *Prix de Rome*), outre le risque d'accorder la
suprême consécration de leurs études à des artistes souvent un peu trop
jeunes, a de plus cet immense inconvénient d'enlever tout espoir à des
élèves plus lents peut-être à se développer, élèves qui, après des études
patientes, eussent fourni des *pensionnaires de Rome* très-dignes de cet
honneur et plus tard des architectes très-méritants, dont il eût été fort

du Royaume en 1840, sous la direction de MM. ÉDOUARD DUBOIS et CHARLES LELONG et nommé *auditeur* au *Conseil des Bâtiments Civils* en 1842, où il resta jusqu'en 1845. Cette même année, il obtint la place de premier inspecteur de l'*Hôtel de la Présidence de la Chambre des Députés*, dont M. JULES DE JOLY *père* était alors architecte ; mais il donna sa démission, sans même entrer en fonctions, pour faire partie au même titre de l'Agence de Restauration de *Notre-Dame de Paris* sous les ordres de MM. LASSUS ET VIOLLET-LE-DUC.

En 1849, peu après l'organisation par M. le comte de Falloux, alors Ministre de l'*Instruction publique et des Cultes*, du service des Architectes diocésains[1], M. Abadie — qui, en 1844, avait été attaché à la *Commission des Monuments Historiques* en qualité d'architecte et chargé comme tel d'étudier les édifices du sud-ouest de la France sous la haute direction de M. PROSPER MÉRIMÉE fils, *inspecteur général*, — fut nommé *auditeur aux Cultes* et *architecte diocésain* pour les diocèses d'*Angoulême*, de *Périgueux* et une partie de celui de *Bordeaux*. Ces deux nominations lui furent renouvelées dans la réorganisation de ce service en 1853.

L'œuvre de M. Abadie, comme architecte diocésain, est des plus considérables, et on lui doit la construction ou la restauration de plus de *trente* Cathédrales, Églises, Chapelles ou Clochers. L'importance de quelques-uns de ces édifices, neufs ou anciens, est considérable et assure à l'auteur

regrettable de voir les études interrompues après la vingt-cinquième année et n'être pas fortifiées par le séjour de Rome et d'Athènes.

Revenant à MM. Abadie père et fils, c'est certainement à la longue durée de leurs études qu'il faut attribuer la sobriété dans le talent, la pureté dans le style et l'harmonie générale qui marquent toutes leurs œuvres, quelles que soient d'ailleurs les époques architecturales auxquelles ils ont cru devoir demander leurs inspirations.

1. Voir, pour tout ce qui regarde cette organisation et celle de la *Commission des Monuments Historiques* où elle a pris son origine, la biographie de M. DUBAN.

de pareils travaux une juste notoriété : aussi nous allons énumérer les principaux, en commençant par les restaurations.

Cathédrale de périgueux (Dordogne)[1]. Outre des travaux de consolidation générale, notamment la reprise en sous-œuvre des piliers de la Coupole de la Croisée et de celle de la Travée sud, il a fallu reconstruire en grande partie la Coupole de la Croisée et celles des Travées du sud et de l'est.

1. Au premier siècle de l'ère chrétienne, *saint Front*, premier évêque de *Vésone* — devenue plus tard Périgueux — et apôtre de la province, bâtit un oratoire, non loin de l'emplacement où s'élève la cathédrale actuelle. Au sixième siècle, l'évêque *Chronope*, deuxième du nom, remplace cet oratoire par une église détruite plus tard par les Normands. A la fin du dixième siècle, l'évêque *Frotaire de Gourdon* la reconstruit, et en 1047, l'évêque *Gérard de Solignac* la fait consacrer par *Aymon*, archevêque de Bourges. En 1120, destruction partielle de cette église et du monastère qui l'entourait, par un incendie : les ruines de ce vaste ensemble de constructions existaient encore en partie, il y a une trentaine d'années, et ont été décrites par M. Wilgrin de Taillefer (*Antiquités de Vésone*, Périgueux, 1821-26. 2 vol in-4°). Enfin peu de temps après, reconstruction capitale de l'église sans modification importante au point de vue du style ; les coupoles seules, d'apparentes qu'elles étaient avant cet incendie, ont été dissimulées sous une toiture.

Le plan de la cathédrale de Périgueux présente la forme d'une croix grecque — exemple presque unique en France — formée par deux nefs de chacune trois travées, dont une travée commune est la croisée ; en tout cinq travées séparées par de puissants arcs-doubleaux en ogive reposant sur des piliers, percés d'arcades à la partie inférieure, et formant pour ainsi dire quatre piliers au lieu d'un. Des coupoles, portées par ces arcs en ogive, s'élèvent au-dessus de chaque travée, et le passage du plan carré de la travée à la forme circulaire de la naissance de la coupole est, comme à *Sainte-Sophie* de Constantinople, rachetée par des portions de voûte sphéroïdale. Un porche en deux parties dans le sens de la longueur, donne accès au croisillon *ouest*, et est surmonté d'un clocher de trois étages, dont deux percés d'arcades entre des piliers, s'élèvent sans contre-forts réels. Le troisième étage consiste en colonnes corinthiennes très-rapprochées, formant une sorte de *lanterne* à jour et couronnée par un petit dôme d'une forme orientale.

Une chapelle, bâtie au quatorzième siècle, par l'évêque *Antoine de Talleyrand*, à l'extrémité du croisillon *est*, et formant une sorte d'abside tout

Cathédrale d'Angoulême (Charente)[1]. C'est surtout dans cet édifice que M. Abadie a fait preuve d'une grande intel-

à fait en dehors du plan primitif, termine cette église qui a 91 mètres 60 centimètres de longueur, 58 mètres de largeur, et dont les nefs comptent environ 24 mètres de largeur. Le clocher, haut de *soixante* mètres, a parfaitement résisté jusqu'à ce jour, malgré sa mauvaise construction et le défaut d'assiette régulière de sa base.

De nombreuses cryptes, renfermant autrefois des tombeaux, s'étendent sous l'église et remontent peut-être à sa construction primitive : on montre dans l'une d'elles, placée sous le chœur, le tombeau de *saint Front*, l'évêque fondateur.

1. *Saint-Pierre* d'Angoulême avait été construite primitivement vers le milieu du sixième siècle; mais, ravagée par les Normands pendant le neuvième, elle fut rebâtie sous l'évêque *Grimoard* et le comte *Guillaume II Taillefer*. Dédiée en 1017 et détruite à nouveau, elle fut réédifiée en 1120, « *Vero a prima lapide*, » — l'année même de la destruction partielle par un incendie de l'église et du monastère de *Saint-Front* de Périgueux — par les soins de *Gérard II*, évêque d'Angoulême et légat du Saint-Siége. Un chanoine, *Ytier Archainbaud*, « *l'un des plus riches de son temps*, » donna une partie des fonds nécessaires. Un grand clocher, celui de droite, détruit jusqu'à sa base en 1568, par les protestants qui brûlèrent les charpentes des voûtes, avait été élevé par l'évêque *Gérard II* et « *spécialement aux frais d'Ytier Archainbaud*. » L'autre clocher, de proportions massives, subsiste encore, et s'élève, quoique dépourvu de flèche, à une hauteur de *soixante mètres*. Au commencement du dix-septième siècle, un doyen du chapitre, *Jean Mesneau*, fit rebâtir les voûtes et, vers la fin du dix-huitième, les chanoines, démolissant les piliers qui soutenaient l'ancien clocher, pratiquèrent dans sa base la sacristie actuelle.

D'une belle simplicité, le plan de l'église *Saint-Pierre* forme une croix latine. La nef longitudinale comprend trois travées surmontées de coupoles, une quatrième est la croisée et se termine par un chœur entouré de quatre chapelles absidales rayonnantes. A chaque extrémité du transsept se trouve une chapelle, et ces bras du transsept étaient surmontés autrefois d'un clocher dont — nous l'avons dit plus haut — seul, celui du nord subsiste. Deux petites chapelles, dans la direction de l'orient, sont ouvertes dans les bras du transsept. Telle est cette disposition primitive qui n'est pas sans analogie avec celle de l'église *Saint-Front* de Périgueux, église construite à la même époque et évidemment sous les mêmes influences.

Dans la restauration entreprise par lui depuis quinze ans environ, M. Abadie a retrouvé les tombeaux de l'évêque Gérard et du chanoine Ytier Archainbaud ainsi que ceux de plusieurs évêques, et il a réédifié ces précieux souvenirs d'un autre âge à l'endroit qu'ils occupaient autrefois.

ligence de l'architecture romane et on peut affirmer que la reconstruction des petits clochers et du couronnement (en fronton placé sur une arcature) de la façade principale, ainsi que la reconstruction du clocher nord — le seul existant aujourd'hui — est une des restaurations, pour ne pas dire des *trouvailles archéologiques*, les plus intéressantes accomplies à notre époque. Cette restauration présente un grand caractère de vérité et fait le plus grand honneur à son auteur.

Moins importantes sont les restaurations partielles des Églises *Saint-Michel* d'Entraigues[1], de *Montmoreau* et de *Rioux-Martin*, toutes trois dans le diocèse d'Angoulême. Leur style, offrant divers caractères d'architecture romane depuis le *roman primitif* jusqu'au *roman élancé*, les avait fait dès longtemps classer, malgré leur peu d'importance, parmi les *Monuments Historiques*, et c'est à ce titre que M. Abadie se trouve en avoir exposé des projets de restauration à l'*Exposition universelle de* 1855 sous les auspices du *Ministère d'État* (Commission des Monuments Historiques)[2].

---

1. L'église *Saint-Michel* d'Entraigues, église romane, dédiée en 1127, présente cette particularité curieuse d'être l'édifice français qui rappelle le mieux l'église *Saint-Vital* de Ravenne (considérée bien souvent comme type) par son plan octogonal, orné d'une abside circulaire sur chaque pan.

2. Nous reproduisons ci-dessous la liste des œuvres ainsi exposées par M. Abadie dans cette remarquable partie de l'Exposition de 1855 et pour lesquelles son talent de dessinateur et d'archéologue fut récompensé d'une *Mention honorable :*

ABADIE (Paul), né à Paris, élève de M. A. Leclerc.
  Rue de Provence, 7.
4873. — Deux dessins, *même numéro :*
  1° Église Saint-Michel d'Entraigues (Charente); projet complet.
  2° Façade de l'ancienne église d'Aubeterre (Charente).
    Archives, Mon. Hist.   (M. d'État.)
4874. — Église de Montmoreau (Charente); trois dessins, *même numéro :*
  1° Plans, état actuel et restauration;

Resteraient encore à citer les restaurations de *douze* Églises, dont ' quelques-unes ont exigé des travaux d'une grande importance, soit à cause de leur état de délabrement qui nécessita la reconstruction presque totale de certaines de leurs parties, soit surtout au point de vue des styles

2° État actuel, élévations de la façade, de l'abside et de la face latérale, coupe ;

3° Restauration, façade, abside, coupe.

     Archives, Mon. Hist.   (M. d'Etat.)

4875. — Église de Rioux-Martin (Charente); projet complet.

     Archives, Mon. Hist.   (M. d'État.)

(Extrait du Catalogue de l'Exposition universelle de 1855. — Section des Beaux-arts.)

A l'Exposition universelle de 1867 ; M. Abadie se trouva de même exposer dans la *Collection des Monuments Historiques de France*, sous les auspices du *Ministère de la Maison de l'Empereur et des Beaux-Arts*, les œuvres suivantes :

24. — Église do Roulet (Charente) xii° siècle.

Plans, coupes, façade principale.

Croix tombale du xi° siècle dans le cimetière de Baret (Charente).

Lanterne des morts, à Celfrouin (Charente), xi° siècle.

25. — Église de Jensac (Charente), nef du xii° et chœur du xiii° siècle.

Plans, coupes, façades principales, façades latérales.

26. — Église de Lesterps (Charente), xii° siècle.

1° plan ;

2° Coupes, façade principale.

27. — Église de Mouthiers (Charente), xii° et xiii° siècles.

Plan, coupes, élévation.

31. — Église d'Obazine (Corrèze) xii° siècle.

Plan, coupes, élévations, détails (état actuel et restauration).

36. — Église de Bénévent (Creuse), xii° siècle.

1° Plan;

2° Coupe transversale, façade postérieure.

3° Coupe longitudinale.

4° Façade latérale.

37. — Église de la Souterraine (Creuse), xii°, xiii° et xiv° siècles.

1° Plan;

2° Coupe transversale, façade principale ;

3° Coupe longitudinale ; ·

4° Façade latérale (état actuel et état restauré).

roman ou ogival dans lequel elles ont été primitivement construites et dont M. Abadie s'efforça toujours de respecter jusqu'aux moindres détails : ainsi les églises de *Jensac*,[1] de *Lesterps*[2] et de *Montbron*[3], toutes trois dans le diocèse d'Angoulême. Ces divers travaux de restauration, effectués depuis près de vingt ans et dont quelques-uns sont loin d'être terminés, se sont élevés à près de *deux millions* de francs, dont moitié a été affectée aux Cathédrales de Périgueux et d'Angoulême, ces deux types de l'architecture romane dite *byzantine* dans le centre de la France.

Les Églises neuves ou parties d'Églises neuves, construites par M. Abadie dans la même région et dans un sentiment d'architecture emprunté aux styles des onzième, douzième et treizième siècles, offrent un chiffre de travaux plus élevé encore, plus de *trois millions de francs* (voir page 18, note 5) et ont pour l'archéologue ce grand intérêt que leur auteur s'est efforcé presque toujours de rappeler le style traditionnel et aimé des pays angoumoisin et périgourdin, style qui, on ne peut le nier, convient parfaitement dans cette contrée aux monuments consacrés au culte. Citons à Angoulême

38. — Monument sépulcral à Sarlat (Dordogne) xɪɪᵉ siècle.
   Plan, coupe, élévation.
39. — Église de Brantôme (Dordogne), xɪɪᵉ et xɪɪɪᵉ siècles.
   1° Plan ;
   2° Coupes et plans du clocher.
48. — Église de Loupiac (Gironde), xɪɪᵉ siècle.
   Plans, coupes, élévation.
(Extrait du Catalogue général de l'Exposition universelle de 1867. — Histoire du travail et Monuments historiques.)

1. Église byzantine, nef à trois coupoles, galeries appliquées aux murs, très-beau style qui paraît inspiré de *Saint-Pierre* d'Angoulême.

2. Les longues nefs avec arcades de cette église, construite tout en granit et dans le style roman primitif, rappellent la disposition des Thermes antiques.

3. Le chœur de cette église, chœur qu'a dû reconstruire M. Abadie, est composé d'une grande abside, flanquée de cinq plus petites du plus heureux effet.

même, les Églises *Saint-Ausone*[1] et *Saint-Martial*[2] ; à Périgueux, celle de *Saint-Georges*[3], et les Églises de *Notre-
Dame*[4] à Bergerac et de *Saint-Bernard*[5] à Mussidan, dans le
diocèse de Périgueux.

La petite église de *Saint-Barthélemy*[6] à Faux, dans la
Dordogne, mérite, elle aussi, une mention spéciale ; ainsi
que l'Église *Saint-Ferdinand*[7] et la Tour *Saint-Michel*[8] à
Bordeaux.

1. Porche surmonté d'un clocher de 60 mètres, nef avec bas côtés
et transsept avec tribunes aux extrémités, chœur carré. Église conçue
dans le style *ogival primaire*, et reconstruite sur l'emplacement d'une
ancienne abbaye des Bénédictins et d'une fort ancienne église dédiée à
saint Ausone, premier évêque d'Angoulême (troisième siècle).

2. Porche avec clocher de 54 mètres, nef avec bas côtés et chœur avec
abside circulaire. Style roman de transition. Église reconstruite aux frais
de la ville d'Angoulême, sur l'emplacement d'une très-ancienne église
placée sous le vocable du même saint, lequel est très en honneur dans
toute la contrée.

3. Porche, nef unique, chœur avec abside à cinq pans, transsept, clocher de 45 mètres. Style ogival.

4. Porche avec clocher de *quatre-vingt-un mètres*. Nef avec tribune
d'orgues, bas côtés, transsept avec chapelle, chœur avec chapelles rayonnantes. Plus grande longueur de l'édifice, *quatre-vingt-seize mètres*. Style
ogival primaire.

Cet édifice ne le cède guère en importance aux dernières églises inau-
gurées à Paris, quoique la somme dépensée pour sa construction n'atteigne
pas la somme de *sept cent mille francs*. Ajoutons ici que M. Abadie a assez
souvent rencontré dans les *fabriques* des églises de grandes facilités pour
faire établir dans celles-ci un mobilier fixe, généralement entrepris sous sa
direction, et que les nombreux ouvriers, qu'il a pour ainsi dire formés
dans ces contrées, ont intelligemment exécuté.

5. Cette église rappelle, par ses dispositions principales et son style,
l'église *Saint-Georges* de Périgueux. (Voir note 3.)

6. Sanctuaire roman ogival sur un plan carré formant les quatre bras
de la croix grecque, disposition rarement employée pour une église isolée
et assez fréquemment réservée aux chapelles des hospices, lycées, etc.

7. Construction importante dans le style ogival primaire ; porche, nef,
bas côtés, transsept avec tribunes aux extrémités, chœur carré, deux clochers.

8. Remarquable travail de reconstruction totale avec agrandissement à

Nous rattacherons à cette liste rapide des édifices religieux dus à M. Abadie, quelques tombeaux[1] et la chapelle du *Lycée* d'Angoulême[2], quoique ce dernier travail ait été fait dans un service relevant du *Ministère de l'Instruction Publique*, et nous aborderons, parmi les édifices civils, au reste peu nombreux, dus à cet architecte, celui qui est son plus beau titre de gloire : l'*Hôtel de Ville d'Angoulême.*

L'hôtel de ville d'Angoulême, commencé en 1858, ne fut inauguré définitivement qu'en 1868, les travaux ayant été interrompus à plusieurs reprises. Cet édifice présente un grand intérêt au double point de vue historique et architectural. La nécessité de conserver deux tours[3] subsistant du château des comtes de Lusignan, anciens comtes d'An-

la base. La flèche, qui seule a *soixante-quinze mètres* de haut, s'élève à une hauteur totale de *cent douze mètres soixante centimètres*. C'est la plus haute tour isolée de France, et ce monument est le *huitième* dans l'ordre de hauteur des édifices du monde.

1. Celui de Mgr Georges, l'avant dernier évêque de Périgueux, prélat amateur éclairé de l'architecture du moyen âge, et dont M. Abadie abrita la statue couchée sous une arcature romane d'une rare élégance.

A Angoulême, dans la chapelle de l'hospice, le tombeau de Guez de Balzac, consistant en un médaillon encadré dans un entrecolonnement avec fronton dans le style du seizième siècle, époque où florissait cet auteur.

2. Construite dans les bâtiments du lycée dus à M. Abadie père, c'est une chapelle romane d'une extrême élégance : nef unique avec tribunes. Les colonnes en fonte, à un mètre des murs, supportent des arcs et nervures en pierre. Les voûtes sont en brique, et cet édifice se recommande à la fois par son style et le choix, ainsi que l'heureux emploi, des matériaux employés pour sa construction.

3. De ces deux tours, l'une, de forme circulaire, fut élevée au onzième siècle et vit naître la « *Marguerite des Marguerites*, » sœur du roi François Ier; l'autre polygonale, dite tour de *Lusignan* et construite en 1204, par *Hugues de Lusignan*, comte d'Angoulême, est beaucoup plus importante. La halle était accolée à cette dernière tour, et la vie seigneuriale et populaire de la ville se trouvait ainsi concentrée en ce point, le plus élevé d'Angoulême, et qui domine toute la contrée.

Des hôtes illustres séjournèrent dans ce château, qui reçut Charles V le *Sage* et François Ier, Catherine de Médicis et Charles IX, Henri IV et

goulême, et le désir qu'avait M. Abadie de mettre l'édifice à construire en harmonie avec les édifices de style roman ou ogival qu'il avait érigés ou restaurés dans la ville et ses environs, déterminèrent cet artiste à tenter la construction, en France et au milieu du *dix-neuvième* siècle, d'un Hôtel de Ville rappelant les *Maisons communes* et les *Palais des Consuls* ou *des Échevins* du moyen âge. C'était une tentative d'une certaine hardiesse et que le succès devait justifier.

La façade principale de cet Hôtel de Ville, avec son architecture de transition du style roman au style ogival, avec ses contre-forts, ses arcs pointus et ses fenêtres géminées, avec son beffroi de plus de *soixante mètres* de hauteur, revêt un heureux caractère ; mais celle opposée, sur la rue de Plaisance, montrant dans son premier étage les grandes baies indiquant la *Salle des Fêtes*, est plus remarquable encore. Ces façades, ainsi que celles sur la cour et les vestibules et cages d'escalier, indiquent une véritable recherche et un profond sentiment de l'architecture du moyen âge, imitée dans ses principes et ses grandes lignes ; mais dont sagement M. Abadie a su répudier les bizarreries et les capricieuses exagérations. C'est un brillant plaidoyer de pierres en faveur d'une époque architecturale que la nôtre a trop souvent exaltée ou décriée ; mais que bien peu d'artistes ont, comme M. Abadie, étudiée avec conscience, et surtout dont bien peu se sont inspirés avec autant de succès.

L'Hôtel de Ville d'Angoulême renferme tous les services nécessaires à la vie publique d'une ville de plus de 25 000 âmes qui a d'illustres souvenirs, et, lors de son inauguration,

Louis XIII, enfin Anne d'Autriche et Louis XIV. C'est à cette dernière époque que le gouverneur d'Angoulême, *M. de Montausier*, — que l'on dit avoir fourni à Molière l'idée du *Misanthrope*, — étant l'époux de *Julie d'Angennes*, fille de la célèbre marquise de Rambouillet, les appartements du château d'Angoulême virent se presser, sous leurs vieux lambris, les *beaux esprits* du temps, et parmi eux *Louis Guez de Balzac* et *François de Larochefoucauld*, l'auteur des *Maximes*.

en mai 1868, plus de *quatre mille personnes* ont pu prendre part aux fêtes splendides qui y furent données. Sa décoration intérieure, sobrement conçue et exécutée avec soin, est un assez heureux compromis entre le style général de l'édifice et notre goût moderne. Une grande harmonie règne surtout dans toutes les parties de cet ensemble aujourd'hui unique dans les fastes de notre architecture moderne. La dépense totale s'est élevée à près d'un *million* de francs.

On doit aussi à M. Abadie l'Hôtel de Ville de *Jarnac* (Charente), quelques édifices d'utilité publique, entre autres un collége, dans des proportions beaucoup plus restreintes, et quelques maisons et villas à Paris, à Angoulême et dans les environs de ces villes ; œuvres toujours très-étudiées comme construction et comme décoration.

M. Abadie est *chevalier de la Légion d'honneur* depuis 1856 et son talent est très-apprécié par ses confrères et surtout par ses collègues, MM. les Architectes diocésains, dont il est un des plus anciens en date de nomination et un des plus autorisés par le savoir.

BIBLIOGRAPHIE. — Archives de la *Commission des Monuments Historiques* publiées par ordre de S. Exc. M. Achille Fould, Ministre d'État. — Paris, Gide, in-folio.

J. Gailhabaud. — *Monuments anciens et modernes.* Tome II.

Alexis Gauguié. — *La Charente communale illustrée.* — Angoulême 1865, grand in-8°.

Nota. Nous devons beaucoup pour les renseignements historiques de cette notice et de celle de M. Abadie père à M. Émile Biais-Langoumois, membre de la *Société archéolologique et historique* de la Charente, à Angoulême.

les matériaux de construction les plus précieux, en échange des produits agricoles de la Judée et de l'empire de David.

La mission de Hiram parait avoir eu surtout pour but de diriger les nombreux ouvriers venus des villes de Phénicie [1] et chargés d'aider les Israélites dans l'édification du temple que David avait projeté d'ériger au Seigneur.

Le livre des Rois fournit, dans plusieurs de ses chapitres, une intéressante description des splendeurs de ce temple [2] et donne aussi quelques détails sur les immenses palais que Salomon fit élever dans l'acropole de Sion pour la reine de Saba et pour lui. M. de Saulcy et M. le comte de Vogüé [3] ont pu, dans ces derniers temps, grâce à ces textes et aussi à la reconnaissance des soubassements de l'édifice construits en pierres gigantesques et encore existants dans leur presque totalité au sommet du *Mont Moriah* [4], essayer de restaurer,

---

1. Ces villes étaient surtout *Tyr* et *Biblos*, célèbres par leurs charpentiers, et *Gébal* qui fournissait les tailleurs de pierres les plus renommés de la Phénicie. Les premiers ouvriers venus de cette contrée à Jérusalem furent envoyés par Hiram Ier à David, ainsi que les bois de cèdre du Liban nécessaires à la construction des palais luxueux que ce monarque fit élever.

2. L'industrie et notamment les arts de l'orfévrerie et de la teinture, arrivés à cette époque à un si haut degré d'avancement chez les Phéniciens, furent mis à contribution pour la décoration du *Temple* dont les charpentes en bois de cèdre furent rehaussées de diverses couleurs et en partie recouvertes de lamelles d'or fin. D'autres métaux, tels que le bronze, le fer et l'argent; des marbres venus des îles de l'Archipel; enfin tout le luxe et toute la richesse que pouvaient fournir à l'opulente ville de Tyr son commerce maritime avec l'Occident et les navigations d'Ophir entreprises à frais communs par Hiram II et Salomon, furent mis à contribution dans la construction et la décoration de cet édifice érigé au plus beau temps de la splendeur du royaume de Judée.

3. Consulter aussi le *Dict.* anglais de *la Bible* du Dr SMITH. 3 vol. in-8.

4. D'après ces soubassements et les textes des auteurs, il a été facile de restituer avec assez de certitude les dispositions du Temple de Salomon. Voir l'HISTOIRE SAINTE, d'après *la Bible*, par VICTOR DURUY (Paris, in-18 jésus. L. Hachette, 1865, 4e édition), au sujet de ce magnifique édifice, consacré l'an 1004 avant J. C , et incendié l'an 585 avant J. C., lors de la prise de Jérusalem par les Babyloniens.

jusque dans les détails de son mobilier, ce temple, œuvre capitale de l'architecte phénicien Hiram et dont la construction dura près de huit années [1].

« Le nom de Hiram mérite de plus une mention spé-« ciale; car, à tort ou à raison, cet architecte est resté en grand « honneur dans les fastes de la *Franc-Maçonnerie* dont il au-« rait, pour ainsi dire, jeté les premiers fondements, en éta-« blissant divers signes de ralliement ou mots de passe entre « les nombreux ouvriers de pays et de langages différents « qui travaillaient sous sa haute direction à l'édification du « *Temple de Salomon* [2]. »

Quoi qu'il en soit, la tradition, aujourd'hui confirmée par les textes des historiens et les découvertes des archéologues, a conservé le nom de Hiram qui restera à tout jamais attaché à la période monumentale des règnes de Hiram II et de Salomon; mais des raisons dont la convenance n'échappera à personne nous interdisent, à notre grand regret, de donner ici le récit si dramatique et si imagé de la mort de Hiram.

Cet architecte n'eut pas le bonheur de voir consacrer le monument dont l'édification devait à jamais conserver son nom à côté de celui du roi Salomon, et il mourut lâchement assassiné, à la sortie du temple, dans une conspiration d'ouvriers formée en vue d'obtenir une *augmentation de salaire*.

Bibliographie. — *Manuel d'hist. anc. de l'Orient*, par Fr. Lenormant, *sous-bibl. de l'Institut*. Paris, in-12, 1868. A. Lévy, t. I et II (3ᵉ édition).

1. Commencé la quatrième année du règne de Salomon, le temple ne fut dédié que huit années plus tard après que des milliers d'ouvriers y eurent travaillé sans relâche pendant tout ce laps de temps, soit dans de vastes chantiers sur place, soit dans de lointaines expéditions entreprises pour se procurer les matériaux.

2. *Les grands architectes*, par Ch. Lucas, architecte. Paris, in-18, 1866. A. Lévy.

ADRIEN (PUBLIUS ÆLIUS HADRIANUS).

ADRIEN ou HADRIEN (*Publius Ælius Hadrianus*), quatorzième empereur des Romains, était allié à la famille Ulpienne,
et, né à Rome, le 24 janvier de l'an 76 de Jésus-Christ sous
le règne de Vespasien, mort à Bāïa le 10 juillet de l'an 138, il
succéda à Trajan le 11 août de l'an 117 de Jésus-Christ.

« Adrien fut, dit Chateaubriand [1], un prince remarquable,
« mais non un des plus grands empereurs romains; c'est pour-
« tant un de ceux dont on se souvient le plus aujourd'hui.
« Il a laissé partout ses traces.... il était lui-même poëte,
« peintre [2] et architecte [3]. Son siècle est celui de la renais-
« sance des arts [4]. »

1. Ces lignes de Chateaubriand, extraites de l'*Itinéraire de Paris à Jérusalem*, t. II, p. 135, sont prises dans un remarquable aperçu sur la
Villa Adriana (États-Romains), accompagnant un dessin habilement fait
de M. AUG. ANASTASI, gravé par M. A. SARGENT (*Le Mag. pitt.* sous la
direction de M. ÉD. CHARTON, Paris, in-4°, 36ᵉ année, 1868, p. 177 à 180).

2. *Spartien* déclare ce prince très-habile en peinture (*picturæ peritis-
simus*), ce qui est certes un jugement bien exagéré.

3. Il est incontestable, d'après le témoignage de *Dion Cassius*, qu'A-
drien fit élever sur ses propres dessins, le double *Temple de Vénus et de
Rome*, dont les débris couvrent encore aujourd'hui l'espace qui s'étend
entre les monts Palatin et Esquilin. *Ce temple de Vénus et de Rome*, situé
non loin du *Colisée* et dont la double dédicace rappelle l'origine d'Énée
fut, suivant *Aurelius Victor*, endommagé par un incendie et réédifié par
l'empereur *Maxence* qui substitua au plafond rectiligne en charpente
qu'Adrien y avait disposé à l'instar des basiliques de son temps, une
construction voûtée en briques et blocage, construction qui nécessita
l'augmentation d'épaisseur des murs latéraux et la réduction de l'étendue
des *cellæ* ou sanctuaires. NIBBY (t. I de son *Itinerario di Roma*) le décrit assez complétement, et M. LÉON VAUDOYER en a fait une fort belle
restauration, en 1831, dans son *Séjour en Italie* comme *Pensionnaire
de Rome*. — (Anciennes Archives de l'*Académie des Beaux-Arts*, cédées
en 1863 à la Bibliothèque de l'*École impériale et spéciale des Beaux-Arts*).

4. Adrien était aussi *jurisconsulte*, et de plus, on ne peut nier sa valeur

Outre le *Temple de Vénus et de Rome* et la *Villa Adriana*, que nous décrirons plus loin et qui est le vaste ensemble de monuments auxquels Adrien prit la part la plus active, il nous faut citer, dans les nombreux voyages de ce prince[1] et en se reportant à leur ordre chronologique, les constructions si diverses élevées sous sa direction et le plus souvent avec sa participation, mais toujours dans des conditions de grandeur et de magnificence dignes du peuple romain.

Après l'an 120 de Jésus-Christ, dans la Grande-Bretagne, il fit construire l'immense muraille qui, au sud des monts Cheviots, s'étendait sur la ligne même servant aujourd'hui de démarcation entre l'Angleterre et l'Écosse. Les vestiges importants qui existent de cette construction lui donnent une longueur de *soixante-huit milles anglais*, formant *soixante-quatorze milles romains* (environ *cent cinq kilo-*

comme *tacticien ;* car, outre ses succès comme général d'armée et plusieurs traités sur *l'art militaire* qui lui étaient dus et qui sont cités par *Arrien, Végèce* et *Lollius Urbicius*, c'est à sa prière que l'architecte *Apollodore* composa une *Poliorcétique*. Mais ce qui rentre davantage dans notre cadre est l'aptitude réelle de ce prince pour la *sculpture*, aptitude affirmée avec exagération, il est vrai, par *Aurelius Victor (De Cæs.*, cxix) qui veut que les statues d'Adrien « *ne fussent guère inférieures aux chefs-d'œuvre de* « *Polyclète et d'Euphranor*. »

1. D'après l'autorité d'*Aurelius Victor (Epit.*, c. xiv), Adrien était accompagné dans ses voyages d'une *légion* d'artistes, d'architectes, d'ingénieurs, de constructeurs et d'ouvriers de toute sorte, en entendant ici ce mot légion dans le sens absolu qu'il avait chez les Romains, c'est-à-dire un corps régulier divisé par cohortes et soumis à la discipline militaire. Cette assertion de l'écrivain latin permet, au reste, de s'expliquer la grande part prise par l'empereur à l'étude des édifices érigés sous son règne et portant son nom ; édifices qui furent tous ou presque tous commencés en sa présence, sur ses ordres exprès, pendant ses nombreux voyages dans toutes les provinces de son vaste empire, et dont quelques-uns, tels que ceux construits dans la ville d'Athènes, furent par la suite consacrés en sa présence. « Enfin, il fit élever tant d'édifices, sur les mu- « railles desquels il faisait graver son nom, et sa qualité de *Restaura-* « *teur*, qu'on le comparait à la *pariétaire*, qui se trouve sur toutes les vieil- « les murailles. » (*Encycl. méth.*, archit., par Quatremère de Quincy, t. I, voir *Adrien*, p. 10.)

mètres de France). Dans la Gaule Narbonnaise, à Nîmes, il érigea un *temple* en l'honneur de *Plotine*, femme de Trajan, et à l'affection peu scrupuleuse de laquelle il devait l'empire. Il est même probable qu'Adrien fit alors jeter les fondements des *Arènes* et de l'aqueduc connu sous le nom de *Pont du Gard* et achevé plus tard sous Antonin le Pieux. Dans la Péninsule Ibérique, à Tarracone, il rétablit à ses frais le *Temple d'Auguste*. En Mauritanie, il embellit Carthage et ajouta à cette ville un quartier nouveau qui prit son nom. De l'an 123 à l'an 125, pendant son premier séjour en Asie Mineure et dans l'orient de l'Empire, il reconstruisit en grande partie la ville de Cyzique[1] qu'il dota d'un *temple* magnifique : aussi, par reconnaissance, cette cité ajouta-t-elle à son nom celui d'*Hadriana*. Nicée et Nicomède jouirent également de sa munificence. A Ephèse, il éleva un *temple* à la *Fortune Romaine*. A Antioche, ville où il avait reçu la nouvelle de son élévation à l'empire, il fit construire un *bain public*[2], un *aqueduc* qui portait son nom, un *théâtre*, et, dans les environs, près des sources de Daphné, un *temple* consacré aux Nymphes où ces sources formaient *cinq* fontaines jaillissantes. Enfin il répandit ses bienfaits jusqu'aux confins extrêmes de son vaste empire, dans les villes de Palmyre et de Trébizonde. (Voir *le Périple* d'ARRIEN.)

Mais la ville qui eut le plus de part aux bienfaits de ce prince vaniteux, fut sans contredit Athènes, où il éleva tant d'édifices qu'ils y formaient comme une cité nouvelle, séparée de l'ancienne par un arc sur lequel on lit encore d'un côté : « *Ici est l'Athènes de Thésée*, » et de l'autre : « *Ici est l'Athènes d'Adrien*.» Pausanias nous a laissé une description fort étendue des monuments dont Adrien embellit Athènes.

---

1. *Philippe*, tétrarque de Galilée et fils d'*Hérode le Grand*, roi des Juifs, avait déjà considérablement embelli cette ville sous le règne des empereurs Auguste et Tibère.

2. Il ne faut pas confondre ces *bains publics*, *Balineæ* ou *Balneæ*, avec les *Thermes*, *Thermæ*, qui étaient beaucoup plus importants.

Citons, entre autres, la nef du *Temple de Jupiter Olym-pien*, dont les fondements étaient jetés depuis plus de cinq cents ans, *et dont l'enceinte n'avait pas moins de* QUATRE STADES[1] *de tour;* celui de *Junon Lucine*, un autre à *Jupiter Panhellénien*, et des *portiques* formés par *cent vingt* colonnes de marbre de Phrygie[2], où il avait fondé, en faveur des citoyens d'Athènes, une riche *bibliothèque*. Le *gymnase*, qui portait le nom d'Adrien et qui était orné de *cent* colonnes de marbre de Libye, était attenant à ces portiques. Aussi Pausanias ajoute-t-il que, par reconnaissance, une des tribus d'Athènes avait pris le nom de l'Empereur, et qu'une inscription gravée dans le *Panthéon*[3] mentionnait tous les actes de sa munificence[4].

Toute la Grèce eut au reste part aux bienfaits de cet em-

1. Le *stade grec* valait *six cents pieds grecs*, soit *cent quatre-vingt-quatre mètres, quatre-vingts centimètres.*

2. Il est probable qu'il est question ici de ce que les Grecs appelaient quelquefois Χαλκιδϊκόν et les Latins, *Chalcidicum*, portique large, bas et profond, couvert d'un toit qui lui était particulier, supporté par des pilastres et attaché à l'entrée de face d'un édifice où il protégeait la porte principale.

3. « A travers l'*arc* dit improprement *de Thésée* et séparant l'an-
« cienne Athènes, la ville grecque, de la nouvelle ville romaine appelée
« aussi *Adrianopolis*, on aperçoit de grandes colonnes corinthiennes qui
« semblent être incontestablement les restes d'un temple élevé par
« Adrien. M. Le Roy croit que c'était *le Panthéon*, où cet empereur avait
« fait graver la liste des temples qu'il avait construits. M. Stuart veut y
« voir les restes du *Temple de Jupiter Olympien*. Cette ruine présente en-
« core une *quinzaine* de colonnes d'une très-grande élévation ; elles ont
« plus de *six pieds* de diamètre et *soixante* de haut, sans frise ni cor-
« niche ; elles sont indubitablement les restes du *Naos* d'un temple ; et ce
« temple était environné d'une enceinte. M. Vernon, dans le voyage
« qu'il fit, il y a plus d'un siècle, et quand cette enceinte était peut-être
« plus entière, trouva qu'elle avait *mille pieds* de long, et *six cent quatre-*
« *vingts* de large, ce qui donne pour son contour plus de *cinq stades*, soit
« près de *mille mètres*. » (*Encycl. méth.*, archit., t. I, voir *Athènes*,
p. 162.)

4. Il faut y ajouter un *aqueduc* dont le souvenir est conservé par une inscription trouvée sur un entablement surmontant deux colonnes d'or-re ionique.

pereur, si admirateur des lettres grecques que, dans sa jeunesse, on l'appelait *Græculus*, petit grec. Pausanias nous a conservé les nombreux titres d'Adrien à l'affection de cette contrée et, entre autres monuments importants érigés à cette époque, Corinthe eut des *thermes* et un *aqueduc;* le tombeau d'Épaminondas reçut un *cippe* avec inscription composée par l'empereur lui-même ; Mantinée vit s'élever un *temple* en l'honneur de *Neptune Hippius*[1]; Adrien fit construire, en outre, à Hyampolis en Phocide, un *portique* qui portait son nom ; il rebâtit *le grand temple d'Apollon* à Abès[2], et enfin l'*hippodrome*, à Némée. Tant de bienfaits exercés sur un peuple enclin à la louange valurent à l'empereur le titre de *Panhellénien*, puis celui d'*Olympien*, et la *ligue achéenne* lui consacra une statue en marbre de Paros, dans le Temple de Jupiter, à Olympie.

Adrien retourna ensuite en Orient, visita le littoral du Pont-Euxin, et se rendit en Égypte où il fit élever à Péluse un *cénotaphe* magnifique au grand Pompée. C'est dans ce voyage d'Égypte qu'il remonta le Nil jusqu'à Thèbes et visita, accompagné de sa femme Sabine, la statue de Memnon. De nombreuses inscriptions traduites par Champollion et Letronne indiquent les stations principales de ce voyage d'Adrien qui, sur la terre des Pharaons, eut la douleur de perdre son favori Antinoüs qu'il déifia, auquel il éleva des temples et consacra même une ville entière sous le nom d'*Antinopolis*[3]. Puis, vers la même époque, — celle de la des-

---

1. Ce temple, construit primitivement par les architectes *Agamède* et *Trophonius*, vers l'an 1400 avant J. C., fut reconstruit, peut-être même sur les dessins d'Adrien ; ce que confirme une médaille grand bronze de l'empereur Adrien, portant au revers, avec l'indication du troisième consulat de ce prince et les mots Nep. Red., l'effigie du dieu représenté tenant un trident dans sa main droite, une palme dans sa main gauche, et posant le pied sur la proue d'un navire.

2. Ce temple avait été brûlé par les Thébains, dans la guerre phocéenne.

3. *Antinoé* ou *Antinopolis*, appelée *Besa* avant cet événement et aujourd'hui *Insiné*, présente encore des ruines considérables dont le P. du

truction complète du peuple juif par son lieutenant Julius Severus et de la consécration d'*Ælia Capitolina,* ville fondée sur l'emplacement de Jérusalem et où furent édifiés des temples à Vénus et à Jupiter, — Adrien revint une dernière fois à Athènes et rentra enfin dans Rome, l'an 135 de Jésus-Christ, pour ne plus quitter la Ville Éternelle que pour le séjour de sa *villa* de Tibur.

C'est même de cette résidence favorite, par la description sommaire de laquelle nous terminerons la biographie de cet empereur architecte, qu'Adrien présidait aux embellissements de Rome, fondait *l'Athénée*[1], réparait *la basilique de Neptune*[2], *le forum d'Auguste*[3], *le Grand Cir-*

BERNAT et PAUL LUCAS ont donné la description et qui, par leur richesse et leur importance, prouvent tout le chagrin qu'Adrien ressentit de la perte de son favori et aussi toute l'exagération avec laquelle il manifesta ses sentiments.

1. Tirant son nom d'Ἀθήνη (*Athéné* en grec, *Minerva* en latin, la déesse de la sagesse), ou d'Ἀθῆναι (Athènes), l'*Athénée* d'Adrien était un édifice destiné à servir de lieu de réunion pour les hommes distingués qui se livraient à « l'enseignement des hautes sciences, et quoique la célé- « brité de cette École ait accrédité l'opinion d'*Aurelius Victor* et de quel- « ques autres écrivains de l'antiquité qui veulent que l'empereur Adrien ait « fondé le premier *Athénée*, on sait qu'il y eut avant cette époque un ou « plusieurs *Athénées* à Alexandrie d'Égypte et qu'ils jetèrent assez d'éclat. « *Le Lycée* et *les Jardins d'Academus* à Athènes étaient de véritables *Athé- « nées* auxquels il ne manquait que ce nom. » — *Dict. de l'Académie et des Beaux-Arts* (Institut imp. de France). Paris, *Firmin Didot*, 1857, in-4°, t. I, p. 146. — Un passage de SUÉTONE, dans la Vie de Caïus Caligula (*Histoire des douze Césars*), ne laisse aucun doute que cet empereur n'ait institué à Lyon un *Athénée* dont l'éclat se conserva pendant plus de trois siècles.

2. Cette basilique, ou plutôt ce *temple de Neptune*, situé dans le Champ de Mars, était un des plus importants de Rome, car nous voyons que M. V. Agrippa, sous le règne d'Auguste, sinon le construisit, du moins l'entoura de portiques appelés *Portici Agrippæ*, ou *Neptunæ*, ou *Argonautarum*, à cause d'une peinture célèbre représentant les Argonautes et qui y était exposée.

3. PLINE (liv. VI, ch. 36, et liv. VII, ch. 53) en plaçant le « *Forum* « *d'Auguste restauré par l'empereur Adrien, au nombre des quatre plus*

que [1], *les Thermes d'Agrippa* [2], jetait sur le Tibre *le Pont*
qui porta son nom [3], et préparait à ses cendres l'immense
Mausolée [4] qui sert aujourd'hui de forteresse à la ville, sous
le nom de *Château Saint-Ange.*

« *merveilleuses constructions de Rome, fait mention d'un Apollon d'ivoire*
« *qui s'y trouvait.* »

1. Il serait difficile et peut-être impossible de reconnaître au juste les
travaux faits par Adrien dans le *grand Cirque;* mais, en revanche, cet
empereur fit ériger derrière son *Mausolée* le *Cirque* qui portait son nom
et dont les substructions, découvertes sous le Pontificat de Benoît XIV,
mesuraient *trois cent quarante pieds* de longueur et *deux cent deux* de
largeur (Nibby, *Itin. di Roma*, t. II).

2. *La grande Salle des Thermes d'Agrippa*, dite *le Panthéon*, fut en
effet restaurée sous Adrien, et c'est ainsi qu'on peut s'expliquer certaines
différences apportées dans le style de cet édifice, œuvre de Valerius
Ostiensis, artiste que Pline nous en fait connaître comme l'architecte.
Mais Adrien fit construire des *Thermes* portant son nom et que *Publius
Victor* et *Sextus Rufus* placent dans le Champ de Mars, près le Forum
d'Antonin.

3. L'empereur P. Ælius Adrien construisit ce beau pont principalement pour accéder à son magnifique mausolée et aux *Jardins de Domitia*,
sa promenade favorite. Du nom de l'empereur qui le fonda, ce pont s'appela dans les temps anciens *pont Ælius*, et *pont d'Adrien* pendant la décadence de l'empire romain; plus tard on le nomma *pont Saint-Pierre*
parce qu'on le traversait pour se rendre à la basilique de ce nom. Aujour-
d'hui, il se nomme *pont Saint-Ange* du nom du château Saint-Ange. A
l'exception des parapets, remplacés par des grilles modernes en fer, de
quelques légères restaurations et d'une petite arche près du château,
toute la construction en est antique et s'est conservée. Il se composait de trois grandes arches et de deux plus petites avec des contre-forts
entre les arches destinés à supporter des statues, comme au reste on
peut le voir encore aujourd'hui. *Nicolas V* le restaura en 1450, et, pour
cette raison, y inscrivit son nom. *Clément VII* érigea, aux débouchés du
pont sur la ville, les statues des apôtres saint Pierre et saint Paul, œuvres des sculpteurs *Lorenzetto* et *Paul Romain* (d'après Nibby, *Itin.* cité).

4. « Commencé par Adrien dans les jardins de Domitia, sur la rive
« droite du Tibre, et réuni à la ville par le *pont Ælius*, il fut terminé et
« dédié par Antonin le Pieux, l'an 140 après Jésus-Christ. Là furent en-
« terrés Adrien, Antonin le Pieux, L. Verus, Commode et probable-
« ment aussi Septime-Sévère, Géta et Caracalla. » — Dict. de biog.
myth., géog. anc., traduit en partie de l'ouvrage anglais du docteur Smith
par M. N. Theil. — Paris, Didot fr., in-8°, 1865. L'architecte graveur

Les diverses parties de l'Italie ne furent pas non plus oubliées par cet empereur et de nombreuses inscriptions ont conservé son nom à des travaux de la plus grande importance. Mais le talent d'Adrien qui paraît avoir consisté en une excessive facilité à s'approprier d'heureuses idées qu'il faisait siennes et qu'il exécutait promptement avec les immenses ressources que donnait la domination d'un empire aussi puissant que le sien, a surtout brillé dans la création de la *villa Adrienne*, vaste ensemble d'édifices où il réunit les *spécimens*, pour ainsi dire, des œuvres d'architecture les plus remarquables qu'il avait vues dans ses voyages.

La *villa Adrienne* a été souvent décrite, entre autres auteurs, vers 1560, par *Pirro Ligorio*[1]; en 1611, par *Antoine del Re*; en 1671, par *Kircher*, dans son *Vetus et Novum Latinum*. Des études avaient été faites par *Contini* en 1634

Abacco (voir le *libro d'Abacco*) a donné, au seizième siècle, une restauration de ce mausolée, étudié depuis par un grand nombre d'architectes, mais que semble avoir réussi à reconstruire avec le plus de fidélité M. Vaudremer, dans son *Séjour en Italie* comme *Pensionnaire de Rome* (Anciennes archives de l'*Académie des Beaux-Arts*, etc., voir la note de la page 51). A l'époque de la construction de la nouvelle enceinte de Rome, au temps d'*Honorius*, en l'an 402, il paraît que ce mausolée fut épargné. Mais il eut beaucoup à souffrir dans les guerres des Romains contre les Barbares et il servit de tour de défense contre les Goths. Au dixième siècle, *Crescentius*, noble romain, le convertit tout à fait en forteresse, d'où lui vint son nom de *Château de Crescentius*. Ses fortifications furent ensuite accrues par Boniface IX, Nicolas V, Alexandre VI et Urbain VIII qui y fit ajouter des ouvrages extérieurs par le Cavalier Bernin.

1. Le travail de *Pirro Ligorio*, sous forme de lettre et conservé à la bibliothèque du Vatican sous le n° 5295, est intitulé : *Trattato delle antichita di Tivoli et della villa Adriana fatto da* Pirro Ligorio, *Patrizio napoletano romano e dedicato all' Ill*mo *e R*mo *Hippolito secondo, Cardinal di Ferrara.* (Le plan joint à cette lettre a été perdu.) — Note communiquée par M. Daumet qui a fait une fort intéressante restauration d'une partie de la *villa Adrienne*, pendant son *Séjour en Italie* comme *Pensionnaire de Rome*, et qui a bien voulu nous communiquer les minutes de son travail déposé aux anciennes *Archives de l'Académie des Beaux-arts* et depuis assez bien photographié par Lampuée.

et rééditées en 1751, enfin par Piranesi en 1781[1]. Quatre-mère de Quincy (t. II, p. 334 et 335, de la *Vie des Archi-tectes*) rapporte que « l'architecte *Gondoin* releva le plan « général d'ensemble des vastes ruines de la *villa Adrienne* « pour en coordonner toutes les parties, et que, par une « générosité assez rare, il fit présent de ce travail à son ami « *Piranesi*[2] ». *Giovanni Bardi* en 1823 et peu après *Nibby*[3], d'après *Piranesi* et *Canina*, écrivirent aussi sur la *villa Adrienne*, que relevèrent plusieurs architectes français, *Cléris-seau, Peyre, Moreau* et *de Wailly*, au dernier siècle; *M. Dau-met*[4], il y a peu d'années, et enfin quelques architectes russes.

Fondée vers l'an 125,—ainsi que semblent le constater des briques retrouvées en place,—la *villa Adrienne*, érigée pro-bablement sous la direction de l'empereur par l'architecte *Demetrius* ou *Demetrianus*, ne paraît pas avoir été habitée par ses successeurs. *Caracalla*, le premier, la dépouilla pour orner, avec ses œuvres d'art, les magnifiques Thermes qui portent son nom, et elle fut surtout dévastée à la suite du siége de Tivoli par Totila.

« La *villa Adrienne* fournit des colonnes à toutes les « églises de Tivoli, à tous les palais et aux habitations « des principaux de la ville. Les marbres, les statues qui « ne pouvaient servir à la décoration des nouveaux édifices « furent employés comme matériaux de construction, et « même réduits en poussière pour en faire de la chaux[5]. »

Les édifices qu'elle comprenait, peuvent se diviser en « *douze sections*, savoir : « 1° *la Palestre*[6], dans la-

---

1. *Pianta delle fabriche esistente nella villa Adriana.* — Note de M. Daumet.

2. Extrait du *Dict. de l'Acad. des Beaux-Arts* cité plus haut.

3. Nibby (*Descr. della villa Adriani*).

4. Voir note 1, page 58.

5. Nibby. (*Desc.* déjà citée).

6. En latin *Palæstra*, du grec παλαίστρα, différait du gymnase en ce sens que c'était surtout la partie de ce dernier édifice consacrée aux exercices du corps.

« quelle on comprend *les Théâtres*[1] et *le Nymphée*[2],
« 2° *le Pœcile*[3], 3° *le camp des Prétoriens*[4], 4° *les Biblio-*
« *thèques*[5], 5° *le Palais impérial*[6], 6° *le Stade*[7], 7° *les*
« *Thermes*, 8° *le Canope*[8], 9° *l'Académie*[9] qui comprenait

1. Il y en avait deux de forme et aussi de dimensions différentes ; mais dont les ruines sont de bien peu d'importance. On croit pourtant que l'un rentrait dans la disposition dite du *Théâtre romain* et l'autre, dans celle dite du *Théâtre grec*, ce dernier toujours plus petit que le premier.

2. Le *Nymphée* de la *villa Adrienne*, « de petite dimension, conserve « une niche dont le fond est décoré de sculptures imitant des stalactites « et sur lesquelles s'aperçoivent des traces de couleur. » — *Dict. de l'Acad. des Beaux-Arts*, cité plus haut.

3. Le *Pœcile* de la *villa Adrienne* est une construction en ruines, et, comme la Palestre, d'ouvrage réticulaire et de briques, de *cent quatre-vingt-dix mètres* sur plus de *soixante-dix*. Des portiques l'entouraient et, à son extrémité orientale, s'élevait un *Exèdre* appelé *Temple des Stoïciens*, en l'honneur du *Stoa* d'Athènes. A côté du *Pœcile* était le *Natatorium*, ainsi désigné à cause des canaux et des motifs de décoration qui y furent retrouvés.

4. Ainsi nommé, parce qu'il renfermait, ouvertes sur des portiques à deux et trois étages, des chambres pour le logement des prétoriens et en si grand nombre, qu'on les appela les *Cent Chambres*. (Voir le camp des soldats de Pompéi.)

5. A côté des *Bibliothèques* était l'*Heliocaminum* ou *Étuve solaire :* une chambre de cette destination est décrite par Pline dans le *Laurentin*. (Voir l'ouvrage de M. Jules Bouchet.)

6. Les pièces les plus importantes de cette partie étaient : le *Cavœdium*, cour centrale entourée de constructions ; les *Crypto-portiques*, longs corridors percés de fenêtres de chaque côté ; le *Triclinium*, l'*OEcus corinthien*, salon dont le toit en voûte était supporté par des colonnes distantes des murs ; enfin deux chambres terminées par des niches et où quelques-uns ont voulu voir des *Temples de Vénus* et *de Diane*.

7. Le *Stadium* reliait le *Pœcile* au *Palais Impérial*.

8. Cet édifice, dans lequel il a été retrouvé un grand nombre de statues égyptiennes, tirait son nom de la ville de *Canope*, près Alexandrie (Égypte). Il est probable, ou tout au moins un long bassin creusé qui mesure *cent soixante-dix-huit mètres* sur *soixante-seize*, indique assez que cet édifice, terminé par une grande niche en forme de *cella* de temple, devait être destiné aux représentations de batailles navales.

9. L'*Académie* et plus loin le *Lycée*, étaient des *Gymnases* rappelant ceux d'Athènes portant le même nom.

« *l'Odéon*[1], 10° *les Enfers* et *les Champs Élysées*[2], 11° *le*
« *Lycée* et *le Prytanée.* » Cette énumération est empruntée à un fort remarquable article du *Dictionnaire des
Beaux-Arts*, auquel est annexé un plan de la *villa de l'empereur Adrien* dressé par M. Albert Lenoir, et qui se termine par les lignes suivantes :

« On ne peut s'empêcher, en jetant les yeux sur ce plan,
« d'être frappé de tout ce qu'avait de grand et d'ingénieux
« la pensée qui avait présidé à la conception et à l'exécution
« de la *villa Adrienne*. On avait vu, jusqu'à l'empereur
« Adrien, dans les villes les plus célèbres, des collections
« de statues et de peintures ; Adrien fait une collection de
« monuments, et chaque monument contient sous ses por-
« tiques une nombreuse collection d'objets d'art. Il entoure
« ces édifices de toutes les richesses de la nature la plus
« belle ; partout des jardins, des bois, des lacs, des fontai-
« nes. Il fait de sa *villa* un séjour délicieux, en même temps
« qu'il réunit dans cette magnifique résidence les souvenirs
« des plus beaux monuments répandus dans son empire,
« c'est-à-dire dans le monde alors connu. »

Il n'y a rien à ajouter à ces lignes qui, plus que toute
dissertation, montrent la façon brillante avec laquelle Adrien
sut encourager les arts et particulièrement l'architecture en
faisant, sur une grande échelle et au point de vue de l'architecture, ce qu'à notre époque, depuis quinze ans à peine,
les Anglais font avec tant d'activité au *Musée de South-Kensington* pour les arts industriels et au *Palais de Sydenham*
pour les différents types de style architectural du monde entier ; aussi nous pensons n'avoir pas à justifier la si grande
place que nous consacrons ici à l'*Empereur-architecte*,
P. Ælius Cæsar Trajan Hadrien Auguste, fils du Dieu

---

1. *Petit Théâtre* dans le style grec, souvent couvert et destiné aux
auditions musicales.

2. Il ne faut voir ici que deux fantaisies qui pouvaient difficilement
revêtir un véritable cachet architectural.

Trajan le Parthique, petit-fils du Dieu Nerva, grand pontife, très-bon, consul pour la troisième fois, revêtu de la puissance tribunitienne[1]; titres pompeux auxquels nous ajouterons ceux plus modestes, mais si intéressants pour notre art, de fondateur de villes, restaurateur de temples, et protecteur des Muses et des Arts.

Bibliographie. — Nota. — Nous ne rappellerons pas ici les nombreux ouvrages que nous avons dû consulter et que nous avons au reste toujours indiqués dans le texte ou dans les notes ; mais nous devons dire que cette longue biographie est de celles que, jusqu'à son dernier jour, notre regretté collaborateur Alexandre du Bois avait essayé de compléter, et nous devons ajouter que notre professeur aimé, M. Constant-Dufeux, a bien voulu nous aider à en faire une étude aussi complète (que le permettait notre cadre forcément limité), du mouvement architectural du règne de l'empereur Adrien.

ÆTHERIUS.

Ætherius (en grec Αἰθέριος), qui vivait à Constantinople au commencement du sixième siècle de l'ère chrétienne sous le règne d'Anastase I[er][2], empereur d'Orient, réunissait les qualités de l'architecte à celles de l'ingénieur militaire et même fit preuve des talents requis chez l'homme d'État, si

1. Inscription transcrite et traduite du grec, par M. A. Chenavard (*Voyage en Grèce et dans le Levant*, texte in-18, Atlas in-fol., Lyon, 1849). Elle se trouve sur le fût d'un piédestal circulaire antique, qui s'élève au milieu du parvis de la cathédrale de Syra, et dont la face supérieure a été creusée pour en former des fonts baptismaux.

2. Anastase Ier, *le Silentiaire*, monta sur le trône en 491 et mourut en 518.

l'on en juge par les édifices construits sous ses ordres et par la place qu'il occupa dans les conseils de son souverain [1].

Comme architecte, Ætherius fit ériger dans le grand palais de Constantinople un édifice, ou plutôt une partie d'édifice nommée *Chalcis* [2], et il fut chargé de la construction d'une grande muraille qui, entourant la ville de Constantinople sur une longueur de dix-huit lieues, depuis le Pont-Euxin jusqu'à la Propontide au sud de la ville de Selymbria, mettait ainsi cette capitale à l'abri d'un coup de main de ses dangereux ennemis les Scythes et les Bulgares.

Il ne nous reste malheureusement aucune œuvre qui nous puisse faire apprécier le talent d'Ætherius, architecte qui vivait à une époque de guerres extérieures sans cesse renouvelées et de dissensions intérieures amenées par des motifs religieux; deux causes aussi funestes l'une que l'autre au développement des beaux-arts.

Bibliographie. — ENCYCL. MÉTH., archit., déjà citée.

1. Les biographes sont en effet unanimes pour accorder à Ætherius que son mérite lui procura l'entrée du conseil du prince où il occupa même une des premières places.

2. Beaucoup d'opinions souvent contradictoires ont été émises sur la nature de la construction que les anciens appelaient *Chalcis*, — la *Nouvelle Biographie universelle* écrit à tort *Calchis*, l'origine étant le mot grec χαλκός — et on peut consulter avec fruit à ce sujet l'*Encyclopédie méthodique* qui indique les suppositions des divers commentateurs de Vitruve et paraît croire que l'on désignait ainsi les deux bras en forme de T qui précédaient fréquemment, dans les basiliques antiques, l'hémicycle où le magistrat rendait ses jugements et qui devint plus tard le chœur dans l'église chrétienne, de même que les deux *Chalcis* ou *Chalcidiques* fournirent probablement les deux bras du transsept.

Pour nous, nous croyons que la construction appelée *Chalcis* et construite par Ætherius à Constantinople était un ensemble de *portiques* et de *salles* situés au devant des *basiliques* auxquelles ces *Chalcis* servaient pour ainsi dire de *Salles des Pas-Perdus*. — Voir *Adrien*, p. 54, n. 2.

AGAMÈDE ET TROPHONIUS.

L'existence — attestée par les plus anciens auteurs grecs — de ces deux architectes, tous deux fils d'Erginus, roi d'Orchomène, capitale des Ményens et ville riche et puissante de Béotie, remonte aux plus anciens temps de l'histoire grecque, aux âges pour ainsi dire anté-historiques, vers l'an 1400 avant J.C.

Les écrivains qui citent ces deux frères leur attribuent la construction en commun de plusieurs édifices, tels que le *Poseïdonium* ou *Temple de Neptune* à Mantinée [1], l'*Heræum* ou *Temple de Junon* à Olympie, les *Temples d'Apollon* à Delphes [2] et à Lébadée, et le *Palais d'Amphitryon* à Mycènes.

1. Ce temple fut reconstruit sur les ordres et peut-être même les dessins de l'empereur Adrien. — Voir *Adrien*, p. 35, n. 1.

2. Cet édifice devait avoir de grandes proportions et de plus être décoré avec une certaine somptuosité; car c'est dans ce temple qui recevait les offrandes des rois et des particuliers, que, aux époques primitives, plusieurs peuples de la Grèce déposèrent leurs trésors comme devant s'y trouver en sûreté à cause de la vénération profonde inspirée par la présence de la Divinité. Au centre du temple, était une petite ouverture dans la terre, par laquelle s'échappaient de temps à autre des vapeurs enivrantes, et, au-dessus de cette ouverture, un trépied servait de siége à la Pythie, pour rendre ses oracles. « Ce temple n'était dans son origine « qu'une chapelle faite avec du laurier qui croît auprès du temple. Un « certain *Pteras*, de Delphes, le bâtit ensuite d'une manière plus solide. « On le construisit après en airain, dit Hérodote, ce qui doit s'entendre « sans doute de la charpente et du comble qui le couvraient; mais il fut « détruit et fondu par le feu. Il fut bâti pour la quatrième fois par Aga- « mède et Trophonius. Ce dernier temple fut brûlé la dernière année de « la 58e olympiade, 543 ans avant J. C., et reconstruit pour la dernière « fois par les Amphictyons, des dons que les peuples avaient consacrés à « cet usage. *Spintharus*, de Corinthe, en fut l'architecte. » — Ext. du *Voy. en Grèce et dans le Levant* de A. M. Chenavard, texte in-18, Lyon 1849.

3. « Les Thébains, alléguant une vieille inscription, disaient qu'Amphi-

« Le temple de Lébadée était environné d'un mur de mar-
« bre, qui avait deux coudées de haut[1]. Des obélisques de
« bronze de même élévation, placés de distance en distance,
« concouraient à le décorer[2]. »

Mais l'édifice, sur la construction duquel roulent toutes
les versions qui composent la légende de ces deux architectes, est le *Trésor d'Hyrieus*, roi d'Hyria, ville de Béotie
située près du Tanagre. « Les deux frères, en construisant ce
« dernier édifice, avaient placé dans le mur extérieur une
« pierre », — ou plutôt un bloc de marbre, — « qui s'enlevait
« aisément du dehors, et, pénétrant par cette voie[3], ils pil-
« laient chaque nuit le trésor royal. Hyrieus s'en aperçut et
« tendit aux voleurs des piéges dans l'un desquels Agamède
« fut pris. Trophonius, pour ne pas être trahi par la capture
« de son frère, lui coupa la tête et l'emporta. En punition de
« ce crime, la terre engloutit Trophonius à l'endroit où se
« trouve, dans le bois sacré de Lébadée, l'*antre* dit *d'Aga-*
« *mède* (Paus., 9, 37, 3). Là s'éleva plus tard l'oracle de
« Trophonius, dans lequel on invoquait aussi et consultait
« Agamède en lui offrant, la nuit, des béliers en sacrifice....
« Cette tradition avait passé en Élide ; là, c'est Agamède,

« tryon, voulant épouser Alcmène, fit faire une chambre nuptiale par Tro-
« phonius et Agamède, les deux célèbres architectes de son temps, au-
« teurs du premier temple d'Apollon à Delphes. » — A. M. CHENAVARD,
Voy. en Grèce, déjà cité.

1. Ne serait-ce pas là un des premiers exemples des enceintes basses au
milieu desquelles s'élevèrent plus tard les temples antiques et dont l'usage
devint bientôt général.

2. PINGERON, *Vies des architectes anc. et mod.*, traduites de l'italien (de
Milizia), 2 vol. in-12, Paris, MDCCLXXI, t. I.

3. Nous rappellerons un exemple curieux d'une disposition analogue,
fort habilement dissimulée dans la sculpture du remarquable fronton du
Panthéon de Paris, dû au ciseau du célèbre statuaire David d'Angers.
Le maillet que tient le sculpteur, un des personnages de ce fronton, est
mobile et peut se tirer à l'intérieur afin de laisser communiquer sur la
saillie extérieure de l'entablement du grand ordre et accéder ainsi au
fronton sans le secours d'aucun échafaudage.

« Trophonius et Cercyon, fils d'Agamède, qui enlevèrent
« le trésor d'Augias[1]. Trophonius et Cercyon s'enfuirent après
« la mort d'Agamède ; le premier à Orchomène, le second à
« Athènes. Pindare et Plutarque racontent la mort d'Aga-
« mède et de Trophonius d'une façon toute différente ; ils
« disent que, après l'achèvement du temple de Delphes, les
« deux frères prièrent Apollon de les récompenser de leur
« travail ; Apollon leur promit une récompense dans sept
« jours, leur recommandant de bien jouir de la vie en at-
« tendant. Dans la nuit qui précéda le septième jour, ils
« étaient morts[2]. »

On nous pardonnera de nous être étendu aussi longuement sur cette légende et l'antiquité grecque surtout en pourrait fournir un grand nombre de plus intéressantes peut-être ;
mais bien peu rentrent autant dans notre cadre, et nous
aurons rarement occasion de montrer des architectes, fils
de roi, accusés par la tradition d'un vol presque sacrilége,
et passés à l'état de divinités après leur mort.

AGAPÉNOR

Pausanias[3] nous apprend que Agapénor, roi des Arca-
diens, fut, à son retour de la guerre de Troie, jeté sur les
côtes de l'île de Cypre où il fonda Paphos et érigea dans cette
ville le célèbre temple de Vénus.

Une médaille antique nous a conservé une représentation
de ce temple. « On voit devant son fronton une place en de-

1. Augias était ce roi d'Élide dont, sur l'ordre d'Eurysthée, Hercule
nettoya les écuries en y détournant le cours de l'Alphée et du Pénéc.

2. *Dict. de biogr.*, par M. N. Theil, déjà cité.

3. *Description de la Grèce*, t. IV, Arcadie, ch. v.

« mi-cercle; c'était l'*area* : celle-ci était fameuse, dit Pline,
« parce qu'il n'y pleuvait jamais; et c'est pour cette raison
« que les monétaires n'auront pas manqué de l'exprimer.
« Tacite en parle aussi, et ajoute d'autres détails qui con-
« firment l'explication qu'on a donnée de cette médaille[1]. »

AGAPTUS.

Cet architecte, appelé aussi Agnapitus et qui vivait aux
temps héroïques, construisit, dans les bois de l'Altis à Olympie, un portique auquel les Éléens donnèrent son nom[2].

Il est probable que *le portique d'Agaptus*, construit dans
l'intérieur même du *Stade*, devait servir d'abri aux chars et
aux chevaux qui prenaient part à la course et présenter
une grande analogie avec les *carceres* des amphithéâtres
romains.

Bibliographie — *Dizionario degli architetti*, etc., di STE-
FANO TICOZZI, fasc. I, in-8°, Milano, 1831.

AGATHOCLES.

D'après Diodore de Sicile, vers l'an 740 av. J. C., cet
architecte, « ayant été élu pour surveiller la construction

1. ENCYCL. MÉT. *Archit.*, par M. QUATREMÈRE DE QUINCY. T. I, p. 133.
2. PAUSANIAS, *Descr. de la Grèce*, t. III. Élide, ch. xv.

« du temple de Minerve à Syracuse, se chargea d'en payer
« la dépense de ses propres deniers. Mais, ayant fait choix,
« parmi les pierres taillées pour cet édifice, des plus belles,
« il s'en servit pour se bâtir une maison magnifique, » ce
qui lui attira, suivant cet historien, la vengeance des dieux
et aussi celle des magistrats ; « quoique les héritiers d'Aga-
« thoclès eussent prouvé qu'il n'avait rien pris sur les fonds
« consacrés au culte[1]. » Un Agathoclès, architecte grec, est
cité, sur l'autorité de M. Ph. le Bas, dans le *Catalogue des
Artistes de l'Antiquité*[2], par M. le Cᵀᴱ de Clarac.

————

AGNAN (saint).

Cet évêque d'Orléans (le septième) succéda à saint Euverte
en 390. « Il fit élever le feste et sommet de *l'église de
« Saincte Croix*[3], bastie par son prédécesseur, l'accreut et
« l'amplifia, aidé du concours d'un *maistre architecte* nommé
« Mellius[4]. » Saint Agnan, qui fit preuve d'un grand cou-
rage lors du siége de la ville d'Orléans par Attila, en 451,
mourut deux ans après et fut inhumé en l'église de l'abbaye

1. *Diodore de Sicile*, trad. par A. T. Miot, t. III, l. VIII, fragm.

2. Paris, in-12, 1839.

3. Cette église de *Sainte-Croix* (c'est encore le vocable actuel de la
cathédrale d'Orléans) fut incendiée en 865 par les Normands et détruite
entièrement par eux en 899 ; mais on retrouva une partie des fondations
de l'ancienne église de Saint-Euverte et de Saint-Agnan en faisant les
fouilles de la cathédrale actuelle.

4. L'histoire d'Orléans, que nous citons plus bas, donne le détail d'une
chute terrible faite par *Mellius* du toit de la cathédrale sur le parvis et
de sa guérison miraculeuse obtenue à la prière de saint Agnan ; mais
sans s'étendre davantage sur le talent de Mellius comme architecte.

de Saint-Laurent dont il avait été abbé. Environ cent ans après, ses reliques furent portées dans l'église Saint-Pierre hors la ville qui devint alors l'*église collégiale de Saint-Agnan*. Au reste, plusieurs églises dans le diocèse d'Orléans et un autel de la cathédrale de Paris furent placés sous le vocable de saint Agnan.

Bibliographie. — *Hist. et antiq.* de la ville et duché d'Orléans, etc., 2 t. en 1 vol., 2ᵉ édit., Orléans, MDCXLVIII.

AGNELLI (GUGLIELMO BEATO).

Ce moine dominicain, à la fois architecte et sculpteur, vivait à Pise au milieu du treizième siècle et fut associé aux travaux de l'illustre Nicolas de Pise, son maître, et à ceux de son fils, Jean de Pise, dont il fut le condisciple. Agnelli participa, croit-on, à la sculpture du magnifique *tombeau de saint Dominique,* dans l'église de ce nom à Bologne, et aurait donné le dessin de la façade de l'église *San Michele in Borgo*[1] à Pise même, ainsi que celui de la façade de l'église *Santa Caterina* construite dans la même ville et dans le même sentiment artistique.

Bibliographie. — *Voyages en Italie* par M. VALERY, Paris, 3 vol. in-8, 1838. — J. DU PAYS, *Itin. de l'Italie*, 2 vol. in-18, Paris, 1865, 4ᵉ édit. — *Vasari français.*

1. Cette église, dont la crypte remonte au onzième siècle, montre dans la partie supérieure de sa façade un assez timide emploi de l'*arc brisé*, les arcades du rez-de-chaussée conservant encore la forme plein-cintre.

AGNÉTY (FRANÇOIS).

Une des considérations qui ont le plus vivement déterminé notre collaborateur Alexandre du Bois à réunir les matériaux de cet ouvrage est la difficulté presque insurmontable que l'on éprouve à connaître la biographie des architectes modestes qui, en dehors des grands centres de population, ont souvent exécuté des édifices remarquables, non tant par la richesse de leur ornementation, que par les heureuses et grandes dispositions de leurs plans et par la sévère ordonnance de leurs façades.

Agnéty est un de ces artistes du commencement de notre siècle qui se distinguèrent le plus parmi tant d'autres de ses confrères des départements, en ornant de constructions importantes les villes de Moulins et de Vichy, ainsi que tout le département de l'Allier, dont Agnéty, élève brillant de M. Alavoine et de l'École royale des beaux-arts au commencement de ce siècle, fut nommé architecte vers 1820.

Le premier en date et le plus recommandable des édifices construits par Agnéty fut l'*hôtel de ville* de Moulins[1], édifice

---

1. Cet *hôtel de ville* (*a*) occupe un terrain rectangulaire mais irrégulier sur un de ses côtés, et à environ *vingt-sept mètres* de façade sur *cinquante* de profondeur. Il a coûté *trois cent vingt mille francs*. Il comprend deux étages (rez-de-chaussée et premier), avec dépendances dans les combles construits en charpente, et toutes les façades, tant intérieures qu'extérieures, sont en pierre de taille. Le style adopté rappelle celui des palais italiens de la grande école de la Renaissance italienne. La façade principale offre au rez-de-chaussée cinq arcades entre des pieds-droits devant lesquels s'élèvent des colonnes doriques isolées, surmontées d'un entablement avec triglyphes et métopes décorées d'attributs. Des colonnes ioniques sont engagées dans les pieds-droits des arcades du premier étage et les deux colonnes du milieu sont surmontées de cariatides supportant

(*a*). Gourlier, Biet, Grillon et Tardieu, arch., *Choix d'édifices publics*, extrait des *Archives du Conseil des bâtiments civils*, t. I, pl. 38 et 39. Paris, in-fol.

érigé en 1821 et qui, indépendamment de diverses localités réclamées par sa destination spéciale, comprend une bibliothèque publique ayant une entrée particulière et cabinet de bibliothécaire avec escaliers spéciaux.

Le *séminaire* de Moulins [1] ne le cède guère en importance

les armes de la ville de Moulins. Des statues allégoriques surmontent les quatre autres colonnes. La façade postérieure, qui est celle de la bibliothèque, est plus simple. De puissants refends la décorent, les fenêtres du premier étage sont couronnées de frontons triangulaires et l'ensemble est terminé par une riche corniche de style florentin. La cour est carrée. Au rez-de-chaussée, cinq arcades avec entablement dorique, rappelant celles de la façade principale, divisent trois de ses côtés et forment des portiques desservant les services du rez-de-chaussée et conduisant à de grands vestibules et à des escaliers bien étudiés. Une belle *salle des fêtes*, décorée de pilastres corinthiens, s'ouvre sur la façade principale et la *grande salle de la bibliothèque*, d'environ *vingt-deux mètres* sur *neuf* et de *dix mètres* de hauteur, est parfaitement aménagée, d'un beau caractère, peut renfermer *vingt-cinq mille* volumes, et fait de cet édifice un des plus intéressants à étudier.

1. Cet édifice (*a*), construit sur l'impulsion de Mgr N. de Pons, premier évêque de Moulins, et dont la dépense totale s'est élevée à environ *trois cent mille francs*, se compose de trois étages (rez-de-chaussée, premier et deuxième) de bâtiments, avec combles en charpente et caves sous une partie, entourant une cour rectangulaire avec portiques formant une sorte de cloître sur les quatre côtés du rez-de-chaussée. Au fond de la cour, en face de l'entrée principale, est la chapelle, avec tribune au premier étage pour les malades. Ces constructions occupent environ *quarante-cinq mètres* de largeur sur *soixante-dix* de profondeur en comprenant la saillie de la chapelle et celle d'un petit porche formé d'un entrecolonnement avec fronton abritant la porte d'entrée. A droite et à gauche, de petites cours entourées de dépendances, et des jardins potagers et d'agrément complètent cet ensemble qui comprend : au rez-de-chaussée, outre la chapelle avec sacristie et les différents parloirs, de vastes salles d'étude, d'exercice, d'examen, de récréation, la bibliothèque, un grand réfectoire, une pharmacie, une cuisine et laverie et des escaliers bien distribués ; au premier étage, les appartements de Monseigneur, du supérieur et des directeurs ainsi que la lingerie et l'infirmerie. Les cellules des séminaristes et de leurs surveillants sont divisées dans cet étage et dans celui du dessus.

(*a*). Voir *Choix d'édifices publics*, cité p. 70 (note *a*). t. II, pl. 67 et 68.

à l'édifice que nous venons de décrire : il occupe même une beaucoup plus grande étendue de terrain et fut érigé de 1828 à 1837, sans aucune décoration extérieure ni intérieure à cause de la faible somme mise à la disposition de l'architecte ; mais avec une bonne entente du plan et avec une étude cherchée du programme qui se décèle jusque dans les dispositions du jardin et des dépendances, parties trop souvent sacrifiées et qui, dans le séminaire de Moulins, font grand honneur au talent de Agnély.

Il nous reste à parler d'un troisième grand édifice dû à cet artiste ; mais construit en collaboration de M. Rose-Beauvais[1] : l'agrandissement ou plutôt la création du grand *établissement thermal de Vichy*[2], sur l'emplacement d'anciennes constructions romaines[3].

1. Cet architecte avait obtenu au concours, dès 1820, la direction de ces importants travaux qui furent exécutés de 1821 à 1829.

2. Une grande galerie, celle du nord, encore existante, avait été construite, en 1787, par l'architecte Janson, pour mesdames Adélaïde et Victoire de France, tantes de Louis XVI. — Louis Piesse, *Vichy et ses environs*, Paris, in-12, Hachette, 1865.

Deux planches (t. II, pl. 21 et 22) du *Choix d'édifices publics*, cité p. 70 et 71, sont consacrées à cet ensemble de constructions, juxtaposées à la galerie de Janson et formant avec elle un quadrilatère de *soixante-seize mètres* sur *cinquante-sept*, n'ayant de premier étage que sur une grande galerie au midi répétant celle du nord et destinée à des salons de réunion. Cette façade principale, percée de dix-sept arcades, est en pierre de taille sur socle en lave de Volvic. Les autres façades sont en moellons avec encadrement des baies en pierre. Les cloisons de distribution des cabinets, répartis autour de quatre cours carrées de chacune *seize mètres* de côté, sont en lave de Volvic ainsi qu'une grande partie des dallages du rez-de-chaussée, des réservoirs et des fontaines qui occupaient autrefois le centre de ces cours et qui ont dû faire place à de nouveaux cabinets. Le grand promenoir est voûté en scories d'Auvergne (matière aussi résistante que légère) et les autres voûtes sont exécutées en briques. Les charpentes et menuiseries sont en chêne, et la couverture en ardoises d'Angers. La dépense totale s'est élevée à près de *cinq cent mille francs* y compris une maison à proximité de l'établissement et servant à loger une partie de l'administration et des dépendances.

3. On a retrouvé des traces de ces constructions, en faisant les fouilles

D'un caractère tout différent que les précédents et construit en partie avec des matériaux particuliers à la contrée, ce dernier édifice permit plus encore de se dévoiler au côté pratique du talent de M. Agnéty, artiste apprécié de ses concitoyens, et honoré de la considération de tous dans la ville de Moulins; mais que Paris ne connut pas assez et de la mort duquel nous ignorons la date exacte. Nous savons seulement que, en 1839, M. Quarry, depuis longtemps architecte de la ville de Moulins, lui succéda comme architecte du département de l'Allier.

Bibliographie. — *Annuaires du département de l'Allier*, Moulins, 1820 à 1839, pt. in-18.

AGNOLO (ANIELLO DEL FIORE).

Cet architecte sculpteur, fils du peintre Colantonio del Fiore, beau-frère du *Zingaro*, et le maître du fameux *Juan de Nola*[1], imita surtout les artistes toscans du quinzième siècle dans trois tombeaux qu'il érigea à Naples, vers l'an 1480, dans la chapelle *del Crocifisso* (*église San Domenico*). Le premier est celui du cardinal Caraffa de Ruvo que termina Juan de Nola; le second est celui d'un autre Caraffa et passe pour le chef-d'œuvre d'Agnolo; enfin, le troisième est

de l'établissement actuel; car Vichy (l'*Aquæ Calidæ* des tables de Peutinger) possédait déjà sous les Romains une station thermale avec salle souterraine de *cent trente mètres* de surface, réservoir, acqueducs et voies romaines aux environs.

1. JUAN DE NOLA, sculpteur napolitain, d'origine espagnole, mort en 1558, à l'âge de soixante-dix ans, « praticien habile mais médiocre dessinateur, » dit Vasari, travailla à une partie des œuvres de son maître.

celui du comte de Bucchianico et de sa femme Catarinella Orsino.

Bibliographie.—Voir p. 73.— AGNELLI (GUGLIELMO BEATO).

AGNOLO (BACCIO D')

ET SES FILS DOMENICO, FILIPPINO ET GIULIANO.

Parmi les maîtres italiens de la Renaissance qui s'adonnèrent à la fois à la sculpture et à l'architecture, Baccio d'Agnolo mérite une mention spéciale pour sa longue carrière et les œuvres importantes qui en marquèrent le cours.

Né à Florence en 1460, il s'occupa dans sa jeunesse à une sorte de mosaïque ou marqueterie en bois nommée *tarsia* ou *rimesso*, et exécuta, dans ce genre de travail très-apprécié à cette époque dans les républiques italiennes, les stalles du chœur de l'église *Santa Maria Novella* parmi lesquelles on remarquait, entre autres figures, un *Saint Jean-Baptiste* et un *Saint Laurent* d'une grande beauté; puis le buffet d'orgues de la même église et le maître-autel (plus tard modifié) de *la Nunziata*[1].

Baccio d'Agnolo se rendit ensuite à Rome où il étudia l'architecture sous plusieurs grands maîtres tels que les frères San-Gallo et, de retour à Florence, il fit, sur l'ordre de ses concitoyens, ériger des arcs de triomphe de bois que ne dédaignèrent pas de décorer les plus célèbres peintres florentins, afin de fêter, dans cette ville, la venue du pape Léon X.

Malgré son goût décidé pour l'architecture et la grande

---

1. Voir pour ces deux églises la biographie de ALBERTI (LÉON BATTISTA).

place que, dès ce moment, cet art tint dans son existence,
notre sculpteur sur bois n'en continua pas moins à tenir
boutique ouverte à Florence, et si grande était sa notoriété
que son atelier, où il exécuta, entre autres commandes, diverses espèces de siéges, de coffres et un lit en noyer pour
Pier. Francesco Borgherini, ainsi que des cadres pour Gio.
Maria Benintendi, devint le rendez-vous des artistes les plus
renommés de l'époque et qu'il y réunit Baccio Bandinelli,
Andrea San-Sovino, Filippino le Maïano, Raphaël, Antonio
et Giuliano di San-Gallo, le Cronaca et le grand Michel-Ange
Buonarotti lui-même, dans de longs entretiens dont les beaux-
arts étaient l'inépuisable sujet[1].

Baccio d'Agnolo fut même convoqué avec les trois derniers de ces maîtres et Leonardo da Vinci pour donner les
dessins de la vaste *salle du grand Conseil* du palais de la Seigneurie de Florence, et, après avoir travaillé, avec ces mêmes
artistes, à l'escalier qui conduit à cette salle ainsi qu'à la décoration des colonnes et des portes de marbre d'une salle de ce
palais appelée *de' Dugento*, revenant à son ciseau, il sculpta
de sa main, dans la salle du grand Conseil, un riche encadrement en bois pour un tableau de Fra Bartolommeo.

Léon X appela ensuite Agnolo avec Antonio San-Gallo,
les frères San-Sovino et Raphaël à lui présenter des dessins
pour la façade de l'église *San Lorenzo* de Florence; mais
tous ces concurrents se retirèrent devant Michel-Ange et la
part d'Agnolo dans ce concours paraît surtout avoir été l'exécution en bois du modèle du projet de son ami Antonio
San-Gallo.

---

1. La renommée de Baccio d'Agnolo à Florence était si grande qu'il
fut chargé par Bartolommeo Panciatichi l'ancien, de commander à Leonardo da Vinci une *Assomption de la Vierge* avec les apôtres autour du
sépulcre; qu'il procura à Andrea del Sarto l'*Annonciation* à fresque de
l'église *Or San Michele* et qu'il fut nommé, par les consuls, leur arbitre
dans une appréciation d'un groupe en bronze de Giovan Francesco Rus-
tici, sculpteur dont les intérêts étaient défendus par Michel-Ange.

Ces deux artistes s'occupèrent aussi, en 1534, d'ériger sur un piédestal, à l'entrée du *Palais Vieux* de Florence et en face le *David* de Michel-Ange, l'*Hercule terrassant Cacus*, statue colossale de Baccio Bandinelli.

Les œuvres architecturales d'Agnolo sont nombreuses. Il construisit à Florence, pour Giovanni Bartolini, le palais de ce nom[1] et imita, dans la corniche qui couronne cet édifice, l'entablement antique du *frontispice de Monte-Cavallo* à Rome. Il donna également à G. Bartolini les dessins de ses jardins de Gualfonda et fit construire, pour F. Borgherini[2], une maison à Florence et une villa à Bello Sguardo.

On cite encore d'Agnolo plusieurs édifices érigés pour Lanfredino Lanfredini, pour les Nasi, et peut-être le *palais Cocchi*[3].

Mais l'œuvre la plus discutée d'Agnolo et celle qui lui attira le plus de critiques fut l'adjonction malheureuse qu'il tenta en faisant commencer une galerie en marbre de Carrare

---

1. « Le plan de ce palais est d'une grande simplicité, caractère des « productions d'Agnolo. La cour est entourée de trois portiques soutenus « par des colonnes. Les salles du rez-de-chaussée sont voûtées et déco- « rées de bonnes peintures. La façade, construite toute en pierre, est « riche d'architecture et d'une élégante proportion. Les croisées et la « porte principale sont ornées de colonnes portant des entablements sur- « montés de frontons. Baccio d'Agnolo fut le premier qui introduisit ce « genre de décorations, ce qui lui attira beaucoup de critiques et même de « vexations dont il se vengea noblement par l'inscription latine : *Carpere* « *promptius quam imitari*, qu'il plaça dans la frise de la porte d'en- « trée. La cour de ce palais est ceinte de quatre étages de loges et le « quatrième, construit en charpente et en retraite, pour laisser entrer « plus d'air dans cette jolie cour, est très-ingénieusement reporté sur les « poinçons du toit inférieur. » — FAMIN ET GRAND-JEAN, *Archit. toscane*, « 2ᵉ édit., gr. in-fol. avec pl., Paris, 1846.

2. Voir plus haut, p. 75.

3. « Situé sur la place Santa Croce, ce palais offre dans son plan une « disposition simple et commode ; la proportion générale de sa façade est « d'un bon effet ; celle du soubassement ne laisse rien à désirer.... On « reconnaît facilement aux détails et à l'exécution fine de ce palais, que « c'est avec raison qu'il est attribué à Baccio d'Agnolo. » — FAMIN ET « GRAND-JEAN, cité plus haut.

à la naissance du dôme de *Santa Maria del Fiore* après
avoir élevé l'architrave, la frise et la corniche qui couronnent cette église au-dessus des pilastres et des œils-de-bœuf
qu'avait fait disposer son prédécesseur, Giuliano da Maïano.
La huitième partie de cette galerie environ était construite,
lorsque Michel-Ange, après l'avoir vue, s'écria qu'*elle res-
semblait à une cage à grillons* et fit abandonner le projet d'Agnolo. Ce dernier n'en resta pas moins jusqu'à sa mort
l'architecte de la cathédrale dont il fit très-probablement
exécuter le magnifique pavage en mosaïque de marbres de
couleur, œuvre des plus remarquables et qui n'a jamais été
surpassée ni même égalée pour la richesse et l'heureux assemblage des couleurs.

Agnolo procéda encore à la construction du campanile de
San Spirito à Florence que, après sa mort, le duc Cosme fit
achever sur ses plans, et à celle du campanile de *San Miniato
di Monte*[1]; peut-être même donna-t-il le plan de l'église
San Giuseppe des Pères Minimes. Son dernier ouvrage important fut le modèle de l'église *San Giuseppe da Santo
Nofri*, pour laquelle, resaisissant une dernière fois le ciseau,
il sculpta la porte d'entrée, dans un âge fort avancé.

Baccio d'Agnolo mourut en 1543, âgé de quatre-vingt-
trois ans, et fut enseveli dans l'église *San Lorenzo*, ce Panthéon des Médicis, par ses trois fils, dignes héritiers de son
nom et dont l'aîné, *Giuliano d'Agnolo*, succéda quelque
temps à son père comme architecte de la cathédrale.

Le second, *Filippino*, sculpteur sur bois comme son père
et ses frères, ne nous est nullement connu comme architecte;
mais le plus jeune, *Domenico*, sculpteur sur bois et architecte, fit construire sur ses dessins la maison de Bastiano da

---

1. Cette tour résista, en 1529, à l'artillerie du prince d'Orange, lors
du siége de Florence par les armées impériales et pontificales et ce poste
stratégique, heureusement situé et habilement défendu, fit éprouver de
grandes pertes aux assiégeants.

Montaguto qu'il décora de plusieurs belles œuvres de sculp·
ture et, après la mort de son père, fit terminer par une belle
couverture en terrasse la maison des Nasi[1].

Outre sa position d'architecte de la cathédrale, Giuliano
d'Agnolo s'occupa, de concert avec Baccio Bandinelli, d'un
projet de décoration, en pierre bleuâtre de *Fossato* et marbre
blanc, pour la grande salle d'audience du *Palais Vieux* et
d'une façade du côté de *la Piazza*. Mais ces divers projets,
demandés par le duc Cosme et suivis d'un commencement
d'exécution, furent vite abandonnés.

Comme son père, Giuliano avait conservé son atelier de
sculpture et, outre un remarquable modèle en bois, fait avec
le Bandinelli, pour la décoration du chœur de *Santa Maria
del Fiore*, suivant le projet original de Brunelleschi quelque
peu dénaturé par une augmentation de richesse, il ne dédai-
gna pas non plus de sculpter des meubles, des cadres de
tableaux à côté d'ornements d'autels et de clôtures ou de
stalles de chœur d'église.

Les principales œuvres de Giuliano comme architecte
sont une chapelle et un tombeau à Pescia, un palais à San
Miniato al Tedesco et divers bâtiments qui décèlent tous
une grande science d'arrangement et de décoration.

Cet artiste, le dernier connu des Agnolo de Florence,
mourut en 1555.

Bibliographie. — Vasari, trad. française, déjà cité.

AGNOLO (GABRIELE D').

Cet architecte florissait à Naples vers la fin du quinzième

---

1. Voir plus haut, p. 76.

siècle et construisit dans cette ville plusieurs édifices dont
le plus important est le *Palais Gravina*[1], que quelques critiques jugent égaler en grandeur et en beauté les palais
des villes du nord de l'Italie. On attribue également à
Gabriele d'Agnolo, mort vers l'an 1510, la construction, à
Naples, des églises *Santa Maria Egyziana* et *Santo Giuseppe*.

AGOSTINO ET AGNOLO DE SIENNE.

Ces deux frères, dont l'aîné et le plus célèbre, Agostino,
naquit à Sienne en 1269, ayant travaillé presque constam-
ment ensemble comme architectes et aussi comme sculpteurs, nous les réunirons pour cette raison dans la même
notice biographique.

Ils comptaient parmi leurs ancêtres des architectes distingués qui avaient construit vers la fin du douzième siècle et
sous le gouvernement des trois consuls de Sienne, la *Fonte-
branda*[2], la *Douane* et plusieurs autres édifices publics ou
privés.

Tous deux étaient les élèves et les disciples favoris de Jean
de Pise, auprès duquel ils puisèrent les traditions de son
père, l'illustre Nicolas de Pise, et, dès qu'Agostino, et plus

1. Ce palais, un des plus beaux de la ville de Naples, et construit
pour la puissante famille des Orsini, fut altéré par l'addition moderne
d'un attique et par la conversion en boutiques des salles du rez-de-
chaussée. Il sert aujourd'hui de siége à l'administration des Postes. —
J. DU PAYS, *Itin. de l'Italie*, déjà cité.

2. Cette fontaine, dont la partie supérieure, un des plus anciens monuments de l'art siennois, s'est écroulée en 1802, avait été décorée par le
sculpteur *Bellamin*, et fut souvent chantée par les poëtes.

tard son frère Agnolo, eurent acquis quelque habileté, ils furent associés, par Jean de Pise, aux travaux que ce dernier eut à diriger, tant à la cathédrale de Sienne où, dès 1284, nous voyons Agostino d'abord et ensuite Agnolo, occupés comme sculpteurs, qu'à Arezzo, où tous deux travaillèrent à décorer le maître-autel de l'évêché; à Pistoïa, à Pise, et dans toutes les républiques de Toscane où le talent de Jean de Pise et de ses aides était souvent requis.

Agostino se consacra vers cette époque plus particulièrement à l'étude de l'architecture, et dès 1300, nous voyons les deux frères occupés à diriger la construction de l'*Église Saint-Jean-Baptiste* de Ferrare, dont peut-être les dessins étaient de leur maître. Agostino donna ensuite, en 1308, à Malborghetto, le plan du *palais des Neuf*, magistrats qui gouvernaient alors la ville de Sienne, et il fut à cette occasion nommé surintendant de tous les bâtiments de la ville, position à laquelle il associa son frère Agnolo.

C'est à ce titre que les deux frères firent œuvre d'architectes dans la cathédrale de Sienne dont ils décorèrent d'un revêtement de marbre, le clocher, vieille tour des Bisdomini remontant au commencement du douzième siècle, et dont ils firent ériger la façade septentrionale. En 1321, ils commencèrent *la porte de San Martino*, ou *porte romaine*, achevée en 1326, et élevèrent ensuite *la porte de Tufi*, autrefois de *Sant'Agata all' Arco*.

La vaste *église de Saint-François* fut construite également sur leurs dessins aux frais du peuple de Sienne, et sous l'influence du cardinal de Gaëte, légat apostolique.

Peu après, les Tolomeï, nobles Siennois, exilés à Orvietto, les appelèrent dans cette ville, pour y sculpter les prophètes qui décorent la façade de la cathédrale, et le Giotto, voyant ces figures vers 1327, devint l'ami d'Agostino et d'Agnolo qu'il présenta à Pietro Saccone di Pietra-Mala, frère de l'évêque et seigneur d'Arezzo, Guido Tarlati, comme seuls capa-

bles d'exécuter (peut-être d'après ses dessins)[1], le magnifique mausolée que Pietro Saccone voulait faire ériger à la
mémoire de son frère dans la chapelle *del Sacramento* de la
cathédrale d'Arezzo.

Ce remarquable monument, terminé en 1330, consiste en
la statue couchée du prélat reposant sur un soubassement
décoré de seize bas-reliefs représentant les principaux événements de son existence si agitée.

Ce doit être vers cette époque, que les deux frères se
rendirent à Rome où, d'après Vasari, ils auraient sculpté
(toujours sur les dessins du Giotto) le tombeau de l'ancienne
famille des Savelli[2], dans l'église d'Ara Cœli.

Les deux frères revinrent de cette ville, à Bologne, où ils
ornèrent le maître-autel de *l'église Saint-François* de merveilleux bas-reliefs qui ne leur auraient pas coûté moins de
huit ans de travail, ainsi que le constate une inscription encore existante. Mais, pendant leur séjour à Bologne, le pape
Jean XXII leur confia la construction d'une forteresse située
près la porte *di Galliera* et destinée à maintenir les Bolonais
sous son obéissance; laquelle forteresse fut démolie, aussitôt que construite, dans une insurrection de la turbulente
cité.

Agostino et Agnolo rendirent des services signalés à ce pays
en endiguant le Pô dans les territoires de Mantoue et de Ferrare, donnant ainsi une remarquable preuve du côté pratique de leur talent.

Les deux frères, revenus à Sienne vers 1338, y firent

---

1. Ce monument porte ces mots . *Hoc opus fecit magister Augustinus et
magister Angelus de Siena.* Il fut fort mutilé par les soldats du duc Louis
d'Anjou, lors de la prise d'Arezzo; mais il reste encore l'œuvre la plus
remarquable de l'École de sculpture italienne du quatorzième siècle.

2. Edifice où l'architecture gothique des deux frères contraste singulièrement avec un antique sarcophage, décoré d'emblèmes dionysiaques,
dans lequel avait été renfermé le corps d'un Savelli et qui sert de soubassement au mausolée.

achever sur leurs dessins la nouvelle *église Santa Maria*[1], la *grande salle du Conseil* et la *tour*[2] du *palais del Publico*, enfin les travaux d'aqueducs souterrains qui, dans une étendue de conduits d'eau de plus de quinze milles, alimentaient les nombreuses fontaines de Sienne, au nombre desquelles la *fontaine Gaja*, inaugurée en 1343, est la dernière œuvre des deux frères dans leur ville natale.

C'est l'année suivante, 1344, qu'Agostino, âgé de soixante-quinze ans, fut enlevé à ses concitoyens par une mort presque subite au moment où, pour la première fois peut-être, son frère Agnolo l'avait quitté pour se rendre à Assise afin d'y ériger le tombeau en marbre d'un cardinal de la famille Orsino, dans l'église sépulcrale de Saint-François de cette ville.

Il est probable qu'Agnolo ne tarda pas à suivre son frère dans la tombe, car on ne connaît pas d'œuvre certaine de lui après 1335, et qu'il fut enseveli, ainsi que son frère, dans la cathédrale de Sienne, dernière demeure bien digne de deux artistes qui avaient consacré une grande partie de leur existence à embellir leur patrie de chefs-d'œuvre aujourd'hui encore admirés.

Bibliographie. — Ticozzi, *Dizionario*, déjà cité. — *Vasari français.*

AGRICOLA (SAINT).

Ce prélat, huitième évêque de Châlon-sur-Saône, né en

---

1. Commencée, en 1262, par *Marchione*.

2. Cette tour, dite *del Mangia*, doit son nom à l'habile ouvrier qui avait fabriqué la statue de bois, sorte d'automate, chargée de sonner les heures.

497 et mort le 17 mars 580, après quarante-huit années
d'épiscopat, fut un véritable artiste. De famille sénatoriale,
Agricola[1] appartenait à l'élite de la société gallo-romaine de
cette époque, et fut très-lié avec Venantius Fortunatus qui
lui composa, en vers latins, une fort élogieuse épitaphe[2].
On peut citer, comme preuve de la vie active menée par
cet évêque, sa présence aux divers conciles tenus, en diverses villes de la Gaule, dans les années 538, 549, 555 et
567 ; et, sur l'autorité de Grégoire de Tours[3], nous rappellerons qu'Agricola fit élever, sur ses propres dessins, non-
seulement plusieurs églises dans son diocèse ; mais encore
que sa cathédrale fut particulièrement l'objet de ses soins.
Il la fit agrandir[4], orner de colonnes, revêtir de marbre et
parer de riches mosaïques.

Agricola fut inhumé dans l'*église Saint-Marcel*, fondée, à
sa sollicitude, en 577, par Gontran, roi de Bourgogne.

Bibliographie. — *L'illustre Orbandale* et *Hist. ecclés. de
la ville de Chálon-sur-Saóne*, 2 vol., petit in-4°, MDCLXII.
F. Fouque, in-12, 1844. — *Hist. de Chálon-sur-Saóne.*

AGRIPPA (camille).

Ce célèbre architecte milanais, qui fut en même temps un

1. Grégoire de Tours l'appelle aussi *Agræcula.*

2. Fortunatus (Ven. Hon. Clement). *Carminum, epist., exposit.*, lib. VI,
Moguntiæ, Bern. Gualtherus, 1617, in-4°.

3. *Hist. des Francs*, l. V, ch. xlvi.

4. L'agrandissement ne commença qu'en 542 lorsque le roi Childebert
eut rapporté les reliques de saint Vincent pris par ce souverain et son
frère Clotaire au siége de Saragosse et, de cette époque, l'église cathédrale de Chálon-sur-Saóne, jusqu'alors sous le vocable de *saint Étienne*,
prit celui de *saint Vincent*.

habile ingénieur militaire, vivait au seizième siècle, et nous
est connu par d'intéressants traités[1] aujourd'hui fort rares,
publiés à Rome de 1553 à 1595, et se rapportant à diverses
données scientifiques ou philosophiques. Agrippa s'occupa,
sous le pontificat de Grégoire XIII, de la question si importante alors de transporter et d'ériger un obélisque[2] au milieu de la place Saint-Pierre à Rome, et il écrivit, à ce sujet,
son *Trattato di trasportare la guglia in la piazza di San
Pietro* (Roma, 1583, in-4°, fig.).

AGRIPPA (MARCUS VIPSANIUS).

Né en 64, avant Jésus-Christ, d'une famille obscure, cet
illustre Romain étudia avec le jeune Octave (devenu plus
tard l'empereur Auguste) à Apollonie en Illyrie, et resta
toujours l'ami intime de son condisciple. Celui-ci dut en
grande partie aux talents militaires et nautiques ainsi qu'à
la modération d'Agrippa, d'acquérir et de garder l'empire
du monde romain. Au reste, Auguste conserva toujours
Agrippa pour son ministre, l'associa fréquemment à sa puissance, le prit pour gendre l'an 21 de Jésus-Christ; adopta et
désigna pour ses successeurs deux des enfants d'Agrippa et de

---

1. Voir BRUNET, *Manuel du libraire*, déjà cité.
2. Cet obélisque, peut-être l'œuvre de Nuncoréc, fils de Sésostris, avait
été apporté à Rome par les ordres de Caligula qui l'avait dédié aux empereurs Auguste et Tibère et l'avait fait ériger dans son cirque, devenu
plus tard celui de Néron. Resté debout et dans son intégrité, près de la
sacristie de la basilique moderne, c'est l'architecte Fontana qui, en 1586,
sous le pontificat de Sixte-Quint, eut l'honneur de l'ériger à la place qu'il
occupe aujourd'hui. — PLINE, lib. XVI; — NIBBY, *Itin. di Roma*.

sa fille Julie, enfin, voulut prononcer lui-même son éloge
funèbre l'an 12 avant Jésus-Christ.

Nous ne rapporterons pas ici les titres que la numismatique et les auteurs latins nous ont conservés pour le premier
ministre d'Auguste; mais nous devons, sur l'autorité for-
melle de Pline l'ancien, de Suétone et de Dion Cassius, consacrer une place dans cet ouvrage à cet habile ingénieur militaire et maritime, très-amateur d'œuvres d'art [1], qui, comme
préfet de la ville de Rome, prit une si grande part à ses embellissements et qui fit ériger tant de remarquables monuments dans les diverses provinces de l'empire [2] où l'appelaient ses commandements militaires et desquelles il dressa
une sorte d'itinéraire géographique estimé des anciens, mais
qui malheureusement n'est pas venu jusqu'à nous [3].

1. Le *Thesaurus antiquitatum græcarum* rapporte, d'après *Dion Cassius*,
qu'Agrippa contribua de ses propres deniers à l'embellissement de Rome;
qu'il y construisit un portique dédié à Neptune en l'honneur de ses
victoires navales et qu'il l'orna du fameux tableau des Argonautes, d'où
le portique prit le nom de *Portique des Argonautes*.

Raoul Rochette (a), ajoute, toujours sur l'autorité de Dion Cassius, que
l'on devait à Agrippa la décoration de ses *septa*, dont le revêtement extérieur était formé de *plaques de marbres précieux alternant avec des tableaux*
encastrés et que, « dans ses thermes, il avait inséré, probablement dans
« le *tepidarium*, parmi les marbres qui formaient le revêtement de cette
« salle, *toute une suite de petits tableaux*, certainement d'école grecque. »

2. Agrippa fit ériger à Antequera, en Espagne, un *temple* sur le modèle
du Panthéon de Rome, temple qui fut restauré deux cents ans plus tard,
mais dont on ne trouve plus de trace aujourd'hui; à Sagonte, aussi en
Espagne, un *théâtre;* et « Philostrate parle aussi, dans la vie du sophiste
« Alexandre, d'un *théâtre* qu'Agrippa avait fait bâtir à Athènes et qu'on
« nommait *Agrippæum*. » — Moreri, *Grand Diction. hist.*, n. édit.
MDCCLIX, t. I. Paris, in-fol. On a même attribué à ce général, mais sans
grande autorité, le commencement des travaux du remarquable *pont aque-*
duc sur le Gard, près Nîmes, en France.

3. *Pline l'ancien* cite souvent dans ses Livres III et IV, à côté des chiffres
fournis par *M. Varron*, ceux d'*Agrippa*, pour les provinces dans lesquelles
avait commandé ou qu'avait parcourues ce général.

(a) *Peintures antiques inédites*, in-4°, Paris, MDCCCXXXVI.

Les principaux travaux exécutés à Rome sous la direction d'Agrippa sont, d'après Pline l'ancien (Liv. XXXVI, 24, 2, 4 et 17) la réparation des magnifiques égouts remontant à Tarquin l'ancien et dans lesquels, pendant son édilité, Agrippa fit affluer sept rivières afin d'en assainir et d'en nettoyer l'immense parcours ; le *diribitorium*, enceinte ouverte dans le champ de Mars, où l'on payait les soldats, qui servait aux comices, et qu'Agrippa fit couvrir et orner de marbres et de tableaux (voir n. 1, p. 85) en lui donnant le nom de *septa Julia* (*parcs Jules*) en l'honneur de César et d'Auguste [1] ; le portique de Neptune (voir n. 1, p. 85), et peut-être reconstruisit-il le temple dédié à ce dieu ; enfin, aidé par l'architecte *Valerius Ostiensis*, ses thermes magnifiques dont la grande salle, le *Panthéon* de Rome, aujourd'hui convertie en église, a résisté aux injures du temps et aux ravages des barbares, subsiste enore de nos jours et est un des ornements de la Rome moderne comme autrefois de la Rome des empereurs.

Il faut ajouter encore, toujours sur la même autorité précieuse, que Agrippa rétablit *trois* aqueducs tombés en ruine ; bâtit *cinq cents* fontaines et *cent soixante* bains publics et gratuits ; un temple à Jupiter Vengeur ; *cent trente* châteaux d'eau, et décora tous ces monuments de *quatre cents colonnes* et de *trois cents* statues de marbre ou d'airain, aidant ainsi de tout son pouvoir l'empereur Auguste à réaliser à ce point ses projets d'embellissement de Rome *qu'il put se*

1. « Dans l'origine, ces parcs ne furent qu'un treillis de bois, sans toit, « sans couverture, jusqu'à ce que *César* eût formé le plan de les con- « struire en marbre, de les couvrir, et de les environner de vastes porti- « ques. *Dion* attribue à *Lépidus* la construction du corps de l'ouvrage, « en pierres seulement. Agrippa y ajouta les ornements, les incrustations « de marbre, les sculptures et tout ce qui pouvait caractériser la puis- « sance du peuple auquel ils étaient destinés. » — *Chefs-d'œuvre de l'antiquité sur les beaux-arts*, par M. Poncelin de la Roche-Tillac, in-fol., n. pl., Paris, MDCCLXXXIV. T. I.

vanter avec raison de la laisser de marbre, après l'avoir reçue de briques [1].

On ne peut croire, malgré ces autorités si précises, qu'Agrippa fit réellement œuvre d'architecte dans ces immenses et magnifiques ouvrages; cependant on ne peut refuser à ce grand ingénieur, à ce profond tacticien [2] et à un tel amateur de tous les arts, une très-grande part d'initiative dans tous ces embellissements de l'empire romain, part qui laissera son nom éternellement attaché aux splendeurs du siècle d'Auguste.

AGUILLON (LE R. P. FRANÇOIS D').

Ce savant jésuite, né à Bruxelles en 1567, et mort en 1617 à Anvers où il était recteur du collége de son ordre, fit construire sur ses dessins dans cette ville une église commencée en 1614, achevée en 1621, et placée sous le vocable de *saint Charles Borromée*. La façade de cette église appartient par son ornementation trop riche et maniérée au *style dit jésuitique;* mais on doit reconnaître la belle disposition du plan en forme de basilique, comprenant trois nefs séparées par trente-deux colonnes de marbre blanc [3] supportant des tribunes dont les parties de plafond, au nombre de

1. SUÉTONE. *Vie d'Auguste*, XXIX. Trad. NISARD, Paris, in-4°.

2. Agrippa dut principalement la victoire navale qu'il remporta sur Sextus Pompée à une machine de guerre qu'il inventa, et dont l'effet terrible fut de détruire presque tous les vaisseaux ennemis.

3. Ces colonnes, ainsi que les revêtements de marbres de couleur, ont été remplacés par de la pierre lors de la reconstruction de cet édifice.

trente-six, avaient été peintes par Rubens. L'intérieur de cette église offrait primitivement à profusion les marbres et les porphyres les plus rares, ainsi que les œuvres d'orfévrerie les plus remarquables; mais un incendie détruisit toutes ses richesses en 1718, et il n'échappa à la destruction que le grand chœur, deux chapelles et le portail qui furent utilisés par le P. Huyssens, chargé alors de la reconstruction de l'édifice.

François d'Aguillon, dont l'étendue des connaissances était considérable, enseigna dans son couvent les mathématiques et professa la philosophie à Douai et la théologie à Anvers. Il est l'auteur d'un *Traité d'optique* in-folio, imprimé à Anvers en 1613, et laissa, à l'état manuscrit, un *Traité de catoptrique* et un de *dioptrique*.

———

AHLERT (FRÉDÉRIC-ADOLPHE).

Né en 1788, cet architecte appartenait au corps royal des ingénieurs des ponts et chaussés de Prusse, lorsque, en 1821, il fut chargé, avec le titre d'*Inspecteur royal d'architecture*[1], de faire des recherches approfondies sur les réparations qu'il était indispensable d'apporter au plus tôt à la

---

1. La distinction entre les architectes et les ingénieurs, opérée en France depuis 1789, n'existe pas en Allemagne et surtout en Prusse où l'*Académie d'architecture de Berlin* donne à ses élèves le même enseignement; réunissant ainsi à la section d'architecture de notre École des beaux-arts, une École des ponts-et-chaussées et même une École des arts-et-métiers. — *Soc. Imp. et Centr. des Architectes*. Conf. Intern., in-8, Paris, 1867. H. Stier, arch. à Berlin.

magnifique *cathédrale de Cologne*[1]. Ahlert succédait ainsi, dans cette mission, à l'illustre architecte Schinkel, et se trouvait placé sous la direction supérieure du conseiller intime Frank, intendant des constructions de la province de Coblentz. Dès l'année suivante, des sommes considérables, encore accrues annuellement d'un subside royal de près de deux cent mille francs, furent mises à la disposition d'Alhert qui poursuivit avec zèle et prudence, sinon toujours avec une grande intelligence de l'art ogival, l'exécution d'aussi importants travaux jusqu'à sa mort, arrivée à Cologne, le 10 mai 1833.

Nous transcrivons ici, pour donner une faible idée de l'œuvre de cet architecte, un fragment d'une étude de son successeur Zwirner, intitulée : *Passé et avenir de la construction de la cathédrale*[2].

« Avant toutes choses, le renouvellement de la toiture du
« chœur était de la dernière nécessité, et elle est à présent
« (1842) entièrement renouvelée, tant dans les parties de
« faîtage que dans toutes celles de couverture exécutées en
« plomb. Il en est de même des voûtes des basses-nefs regar-
« dant le nord et, de 1824 à 1827, les murs extérieurs ont
« été réparés. Le *fenêtrage*[3] fut entièrement rétabli à neuf

1. Depuis l'année 1322, date de la consécration des chapelles apsidales qui environnent le chœur, les travaux de la cathédrale de Cologne avaient été conduits avec grande lenteur jusqu'en 1509, époque où ils cessèrent complétement. Convertie par la révolution française en magasin à fourrages, réduite par le premier Empire à l'état de simple église de paroisse, la cathédrale de Cologne n'était plus guère considérée, au commencement de ce siècle, que comme une *belle ruine gothique*, jusqu'au moment où, la ville de Cologne cédée à la Prusse, l'Allemagne entière fit de la restauration et de l'achèvement de cette cathédrale une sorte de *point d'honneur national*.

2. *Domblatt* (Journal de la Construction du *Dôme de Cologne*), année 1842, Cologne, n. 167.

3. Système de meneaux en pierre formant les ogives géminées et les roses qui subdivisent à l'infini les grandes baies en pierre des fenêtres et qui reçoivent les verrières.

« afin d'assurer la conservation des magnifiques vitraux des
« siècles antérieurs que restaura, à cette occasion, le maître-
« verrier Guillaume Dussel.

« Les murs du transsept méridional, avec leurs deux
« grandes ordonnances de fenêtres menaçant ruine, durent
« être renforcés en maçonnerie et l'encadrement des baies
« fut entièrement refait.

« Ces divers travaux, exécutés depuis 1824 jusqu'en 1829,
« ayant créé, dans les chantiers de la cathédrale de Co-
« logne, une école exercée de tailleurs de pierre rompus
« aux exigences du style ogival, on put se décider à entre-
« prendre la réparation du haut chœur lui-même. Là, les
« arcs-boutants et les piliers des contre-forts, qui soutiennent
« la voûte si élégante de l'intérieur, étaient dans l'état le plus
« alarmant, par suite d'infiltrations résultant de mauvaises
« dispositions prises dans l'écoulement des eaux, d'un mau-
« vais système de chaînage, et surtout du mauvais choix des
« matériaux. Il fallut donc reconstruire totalement ces im-
« portantes parties de construction, et il ne faut pas s'étonner
« si ces énormes travaux ont duré près de douze années,
« pendant lesquelles furent reconstruits les quatorze systèmes
« de contre-forts à deux ou quatre arcs soutenant les voûtes
« de l'apside. En 1833, lorsque la mort vint enlever Ahlert
« dans sa quarante-sixième année, quatre seulement des
« contre-forts du côté méridional étaient entièrement ré-
« tablis[1]. »

Le mérite de l'architecte Ahlert fut très-discuté en Allemagne, et peut-être même cet artiste ne fut-il pas assez apprécié ; car le plus grand reproche qui puisse lui être fait,
celui de ne s'être pas assez inspiré de l'élégante hardiesse
de l'architecture de la Cathédrale de Cologne, est facilement

---

1. Les contre-forts qui soutiennent le chœur de la cathédrale de Cologne n'ont pas moins, avec leurs fondations, de cinquante mètres d'élévation, dix mètres de longueur y compris leurs parties pleines, et ces dernières atteignent jusqu'à six mètres sur quatre.

excusable si l'on réfléchit que Ahlert fut un des premiers
qui eurent à entreprendre cette tâche ardue de la restauration d'un grand édifice resté inachevé au moyen âge, et
cela, à une époque où il pouvait encore peu s'aider des travaux analogues de ses confrères, et surtout de ceux si remarquables (parus depuis) des archéologues français et allemands.

Bibliographie. — *Nachrichten Kölnischer Künstler*, von
J. J. MERLO, in-8°, Cologne, 1850, déjà cité. — Forster, *Mon.
d'Arch. de l'Allemagne*, trad. DE SUCKAU, 4 in-fol., nomb.
pl., Paris, Morel, 1859.

AICARDO (GIOVANNI ET JACOPO).

Lés Génois s'enorgueillissent, à bon droit, de Giovanni et
Jacopo Aicardo, architectes, nés à Coni, dans le Piémont;
mais qui construisirent de nombreux édifices dans la ville de
Gênes. Le premier, né en 1550, fut appelé, sur la réputation
qu'il s'était acquise dans sa ville natale, pour construire les
magasins de grains près la porte Saint-Thomas à Gênes, et
il était entièrement adonné à ce travail quand il fut chargé
de construire plusieurs résidences sur la place *de' Banchi*,
notamment *le palais Serra*[1], et de réédifier le chœur de
l'*église Saint-Dominique*. Enfin il eut à diriger les travaux
du plus grand aqueduc de Gênes, « celui de *Calzolo*, qui a
« dix-huit milles, ou six lieues de long, au travers des mon-
« tagnes et des vallons[2]. »

---

1. Ce palais, si célèbre au dernier siècle, est encore renommé aujour-
d'hui pour la fastueuse décoration des salons du premier étage.

2. PINGERON, *Vies des Architectes*, déjà cité.

Cette œuvre remarquable était en bonne voie d'exécution lorsque la mort enleva Giovanni Aicardo en 1625, à l'âge de soixante-quinze ans.

Son fils *Jacopo*, qui avait été associé à la plus grande partie des travaux de son père, fut alors chargé par la république de Gênes de terminer cet aqueduc et ensuite de faire construire les greniers à sel près de Saint-Marc. Il fit aussi agrandir, sur un plan nouveau et plus régulier, *le pont des Marchands* et le *pont Royal*, et ériger la belle fontaine qui se voit près de ce dernier. Jacopo Aicardo eut enfin la haute direction des travaux d'exhaussement des murs de la ville depuis la Darsenne jusqu'à Saint Marc et les fortifia de plusieurs bastions, faisant ainsi preuve des capacités de l'ingénieur militaire autant que lui et son père s'étaient signalés comme architectes et comme ingénieurs hydrographes.

Jacopo Aicardo mourut, vers 1650, âgé d'environ soixante-dix ans.

Bibliographie. — Ticozzi, *Dizionario*, etc., déjà cité.

AIGIL.

Parmi les prélats qui concoururent à la construction ou à l'embellissement de la première cathédrale[1] de Fulde (Hesse-Électorale), il faut citer l'évêque Aigil, Bavarois de nation qui, dans le courant du onzième siècle, orna l'intérieur de cette église de colonnes. Aigil construisit en outre, vers la

---

1. Toutes les parties de cette église, à l'exception de la crypte datant de *saint Boniface*, fondateur de l'église vers le milieu du huitième siècle, et toutes celles qui y furent ajoutées après Aigil, furent démolies en 1704, lors de la reconstruction de l'édifice.

même époque et dans la même ville, une église (probablement un baptistère) de forme circulaire, reposant sur une
crypte sépulcrale et dont la voûte était supportée par des
colonnes[1]. Enfin, sur le Mont-Saint-Michel, près Fulde, une
autre église, aujourd'hui démolie, avait été fondée par les
soins de ce prélat.

Bibliographie. — Wiebeking, édit. franç., déjà cité. T. V.

AIGNER.

Cet architecte, qui vivait en Pologne où il a érigé de nombreux édifices au commencement de ce siècle, a eu une carrière extrêmement remplie. Il joignait les connaissances théoriques et même didactiques à celles pratiques dont il fit
souvent preuve, et on possède de lui, écrits en allemand, une
histoire générale de l'architecture et un vocabulaire des termes les plus usuels de cet art. Une de ses œuvres les plus
remarquables est, sans contredit, le célèbre temple de *la
Sibylle* en Gallicie et, dans le même pays, il dirigea, en 1808,
les travaux de construction du monument que la légion du
général Zajanseck fit élever à Napoléon aux environs de Ka-
lisz. Enfin, en 1810, il fut chargé de l'érection d'un monument à la mémoire de Copernick.

Mais c'est surtout à Varsovie que, quelques années plus
tard, l'architecte Aigner put donner toute la mesure de son
talent. Il termina, dans cette ville, *la Monnaie,* commencée

1. Cette église était probablement à l'emplacement de celle de *Saint-
Michel,* consacrée dès l'an 822 et rebâtie au onzième siècle ; mais dont la
crypte primitive a été conservée sous la nouvelle église.

en 1818, par l'architecte Lessel, et y construisit la Caserne, dite *la Grande Garde,* une des plus belles et des plus vastes qui se pouvaient voir alors en Europe, ainsi que le grand *Observatoire,* élevé hors de la ville. On lui doit aussi les plans de l'*Entrepôt des marchandises* dont la façade principale est ornée au rez-de-chaussée, de vingt-deux colonnes d'ordre dorique de près de sept mètres de hauteur couronnées d'un bel entablement et supportant deux étages de bureaux réservés aux marchands.

L'*église Saint-Alexandre* lui fournit une plus belle occasion encore d'appliquer les règles contenues dans ses ouvrages. Ce magnifique édifice, précédé d'un double portique composé de six colonnes corinthiennes de douze mètres de haut, et dont les colonnes divisant les nefs à l'intérieur ont plus de neuf mètres, est surmonté d'une coupole de vingt-deux mètres de diamètre et fait le plus grand honneur à son auteur.

Aigner fit aussi élever la façade de l'*église des Bernardins* et *l'église Saint-Honoré ;* malheureusement la mort vint le surprendre au milieu de ses travaux, et il dut laisser inachevé le *Palais Royal Namietniska* à Varsovie, vaste édifice dont la façade principale, de plus de cinquante mètres de longueur, se compose, dans la partie centrale, d'arcades au rez-de-chaussée surmontées de colonnes corinthiennes de deux étages de hauteur, et à droite et à gauche, d'avant-corps décorés au rez-de-chaussée de colonnes toscanes supportant un balcon.

Cet édifice, ainsi que l'église Saint-Alexandre, rappelle surtout comme style et comme dispositions générales, les édifices élevés en France sous le règne de Louis XVI et assurent à Aigner une place des plus honorables dans l'histoire de l'architecture.

Bibliographie. — Wiebeking, édit. franç., déjà cité. T. V.

AIKIN (EDMOND).

Architecte distingué du commencement de ce siècle, cet artiste, né et mort à Londres, a publié divers ouvrages, à la fois théoriques et pratiques, traitant un certain nombre de sujets, tels que l'origine et l'emploi de l'ordre dorique dans l'antiquité et les temps modernes; la monographie de l'*Église Saint-Paul de Londres*[1]; l'histoire de l'Architecture et des Beaux-Arts en Angleterre; enfin les bâtiments ruraux et le meilleur système de construction à leur appliquer.

AIRARD.

C'est à ce religieux, sixième abbé régulier du monastère de Saint-Remi, à Reims, que l'on doit d'avoir commencé, en 1005, la quatrième église érigée dans cette ville, sous le vocable de saint Remi. Airard voulait que cet édifice « sur- « passât en beauté et en magnificence toutes les églises de « son siècle[2]. » Aussi mourut-il, vers 1040, avec le regret de laisser son œuvre inachevée[3].

1. Plans, etc., of *Saint-Paul London*, with description by EDM. AIKIN, London, 1813, gr. in-4°.

2. *Essai hist.* sur *Saint-Remi* de Reims, in-18, Reims, 1843.

3. Thierry, successeur d'Airard, fit démolir tout ce qui sortait de terre et, sur un plan moins vaste, commença, vers 1040, l'église actuelle modifiée vers la fin du douzième siècle par Pierre de Celles.

AITCHISON (GEORGE).

Fils du regretté George Aitchison, architecte et ingénieur civil[1], l'artiste qui nous occupe naquit à Londres en 1825 et fut élevé à *Merchant Taylor's School*[2] jusqu'à l'âge de seize ans. Il passa ensuite sept années dans le cabinet de son père et devint, pendant cette période, élève de l'Académie royale des beaux-arts. Il prit, en 1851, son diplôme de *bachelier ès arts* à l'Université de Londres et suivit, dès cette époque, les travaux de son père, afin de compléter, par la pratique, l'éducation théorique qu'il avait reçue à l'academie.

1. Né à Leyton (Essex), en 1792, et mort à Londres, en 1861, George Aitchison, dont le père était constructeur et aux travaux duquel il participa dès ses premières années, étudia l'architecture et surtout la construction chez divers architectes ou ingénieurs en renom, ainsi qu'à l'Académie royale et exposa plusieurs projets remarqués. En 1828, il fut nommé membre associé de l'*Institut des ingénieurs civils*, et, un peu plus tard, attaché à l'illustre ingénieur anglais R. Stephenson, président de cet institut, pour divers travaux de grande importance.

L'Angleterre doit à G. Aitchison d'intéressants progrès faits dans la science de la construction, surtout dans l'emploi des métaux, dont il fit de grandes applications, tant dans ses constructions privées que dans les travaux publics; et cet architecte eut l'honneur d'être de ceux que consulta le gouvernement lors de la rédaction du *Bill* relatif aux *constructions de Londres*.

Un dernier mot, la notice insérée sur cet ingénieur dans le bulletin de l'*Institut des ingénieurs civils* (1861-62) renferme cet éloge : « Il appartenait à cette race d'architectes aujourd'hui presque éteinte qui semblait avoir pris pour modèle la définition de l'architecte donnée par Vitruve et qui prenait à tâche d'atteindre une égale perfection dans chacune des branches d'études si nécessaires à cette profession. » Qu'ajouter à de telles paroles; si ce n'est que G. Aitchison n'est pas mort tout entier puisque son fils porte dignement dans la même profession un nom déjà si honorable.

2. Une des nombreuses écoles de grammaire de Londres.

De 1853 à 1856, George Aitchison passa quatre années
sur le continent, tant en France qu'en Italie, et, dès 1858,
arrivé à l'âge de trente-trois ans et son éducation étant entièrement achevée, il fut, de retour à Londres, associé aux
affaires de son père jusqu'à la mort de ce dernier, auquel
il succéda en qualité d'architecte de la *Compagnie des docks
Sainte-Catharine* et d'inspecteur du district de Woolwich.

George Aitchison a érigé des bains à Woolwich, des
écoles communales à Barnet[1], des constructions particulières, maisons et magasins, ainsi que deux longues suites d'*offices*[2] dans *Mark* et *Mincing Lanes*[3] à Londres; et il a dirigé
l'établissement de quais et d'entrepôts sur la Tamise.

Dans cet ordre de travaux, il nous faut surtout signaler
les entrepôts pour le chanvre, le pétrole et le tabac[4], érigés
dans les docks Victoria pour la Compagnie des docks London
et Sainte-Catherine et les bureaux des *Conservateurs de la
Tamise*[5].

Toujours préoccupé du côté économique et confortable,
dans tous ces édifices ainsi que dans la construction de

---

1. Ces édifices et quelques autres, quoique dus à l'initiative privée, ont
une importance réelle.

2. *Office* indique en anglais aussi bien l'étude d'un officier ministériel que
le cabinet d'un agent d'affaires, les bureaux d'une compagnie ou même le
dépôt de vente courant d'une usine.

3. Deux rues très-commerçantes de Londres où le haut prix des terrains a forcé George Aitchison à donner, dans l'établissement de ces
offices, un très-grand développement à l'emploi du fer et de la fonte,
non-seulement pour les grosses pièces de construction, mais encore pour
les escaliers et autres parties d'aménagement.

4. Les bâtiments de l'*entrepôt pour le tabac* ont une façade de 556 pieds
anglais sur une profondeur de 147 et couvrent près de *deux acres* de terrain; aussi, malgré les conditions économiques de leur construction, ils
n'ont pas coûté, sans le terrain et les abords, moins de 56 000 *livres*, soit
1 400 000 francs.

5. D'intéressants détails d'arcs en fonte, de corniches, de portes et de
cheminées sont à mentionner dans cette construction qui renferme une
grande salle de Conseil.

7

petites maisons aux environs de Londres [1], George Aitchison eut cependant occasion, dans les ateliers d'artistes et les maisons d'habitation de plusieurs membres de l'Académie royale [2], de donner libre carrière à ses facultés de dessinateur, et il montra ainsi, dans quelques détails d'intérieur et dans la composition de quelques meubles de luxe, tout le profit qu'il avait retiré de son voyage en Italie et de son séjour en France au moment de l'Exposition universelle de 1855.

Le talent que cet architecte avait déployé dans ces travaux si divers lui valut, en 1862, d'être reçu membre de l'*Institut royal des Architectes britanniques*, et George Aitchison publia divers articles dans les Mémoires de cette société, ainsi que dans le *Architectural Dictionary* et dans les journaux spéciaux, *The Builder* et *Building News*.

Ces derniers recueils et quelques autres journaux anglais ont en revanche donné d'assez intéressantes appréciations illustrées des œuvres de cet architecte et nous ont ainsi fourni les éléments de cette courte notice.

---

1. Les architectes anglais ont à construire, dans un rayon d'environ quarante milles autour de Londres, un grand nombre de ces petites habitations destinées à loger une seule famille et dont la distribution presque invariable comprend, en un sous-sol, rez-de-chaussée et premier étage, tout ce qui est nécessaire à réaliser ce programme, en même temps que la forme extérieure affecte une certaine recherche et que, malgré un grand confortable intérieur, la dépense n'excède guère en moyenne *vingt-cinq mille francs*.

2. La résidence, entre autres, de F. Leighton R. A., à Kensington, se recommande par de remarquables détails d'ornementation et des meubles de luxe dont un large buffet-dressoir en ébène incrusté d'ivoire et de lapis-lazuli, d'une richesse en même temps que d'un goût irréprochables.

ALAIN LE ROUX.

De la très-noble famille des comtes de Bretagne, Alain,
dit *le Roux*, fils d'Eudes, touché de commisération pour
les religieux de Lestingham, près Withby, aux environs de
York, et adonné au culte des beaux-arts, leur fit don, outre
l'église de Saint-Olaf près York, de quatre acres de terre
attenant à cette église, afin d'y construire leur couvent dont
il indiqua lui-même les principales dispositions et dont la
première pierre fut posée en 1089, peu de temps avant la
mort du comte Alain, par le roi Guillaume le Roux [1].

Bibliographie. — *Eboracum, or the history and antiquities
of the city of York*, by FRANCIS DRAKE, London, 1736, in-
fol. fig. T. II.

ALAVOINE (JEAN-ANTOINE).

Cet artiste, né à Paris en 1776, « eut, dès son plus jeune
« âge, du goût pour les arts, et aussi des dispositions pour
« les sciences.

« Il fut élève pour l'architecture de MM. Faivre et Thi-
« bault ; il était très-instruit en mathématiques, en perspec-

1. Ce prince donna alors à cette abbaye le vocable de *Sainte-Marie*, et
les ruines des bâtiments, datant pour quelques-uns du onzième siècle et
consistant en une partie de l'église avec deux tours délabrées, des cloîtres, une crypte, d'anciens bâtiments à usage de réfectoire et des dépendances (aussi importantes que celles de *l'abbaye de Jumiéges* en France),
reçoivent chaque année la visite de nombreux archéologues.

« tive et en construction [1]; il avait un jugement sain et une
« main très-habile pour tous les genres du dessin. Il suivit,
« pendant près de quinze ans [2] et avec distinction, les cours
« de l'École d'architecture; il y obtint sept médailles d'é-
« mulation [3]; il fut admis quatre fois au concours pour le
« grand prix, sans cependant l'obtenir [4]. »

M. Alavoine compléta ensuite son éducation par un
voyage de trois années en Italie et en Espagne et exposa au
Salon de 1808 des *Vues d'Italie*, et à celui de 1810 un *Projet de monument à Napoléon Ier* et des *Vues de Valladolid
(Espagne)*. Cette dernière exposition valut à M. Alavoine
une médaille d'or de première classe et il fut, dès cette époque, attaché comme inspecteur à M. Célérier, architecte du
gouvernement, chargé par Napoléon Ier de l'érection d'une
Fontaine Monumentale sur la place de la Bastille. Mais, « dès
« l'année 1812, M. Célérier ayant été nommé architecte
« de l'église de Saint-Denis, son inspecteur fut appelé à le
« remplacer pour les travaux de cette *Fontaine*, et le projet
« de M. Célérier, approuvé en 1810, fut modifié [5]. »

D'après les études faites par le nouvel architecte, études
qu'il résuma en exposant au *Salon de* 1814 une *Vue de la*

1. M. Alavoine avait dû prendre le goût des sciences exactes près de
M. Dumas, ingénieur, dont il fut élève, et les divers problèmes de construction en pierre et en métal que cet artiste essaya de réaliser et dont
quelques-uns lui font le plus grand honneur, témoignent plus que tout
autre éloge de son aptitude rare et de ses grandes connaissances dans cette
voie.

2. Témoignage de plus de ses heureuses dispositions, M. Alavoine fut
admis à suivre les cours de l'École dès l'âge de quinze ans.

3. Parmi ces récompenses, il faut citer surtout la première qui lui fut
accordée en 1798 pour un projet de *Colonne triomphale à ériger en l'honneur de la Paix*, M. Alavoine ayant ainsi préludé dès l'école à l'œuvre
qui pouvait être plus tard son plus beau titre de gloire : *la Colonne de
Juillet*, et celle qu'il obtint en 1803, pour un *projet d'aqueduc*.

4. *Journal des Artistes*, viiie année, 1834, Paris, in-8°.

5. *Revue générale de l'architecture et des travaux publics*, t. I, gr. in-4°,
n. pl., Paris, 1840.

fontaine dite *de l'Éléphant prise du boulevard Saint-Antoine,* et dont un modèle de grandeur réelle fut à cette époque construit sur la place même de la Bastille [1], près du chantier où devait être élevé le monument définitif; cette fontaine devait se composer d'une vasque circulaire en marbre qui forme le socle sur lequel repose la grille d'enceinte du monument exécuté, et, au centre, d'un éléphant colossal portant une tour dont le sommet se serait élevé à *vingt mètres* au-dessus du sol de la place. L'éléphant et la tour devaient être en bronze et enrichis d'ornements et de dorures.

En 1814, M. Alavoine avait fait exécuter la voûte au-dessus du canal, les caveaux et en général toutes les substructions qui devaient recevoir la vasque [2], ainsi que le modèle de l'éléphant, grandeur d'exécution, construit en charpente, armé de fer et recouvert en plâtre, par le sculpteur Brideau.

1. Il existe une gravure due à M. Alavoine (*a*) qui a servi de base à toutes les reproductions pittoresques de ce monument, et la planche 150 (t. II du *Choix d'édifices publics*, cité plus loin), gravée par M. Clerget, d'après les dessins de MM. Alavoine et Duc, donne la silhouette exacte de cet éléphant colossal qui était encore en place en 1830, lors de la pose, par le roi Louis-Philippe, de la première pierre du monument actuel. De plus, dans le chiffre de *un million* que nous citons plus loin pour la dépense des substructions et du soubassement, plus tard utilisés, de la fontaine projetée, il faut comprendre, dans cette somme, un chiffre de *deux cent mille francs*, pour tout ce qui se rapportait aux projets et modèle de l'*éléphant*.

2. Ces travaux considérables qui ne furent que peu modifiés par les changements successifs apportés au projet primitif, nécessitèrent une dépense de près de *un million*, et consistèrent surtout en travaux de maçonnerie pour le passage du canal de l'Ourcq dont les eaux coulent, au centre de la place, sous une magnifique voûte en ogive de *dix mètres* de hauteur au-dessus du niveau de l'eau. Cette voûte est entourée d'une galerie souterraine voûtée en plein cintre et destinée dans l'origine à recevoir les conduits d'alimentation de la fontaine; mais qui a été plus tard convertie en caveau funéraire pour la réception des restes des victimes de Juillet.

(*a*) La gravure de M. Alavoine, eau-forte remarquable par sa finesse, représente l'éléphant suggéré à l'artiste par M. LE BARON DENON en souvenir, dit-on, de l'expédition d'Égypte.

Après les événements de 1814, la forme du monument fut remise en question et, malgré toutes ses prédilections, plus que justifiées pour son projet primitif, M. Alavoine dut se livrer à de nouvelles et nombreuses compositions[1] dont aucune n'avait été encore définitivement adoptée en 1830, lorsqu'il fut statué par deux lois *qu'un monument serait élevé sur la place de l'ancienne Bastille, en l'honneur des citoyens morts dans les journées des 27, 28 et 29 juillet 1830.*

Les dispositions prises par M. Alavoine pour la pose de la première pierre et les travaux de décoration de la place de la Bastille[2], firent alors grand honneur à cet architecte auquel le roi Charles X avait, en 1825, donné la *croix de la Légion d'honneur*, lors de la présentation à ce souverain d'un des nombreux projets de fontaine monumentale.

Le dessin primitif de M. Alavoine pour le monument en

1. « Sous la Restauration, M. Alavoine ne composa pas moins de dix-
« sept projets de fontaines publiques qui furent tous successivement ap-
« prouvés et abandonnés par l'administration. L'éléphant faisait encore
« partie des trois premiers projets ; mais l'artiste fut enfin obligé de l'a-
« bandonner complétement et de recourir à d'autres sujets. Un jour,
« c'était le *Taureau enlevant Europe ;* un autre jour, *Latone changeant les
« paysans en grenouilles ;* puis c'était une personnification de *la France ;*
« ensuite un hommage rendu aux grands hommes qui ont illustré notre
« pays et dont les figures en pied formaient l'ornement principal de la
« fontaine. Mais il est une observation à faire : c'est que, dans tous ces
« projets, la décoration sculpturale jouait le rôle principal. » (*Revue géné-
« rale de l'architecture*, etc., t. I, cité plus haut, p. 108.)

2. Devant le modèle de l'éléphant, de vastes tribunes avec gradins et estrades furent élevées et conduisirent, du pavillon du roi et des tentes de service, à l'emplacement de la colonne actuelle dont la première pierre fut posée dans l'axe du canal et regardant le quai de Valmy. Quatre cippes funéraires s'élevaient aux extrémités d'une place réservée au milieu de laquelle était un piédestal carré dont chaque face était divisée en trois par des pilastres encadrant les noms des victimes et des bas-reliefs surmontés de frontons. Ces bas-reliefs, peints par *Gosse*, représentaient : 1° *La Prise de la Bastille ;* 2° *Le Combat du Louvre ;* 3° *La Prise de l'Hôtel de Ville ;* 4° *Le Serment de Louis-Philippe d'Orléans.* (Voir les pl. 149 et 150 du *Choix d'édifices*, cité plus loin, et la n. 1 de la p. 101.)

l'honneur des victimes de Juillet était une colonne, dans le style de la colonne Trajane, portant sur son fût les noms des citoyens auxquels elle était élevée, et surmontée d'une statue de *la France constitutionnelle*. Le soubassement devait d'abord être accompagné de trophées et de fontaines jaillissantes, qui ont été supprimées depuis pour éviter tout danger d'infiltrations.

Devant, comme l'éléphant projeté antérieurement, être élevée au-dessus de la voûte du canal et sur une base beaucoup moins étendue, cette colonne ne pouvait, à plus forte raison, être exécutée qu'en métal, et M. Alavoine évaluait dès lors son poids à environ *cent soixante-dix mille kilogrammes* (évaluation qui s'est trouvée être presque exacte), tandis que, d'après ses calculs, l'exécution en marbre aurait produit un poids *six fois* plus considérable.

M. Alavoine avait même étudié un alliage de zinc et d'étain pour substituer au bronze ou tout au moins pour en diminuer le prix; mais cette fâcheuse économie fut heureusement repoussée.

Les travaux étaient en grande activité en 1834, lorsque la mort vint arracher M. Alavoine au milieu des conceptions les plus ingénieuses pour l'achèvement et l'érection de cette colonne en tambours creux de bronze et dont son inspecteur, M. Duc, devait poursuivre pendant six années encore l'achèvement[1], en apportant quelques modifications à la construction et surtout par une transformation complète du style de cette colonne.

Pendant près de vingt-cinq années que M. Alavoine avait été attaché au monument de la Place de la Bastille, d'autres travaux d'embellissement des places publiques de Paris avaient réclamé ses soins; il avait construit dans la même

---

1. Nous compléterons tous les détails intéressant ce monument en indiquant, dans la biographie de M. Louis Duc, les modifications qu'il a apportées aux derniers projets de feu Alavoine.

ville des hôtels privés[1] et l'important établissement de bains
de la rue Montesquieu[2]; enfin il avait été chargé de travaux considérables pour les *cathédrales de Séez* et *de Rouen.*

Parmi ces œuvres, nous citerons un piédestal autrefois
érigé sous l'Empire, au devant de l'Esplanade des Invalides,
pour recevoir le *Lion de Saint-Marc,* et que, après l'enlève-
ment de ce trophée de nos victoires, M. Alavoine dut remplacer par une fontaine dont le dessin n'était pas, il faut l'a-
vouer, à la hauteur des autres inspirations de cet artiste.

On lui doit aussi les piédestaux du *pont Louis XVI* ou *de
la Concorde*[3] et celui de la *place des Victoires*[4] qui reçut la
nouvelle *Statue de Louis XIV*[5] et qui nécessita de remarquables travaux de fondations.

----

1. Voir le *Recueil d'architecture civile* de KRAFFT.

2. L'entrée de cet établissement existe encore aujourd'hui dans la rue
de ce nom et consiste en deux colonnes ioniques avec antes et entablement d'un beau caractère.

3. Ces piédestaux ont reçu autrefois des statues de grands capitaines
français qui décorent aujourd'hui la *Cour d'Honneur de Versailles.*

4. L'ensemble de ce monument a occasionné une dépense de *cinq cent
trente-cinq mille francs,* dont plus de *trois cent mille* affectés aux travaux
de construction proprement dits et au piédestal de marbre blanc encadrant deux bas-reliefs du statuaire *Bozio,* l'auteur de la statue. L'importance des fondations a été motivée sur ce qu'on a trouvé les pilotis de
l'ancienne fondation détériorés, et que le sol a paru offrir peu de solidité,
en raison d'un ancien fossé de ville qui avait existé en cet endroit.

La hauteur de ces fondations n'est pas moindre de *douze mètres* et se
compose, dans un rayon de *seize mètres,* de huit systèmes de contre-forts
composés de piles pleines en pierre allant rejoindre par des arcs (en pierre
et moellons) le massif central qui n'a pas moins de *cinq mètres* de longueur sur *trois mètres cinquante* de largeur.

5. Le monument primitif se composait d'un groupe en plomb doré,
représentant Louis XIV couronné par la Victoire, et était l'ouvrage de
BOGAER, connu sous le nom de *Desjardins.* Il était élevé sur un piédestal
en marbre blanc, aux quatre angles duquel étaient des statues en bronze
représentant des nations enchaînées qui, enlevées en 1790, ont concouru
depuis à la décoration de l'hôtel des Invalides. Une pyramide en bois et
ensuite une statue en bronze de Desaix, supprimée en 1815, occupèrent

« Les flèches actuelles de la cathédrale de Séez sont une res-
« tauration moderne. Elles sont percées de rosaces et ornées
« à la base de baies ogivales que surmonte un fronton triangu-
« laire; leurs arêtes sont garnies de crochets, et, comme les
« diverses ouvertures se correspondent, les flèches, vues de
« certains côtés, sont d'une légèreté, presque d'une transpa-
« rence merveilleuse. Elles s'appuient sur des tours per-
« cées de longues ouvertures en lancettes dans le goût du
« treizième siècle, et M. Alavoine a essayé de reproduire leur
« style primitif avec cette scrupuleuse exactitude qui carac-
« térisait tous ses travaux. Il a seulement fait disparaître les
« différences de hauteur et d'ornementation qui existaient
« entre elles, en essayant de les reconstruire toutes les deux
« dans le goût le plus moderne[1]; » mais on ne peut approuver l'emploi qu'il a fait de la fonte pour imiter, par
des moulages, les clochetons, les colonnettes, les crochets
et tous les ornements de cette architecture ogivale que tant
d'originalité caractérisait au moyen âge.

La reconstruction de la flèche de la cathédrale de Rouen[2]
fut le dernier travail et aussi le plus discuté de tous ceux
entrepris par M. Alavoine. Craignant de ne pas trouver une
résistance suffisante dans les piliers de la croisée et peut-
être se laissant entraîner à son esprit de recherches et au dé-

cette place jusqu'en 1820, époque où M. Alavoine commença le nouveau
monument qui ne fut terminé qu'en 1829.

1. « La flèche de la tour de gauche était plus élevée, elle fut démolie
« en 1819, et reconstruite en 1819-20-21. La seconde flèche a été re-
« bâtie (par M. DEDAUX, qui succéda à M. Alavoine) sur le modèle de
« sa compagne en 1834-35. Elles sont surmontées d'une croix en fer
« doré et de paratonnerres. » — Extrait, ainsi que le passage guillemeté du texte, de la *Notice* sur la *cathédrale de Séez* par M. DE LA SI-
COTIÈRE, *inspecteur des monuments historiques de l'Orne*. Alençon, 1844,
pièce in-8°.

2. En 1822, la foudre était tombée sur la cathédrale de Rouen et avait
incendié la flèche de ROBERT BECQUET (construite en pierre et bois et
couverte en plomb), ainsi que la plus grande partie des combles de l'église.

sir de résoudre un de ces problèmes plutôt scientifiques qu'artistiques qu'il se posait volontiers, M. Alavoine eut l'idée, généralement jugée malencontreuse, d'ériger la nouvelle flèche en fonte et fer, et, la mort l'ayant surpris pendant la pose de cette difficile pyramide de métal, celle-ci ne fut jamais achevée. On ne peut nier le fâcheux effet produit par la partie centrale de cette flèche qui n'a pas reçu son couronnement ni les clochetons qui devaient orner sa base, et dont l'ossature métallique, dépourvue du revêtement en plomb habituel, semble à la fois lourde de proportions, grêle d'aspect général, et couronne si mal un des plus beaux édifices du moyen âge [1]. M. Alavoine avait au reste beaucoup étudié l'emploi du métal dans la construction et, à côté de ces œuvres de bronze et de fonte, comme la *Colonne de Juillet* et la *flèche de la cathédrale de Rouen*, il faut citer, parmi des mémoires de cet architecte publiés dans le *Journal du génie civil* [2], un entre autres sur l'emploi du fer comme tirant ou entrait [3]. Joignons aux écrits, plus scientifiques que littéraires, de cet architecte un rapport datant de 1821 sur plusieurs projets de Lazarets et fait en collaboration avec M. Godde, architecte de la ville de Paris.

Enfin, pour terminer ce long énoncé des nombreux travaux de M. Alavoine, ajoutons qu'il donna pendant longtemps ses soins comme architecte en chef à l'entretien de la deuxième section des édifices de la ville de Paris. M. Alavoine laissa un fils qui fit de bonnes études d'architecture sous la direction de son père et qui, après la mort de ce dernier, fut attaché comme *inspecteur* aux travaux du *Monument de Juillet*.

Bibliographie. —'*Choix d'édifices publics*, extrait des *Ar-*

1. Une commission est aujourd'hui chargée d'étudier cette question, qui préoccupe tant tous les artistes, de l'achèvement de la flèche de la cathédrale de Rouen.

2. Paris, gr. in-8°, n. pl., janvier 1829.

3. Pièce qui, dans la construction d'un comble, reçoit le poinçon et maintient l'écartement des arbalétriers.

chives du Conseil des bâtiments civils, par GOURLIER, BIET,
GRILLON et TARDIEU, arch., Paris, in-fol. T. I et II.

ALBANUS (SAINT).

Né à *Verolamium*[1], sur le territoire des *Catuellani* (ancienne Grande-Bretagne), vers le milieu du troisième siècle
de notre ère, Albanus, appartenant à une famille de l'ordre
équestre, alla à Rome, suivant l'usage de la jeunesse bretonne
d'alors, et servit sept ans dans les armées des empereurs
romains. Albanus prit, dans ce voyage, le goût de l'architecture et, revenu dans son pays natal avec un grand nombre d'ouvriers réunis en société, il y forma la première
association de *francs-maçons;* de plus converti, lui et ses
compagnons, au christianisme, il fit ériger plusieurs édifices
religieux. Mais Albanus fut enveloppé dans les terribles persécutions contre les chrétiens qui ensanglantèrent alors tout
l'empire et mourut décapité vers l'an 287, avec environ
neuf cents de ses compagnons.

*Bibliographie. — Biogr. Dict. of the Society for the dif-
fusion of useful knowledge.* London, gr. in-8°. T. I.—WIEBE-
KING, *Arch. civ.*, déjà cité. T. IV. — MORERI. *Grand Dict.
Hist.*, 12e édit., Paris, 1859. T. I.

---

1. *Old Verulam*, près Saint-Albans, comté de Herford (Angleterre).

ALBARET (d').

Cet architecte français vivait à la fin du dernier siècle et, à la suite de longs voyages en Amérique avec un riche seigneur anglais, a composé un ouvrage qui décèle du savoir et du goût, sous le titre de : *Différents projets relatifs au climat et à la manière la plus commode de bâtir dans les pays chauds et plus particulièrement dans les Indes Occidentales*[1]. Ce traité pratique d'architecture privée, qui renferme neuf types différents développés en vingt planches dessinées avec grand soin, se recommandait surtout à cette époque par une certaine sobriété d'ornementation et un emploi assez judicieux de la construction en bois. Parmi les programmes étudiés par d'Albaret, nous citerons une *Maison entourée de fossés* et *Une habitation destinée à un Gouverneur* comme les plus dignes de fixer l'attention; mais, à ceux-là comme à tous les autres projets de cet artiste, il y a lieu de reprocher une imitation trop servile du style d'architecture régnant en France à cette époque.

ALBERT OU ALBERO SCHALLO.

Parmi les grands architectes du moyen âge qui, sous le modeste titre de *Maîtres tailleurs de pierres*, imprimèrent la marque de leur puissant génie à des édifices que notre

1. Paris, 1776, gr. in-fol., planches gravées par C. R. G. POULLEAU, graveur d'architecture.

époque imite plutôt qu'elle ne les surpasse pour l'harmonie dans le style autant que pour la grandeur dans la conception, il en est peu dont l'honorable carrière puisse rivaliser avec celle de *maître Schallo Albert*, plus communément
appelé *Albero*, artiste de Cologne qui vivait au treizième siècle. Son œuvre connue se résume dans la remarquable *église
des Saints-Apôtres* de Cologne, que nous décrirons plus loin ;
mais l'ouvrage de J. J. Merlo[1] renferme, sur sa famille et
sur sa position, des détails que nous allons analyser brièvement et qui sont puisés aux sources les plus certaines[2].

Albero se recommandait non-seulement par son talent
comme maître constructeur, mais encore par sa fortune et
par ses alliances avec plusieurs familles très-puissantes : aussi
fut-il souvent mêlé aux affaires de l'État[3]. C'est ainsi que, à
la suite d'un de ces différends si fréquents qui s'élevèrent
entre la ville de Cologne et l'archevêque Engelbert vers 1250,
différend terminé par un traité qui engageait la ville à payer
la somme de deux mille marcs, Albero est mentionné comme
un des garants de l'exécution de ce traité.

Au reste, une preuve curieuse de la noblesse d'Albero
nous est fournie par un fait emprunté à l'état de sa fortune[4].
Une maison qu'il acquit à Cologne, et qu'il agrandit considérablement par l'adjonction d'une maison attenante, portait de son vivant le titre de *Albert's Ansiedel* (résidence

---

1. *Nachrichten Kölnischer künstler*, in-8°, Cologne, 1850.

2. Presque tous les documents produits par cet ouvrage sont empruntés aux anciennes archives des églises de la municipalité de Cologne et
présentent un caractère bien rare d'authenticité.

3. Depuis le dixième siècle, époque où l'empereur Othon le Grand avait
accordé de grands priviléges à la ville de Cologne, cette dernière avait
attoint un haut degré de prospérité et jouissait de la situation de *Ville
Libre Impériale*.

4. Le *Nachrichten Kölnischer künstler* cite de nombreuses maisons en
pierre, dont quelques-unes fort importantes, comme ayant appartenu à
Albero et étant restées dans sa famille, ou qui en étaient sorties par suite
de dons faits en faveur de communautés religieuses.

d'Albert)[1], et, jusqu'en 1797, époque où cette maison était encore habitée par une famille noble, on l'appela *Schallenhans* (maison de Schallo).

Albero vécut dans un âge fort avancé et, s'étant marié quatre fois, laissa une nombreuse postérité; mais aucun de ses descendants ne nous est connu pour s'être livré au culte des beaux-arts.

On ignora longtemps le nom de l'auteur de l'*église des Saints-Apôtres*, édifice dont la construction fut tour à tour attribuée à différentes époques et à différents maîtres; mais aujourd'hui l'opinion semble fixée définitivement, et le professeur Förster[2] s'exprime ainsi : « L'ensemble de l'édifice, « tel qu'il existe aujourd'hui[3], est pour nous l'œuvre d'*Albero*, du commencement du treizième siècle[4]. »

L'église des Saints-Apôtres est imitée de Sainte-Marie du Capitole. C'est une église à deux chœurs, deux transsepts, trois nefs : le chœur est de forme circulaire et semblable aux deux bras du transsept qui le joignent, et le chœur occidental, surmonté d'un clocher élevé, est de forme carrée ainsi que les deux bras du deuxième transsept. Deux tours circulaires, avec clochers, sont accolées à l'apside de l'édifice dont l'entrée principale, précédée d'un porche voûté, est dans la basse-nef septentrionale. Une coupole octogonale surmonte la *croisée* du côté de l'orient, et autrefois un cloître avec couvent peu important et dont la construction, de fort peu

---

1. Ce titre de *résidence* ne se donnait qu'aux habitations des nobles.

2. *Mon. d'arch. de l'Allemagne*, trad. par DE SUCKAU; déjà cité.

3. « Avant l'église actuelle, une plus ancienne avec crypte aujourd'hui « comblée, remontait au commencement du dixième siècle et reçut, en 965, « les restes de l'archevêque Bruno, frère d'Othon le Grand. Les archevêques « Héribert et Pilgrim restaurèrent cet édifice au milieu du dixième siècle; « mais après deux incendies arrivés à la fin des onzième et douzième « siècles, l'*église des Saints-Apôtres* fut reconstruite entièrement. » — *Souvenirs du Congrès de Bonn*, par Cn. LUCAS, in-8°, Paris, 1869.

4. Les premiers travaux de reconstruction datent de l'année 1219.

postérieure à celle de l'église, pouvait être attribuée à Albero, s'étendait sur le côté méridional de l'édifice.

« L'église des Saints-Apôtres doit à la première moitié du
« treizième siècle de présenter, dans les travées intérieures
« de sa grande nef, des arcs en ogive au-dessus d'arcades
« plein cintre tout à fait romanes, et la vue de cette église,
« telle qu'elle s'offre au bout de la *Place d'Armes* de Colo-
« gne qu'elle termine, est d'un aspect saisissant. Les trois
« apsides du chœur et des transsepts sont couronnées par
« une arcature à jour, dans le sentiment byzantin, d'un très-
« heureux effet, et rien n'égale la variété et aussi l'harmonie
« du dôme octogone, des flèches et des hauts pignons qui,
« dans cet édifice, semblent avoir emprunté à l'art oriental
« son caractère étrange et de transition entre le style byzan-
« tin de Sainte-Sophie et le style arabe de l'Alhambra[1]. »

ALBERT (CASIMIR).

Issu de la maison ducale de Saxe, né à Moritzbourg près
Dresde, en 1738, et mort à Vienne en 1822, ce prince devint, en 1766, duc de Teschen (Silésie) et gouverneur des
Pays-Bas autrichiens par suite de son mariage avec l'archidu-
chesse Marie-Christine, fille de l'impératrice Marie-Thérèse.

La belle galerie de tableaux originaux réunis par Casimir
Albert et son intimité avec le célèbre Canova, auquel il fit
élever, en 1798, à Vienne, le tombeau de sa femme, ajoutent une grande certitude à l'assertion très-répandue en

---

1. Ch. Lucas, *Souv. du Congrès*, cité plus haut.

Belgique que ce prince fut l'auteur du plan primitif du *palais de Lacken*, situé à une demi-lieue de Bruxelles sur le canal de Malines, et aujourd'hui la résidence des souverains belges.

L'exécution de ce château, destiné par Casimir Albert à lui servir d'habitation, fut confiée par lui, de 1782 à 1784, aux architectes *Montoyer* et *Payen l'aîné*.

ALBERT LE GRAND.

Cet illustre savant de la famille des comtes de Bollstadt, et dont le nom suffirait pour résumer tous les efforts de l'intelligence humaine pendant sa vie qui occupa presque tout le treizième siècle, est connu sous divers noms ou surnoms latins rappelant les pays dans lesquels il enseigna ou bien le haut degré de renommée qu'il avait su conquérir. La France l'appelle *Albert le Grand* ou *Maître Albert*[1]; mais, dans les écrits des biographes anciens, à la place des mots *Albertus Magnus* et *Albertus Grotus*, on trouve fréquemment *Albertus Argentinus*, *Frater Albertus*, *Albertus Teutonicus*, *Albertus de Colonia*, *Albertus Ratisbonensis*.

Albert le Grand naquit en 1193 à Lauingen, ville de la Souabe située sur le Danube, et mourut à Cologne en 1280.

Philosophe et théologien, il était habile dans l'exercice

---

1. Albert le Grand, envoyé à Paris en 1245 par le chapitre de l'ordre des Dominicains, afin d'obtenir le titre de *Magister* après trois ans d'enseignement, réunit à ses cours une telle affluence de disciples qu'il fut obligé de professer en plein air dans un endroit connu encore aujourd'hui sous le nom de *place Maubert* (de *Ma* abréviation de *Magister* et *Albert* ou *Aubert*), et non loin de la rue qui porte toujours le nom de *rue de Maître-Albert.*

de tous les arts et particulièrement de la mécanique, et ce
que l'on raconte de ses travaux divers en ce genre est si
merveilleux, que non-seulement sa réputation de sorcellerie
s'en trouve confirmée, mais encore qu'il faut se défier beaucoup de la grande part que le temps ajoute toujours aux
récits de cette nature.

Les écrits d'Albert le Grand, véritable encyclopédie sans
méthode, sont tellement considérables que leur réunion
forme une collection de vingt et un volumes in-folio. Mais
parmi tant d'aptitudes éminentes dont ce savant a fait
preuve, il en est une qui a été le plus souvent omise par
les nombreux écrivains qui ont traité de lui ou de ses œuvres et qui lui assigne une grande place dans ce livre ; nous
voulons parler de son habileté comme architecte, telle
qu'elle est mentionnée par Merlo, d'après Heideloff (*D.
Bauh. d. Mitt.* 13-15) :

« L'architecture, jusque dans la dernière moitié du moyen
« âge, resta presque exclusivement dans le domaine du
« clergé, et lorsque, vers le milieu du douzième siècle, l'art
« allemand atteignit à un si haut degré de splendeur, à la
« tête de ce style d'architecture si remarquable par sa har-
« diesse, nous trouvons un moine de Strasbourg, connu
« dans le livret de la corporation des tailleurs de pierres de
« cette ville sous le nom d'*Albertus Argentinus* et de l'école
« duquel sortirent le célèbre Erwin de Steinbach en 1270,
« et nombre d'autres maîtres renommés.

« Cet Albertus était un homme qui pratiquait avec ar-
« deur le système de Pythagore, et on peut observer que
« dans les proportions du plan de la cathédrale de Stras-
« bourg[1], tel qu'on le reconnaît généralement comme l'œu-

1. Merlo attribue même à *Albertus Argentinus* ce plan, en se basant
sur la raison donnée plus haut. En outre, les travaux de la cathédrale de
Strasbourg étaient déjà commencés bien longtemps avant l'intervention
d'*Erwin de Steinbach*, et, ne le fussent-ils pas, on sait qu'à cette époque
les plans étaient arrêtés longtemps avant d'être mis à exécution.

« vre d'Erwin de Steinbach, il y a lieu de constater de
« nombreux rapports mathématiques qui sont, au reste,
« nettement indiqués dans les documents des corporations
« des tailleurs de pierres de l'époque[1]. »

« De grandes probabilités basées sur la présence du nom-
« bre sacré *sept*, que l'on ne peut nier se retrouver comme
« facteur de toutes les dimensions exprimées en pieds rhé-
« nans de la cathédrale de Cologne[2], et certaine corrélation
« qui existe entre tous les nombres exprimant ces dimen-
« sions, permettent de partager cette opinion que le célèbre
« Albert le Grand — qui d'ailleurs professa avec renom à
« Cologne, dans la première moitié du treizième siècle —
« ne fut pas étranger à la composition de ce plan, le plus
« important qu'ait réalisé l'art du moyen âge[3]. »

Au reste, nous avons, par Merlo, des témoignages certains de l'activité d'Albert le Grand, comme architecte dans
la ville de Cologne. « La chronique de cette ville s'exprime
ainsi : « (*Bl. Cl.* xxxiija). Bientôt après, il s'aperçut que le
« chœur de l'*église de Sainte-Croix*, appartenant au couvent
« des frères de l'ordre des Prédicateurs, était trop étroit et,
« avec la permission et les subsides des autorités, il obtint
« les moyens de le faire reconstruire et commença en maî-
« tre le chœur qui existe aujourd'hui, ainsi que le *deambu-*
« *latorium* qui l'accompagne, et les nefs septentrionale et
« méridionale qui font suite à ce dernier; c'est pourquoi
« Albert le Grand fut inhumé au milieu de ce chœur de
« l'église des Prédicateurs, à titre de fondateur; qualité qui

---

1. *Nachrichten Kölnischer künstler*, déjà cité.

2. La cathédrale de Cologne a, en effet, de longueur totale : 511 pieds
rhénans, soit 73 fois 7; c'est la hauteur qu'atteindront les tours quand elles
seront terminées. Sa largeur à l'entrée, qui est égale à la hauteur du pignon antérieur, est de 231 pieds, soit 33 fois 7; enfin la hauteur du
chœur, qui égale la largeur de la partie inférieure de l'église, a 161 pieds,
soit 23 fois 7.

3. Ch. Lucas, *Souv. du Congrès de Bonn*, déjà cité.

« lui était encore attribuée dans l'inscription d'une verrière
« contenant le portrait de ce grand architecte[1]. »

La grande ressemblance de ce chœur de l'église des Prédicateurs, aujourd'hui démolie, avec le fameux chœur de
la cathédrale de Cologne qui semble n'être qu'une ampli-
fication du premier et postérieure comme construction,
donne la plus grande vraisemblance à l'opinion que nous
émettions plus haut, au sujet du nombre *sept*, et qu'ensei-
gnait à Cologne, il y a peu d'années encore, l'illustre professeur Walraff, sans amoindrir la gloire de *Maître Gerhard*
ou *Gérard* ou *de Saint-Trond;* opinion qui se résume à reconnaître à Albert le Grand la gloire d'avoir exercé une
grande influence sur la conception du remarquable plan de
la cathédrale de Cologne.

On affirme encore que Albert le Grand fut appelé à Fri-
bourg en Brisgau et qu'il y aurait construit le chœur d'une
église attenante à un couvent de son ordre, ainsi que celle
de Soëst et plusieurs autres couvents dans différentes villes
d'Allemagne.

Mais ce qui semble plus certain, c'est qu'Albert le Grand
était évêque de Ratisbonne jusqu'en 1270, date à laquelle
il résigna ces fonctions dans les mains de son successeur
Léo, pour revenir professer à Cologne, et, qu'en 1274, l'année même qui suivit la destruction totale par un incendie
de la cathédrale de Ratisbonne, Albert le Grand ayant assisté
comme général de l'ordre des Dominicains et délégué de
l'empereur Rodolphe Ier au second concile général de Lyon,
lorsque l'évêque Léo obtint de ce concile des indulgences
pour réunir les fonds nécessaires à reconstruire sa cathé-

---

1. Cette inscription ainsi conçue ne laisse aucun doute.

> *Condidit iste Chorum Præsul qui Philosophorum*
> *Flos et Doctorum fuit Albertus Scholæque morum*
>
> . . . .

(*Nachrichten Kölnischer künstler*, déjà cité.)

drale, l'auteur présumé des plans de la cathédrale de Strasbourg et surtout de celle de Cologne dut être consulté par
son successeur l'évêque Léo et exercer une grande influence
sur la conception du plan de la cathédrale de Ratisbonne,
édifice commencé l'an 1276[1], du vivant même d'Albert le
Grand.

———

ALBERTI.

Ce nom d'*Alberti* fut porté par plusieurs architectes italiens de famille différente, à partir du quinzième siècle, depuis *Leon-Battista Alberti* de Florence, de beaucoup le plus
illustre de tous, jusqu'à l'artiste qui fait le sujet de ces
quelques lignes, et qui eut Turin pour patrie.

Cet Alberti, élève du célèbre Philippe Juvara, fit construire plusieurs édifices à Turin dans la dernière moitié du
dix-huitième siècle et dirigea, en 1764, l'exécution du portail de l'*église Sainte-Thérèse* de cette ville, église commencée sur les plans de Juvara en 1752, l'année même de
la mort de ce maître.

Bibliographie. — Wiebeking, édit. franç., déjà cité. T. III.

———

ALBERTI (aristotile).

Ce célèbre artiste, connu aussi sous le nom de *Rodolphe*

1. Ces différentes dates sont données par *Wiebeking*, déjà cité.

Fioravanti et né à Bologne au commencement du quinzième siècle, acquit une grande réputation, comme architecte et comme ingénieur, non-seulement en Italie, mais encore en dehors de la péninsule. A cette époque, où l'étude de la mécanique était encore dans l'enfance, il fut regardé comme un homme extraordinaire, presque comme un sorcier ; pour avoir, en 1455, transporté, avec toutes ses cloches et à une distance de plus de *dix mètres*, le clocher de l'*église Santa Maria del Tempis*, et pour avoir redressé, dans la ville de Cento, un autre clocher, celui de l'église Saint-Blaise qui penchait de près de *deux mètres*.

S'étant rendu en Hongrie, il jeta plusieurs ponts sur le Danube et, par ses remarquables travaux et par la construction de plusieurs églises élevées sur ses dessins, gagna la faveur du roi Ladislas V, qui lui accorda le titre de chevalier et la faculté de battre monnaie en son nom, particularité historique bien digne d'être signalée.

De Hongrie, Aristotile Alberti, précédé d'une grande renommée, se rendit en Moscovie, où l'appelait le grand-duc Ivan III, pour la construction de l'église cathédrale de Moscou[1], et il s'inspira, dans le dessin de cet édifice, du style byzantin devenu en Russie le style national.

Alberti fit encore construire, dans la même ville, le couvent de *Saint-Alexis*, sous le règne de Vassili III ; mais l'époque et l'endroit de sa mort sont restés inconnus.

Bibliographie. — Ticozzi, *Dizionario*, déjà cité. — Pingeron, *Vies des architectes*, déjà cité.

---

1. Cette église, sous le vocable de *saint Michel*, fut, ainsi que le *palais du Belvédère* et quelques anciens bâtiments du Kremlin dus également à Alberti, détruite dans l'incendie de 1812. La première pierre en avait été posée en 1475 et l'édifice avait été achevé cinq ans plus tard.

ALBERTI (Giuseppe-Antonio).

Ingénieur et architecte, s'étant surtout beaucoup occupé de mathématiques et d'hydraulique, Giuseppe-Antonio Alberti, né à Bologne en 1703, a publié quelques ouvrages qui ont assuré une juste réputation à sa mémoire et dont plusieurs éditions successives montrent bien tout intérêt. On doit à ce savant, qui mourut à Pérouse en 1768, outre un traité de pyrotechnie, des écrits sur la mesure des constructions, leur distribution, et les questions relatives aux conduites d'eau et de chaleur, ainsi que la traduction en italien d'un mémoire de l'Académie des sciences de Paris relatif à diverses questions de mesures.

ALBERTI (Léon-Battista).

Parmi les grands artistes de la Renaissance italienne, il n'en est pas qui brillent autant à ses débuts et qui aient eu une plus grande influence sur ce réveil artistique et littéraire, que Léon-Battista Alberti.

Né à Florence, en 1398, suivant Manni [1]; en 1400, suivant Bocchi [2]; de l'illustre famille des Alberti, famille dont la généalogie remonte facilement au onzième siècle et qui ne fournit pas moins de neuf gonfaloniers à cette cité; Léon-Battista était fils de Lorenzo Alberti et neveu de Alberto Alberti qui fut plus tard cardinal.

1. *De Florentinis inventis.* — 2. *Eloji*, p. 80.

Les rivalités intestines dont Florence était alors le théâtre ayant amené l'exil momentané d'un grand nombre de ses plus puissantes familles, telles que celles des Medici, des Ricci, des Strozzi et des Alberti ; ces derniers se réfugièrent à Venise où se passa l'enfance de Léon-Battista.

Lorenzo Alberti, son père, était un homme de sens qui, continuant les traditions de sa race, sut comme tant de ses concitoyens unir les spéculations intellectuelles à l'esprit d'entreprises commerciales qui fit la gloire des républiques italiennes et il eut une grande influence sur l'éducation de ses fils.

Aussi, « au début de son livre sur les avantages et les in-« convénients des lettres qu'il dédia à l'un de ses frères, Léon-« Battista s'exprime ainsi : « Lorenzo Alberti, notre père, « homme qui fut en son temps, comme il t'en souvient, ô « Carlo, de beaucoup le premier des nôtres en toute chose, « et surtout dans l'art d'élever sa famille, voulait, coutu-« mièrement, que nous vécussions dans une discipline telle « que nous ne fussions jamais oisifs[1], » et, pendant son existence entière, Léon-Battista continua à suivre cette excellente recommandation paternelle et ne passa jamais un jour sans donner quelques heures à l'étude.

En revanche son savoir devint des plus grands. « Ses con-« naissances dans la littérature et dans les sciences tenaient « du prodige. Il était versé dans la philosophie, les mathé-« matiques, la poésie, la connaissance de l'antiquité, et dans « les beaux-arts. La peinture et la sculpture auxquelles il « s'était appliqué, lui servaient de délassement. Il acquit « surtout des lumières très-étendues sur l'architecture[2], » et l'ensemble de ses écrits traitant de sujets extrêmement variés peut seul donner une idée du grand savoir de Léon-Battista Alberti.

1. Claudius Popelin, *Alberti*, Paris, gr. in-8°, 1868.
2. *Vies des architectes anciens et modernes*, par Pingeron, in-18, Paris, mdcclxxi, t. I.

« Mais l'œuvre capitale de Léon-Battista Alberti, c'est
« son grand traité d'architecture en dix livres[1], qu'il entre-
« prit à la sollicitation de Lionel d'Este. Cet ouvrage ne fut
« imprimé qu'après sa mort, par les soins pieux de son frère
« Bernard, et parut en 1485 sous ce titre :

. « *Laus Deo, Honos et Gloria. Leonis-Battistæ Alberti,*
« *Florentini viri clarissimi, de re ædificatoria Opus elegan-*
« *tissimum et maxime utile, Florentiæ accuratissime im-*
« *pressum opera Magistri Nicolai Laurentii Alamani : Anno*
« *salutis millesimo octuagesimo quinto, quarto chalendas*
« *januarias.*

« C'est un des plus beaux ouvrages sortis des presses ita-
« liennes[2]. »

La difficulté où l'on est aujourd'hui de se procurer
l'ouvrage original d'Alberti ou sa traduction française[3],
nous font juger à propos d'emprunter à Quatremère de
Quincy[4] l'analyse de *l'Art de bâtir* du Vitruve florentin.

« Le premier livre traite de l'origine de l'architecture, de
« son utilité, de la manière dont il faut choisir le sol et l'ex-
« position, préparer le terrain, le mesurer, et le partager
« conformément à la destination des édifices, des colonnes
« et des pilastres, des différentes natures de toits, des por-
« tes, des fenêtres, de leur nombre et de leur grandeur, des
« diverses espèces d'escaliers ou montées, des retraites ou
« palliers, des issues pour les eaux et les immondices, et de
« la situation qui leur convient.

---

1. Il est impossible de ne pas reconnaître une imitation de Vitruve
dans cette division en dix livres adoptée par l'artiste florentin.

2. Claudius Popelin, *Alberti*, déjà cité.

3. Cette traduction due à Jean Martin, secrétaire du cardinal de Le-
noncourt, et dédiée en 1533 au roi de France Henri II, se recommande
par la beauté de l'impression et l'adjonction de planches auxquelles il
semble qu'Alberti n'ait jamais eu l'intention de recourir.

4. *Encycl. méth.*, archit., déjà cité.

« Dans le second livre il est question du choix des maté-
« riaux, des précautions à prendre avant de commencer un
« bâtiment, des modèles qu'on doit faire[1], soit en bois
« sculpté, soit en pierre molle, en carton, en cire, en plâtre
« ou talc, etc., du choix des ouvriers, des arbres propres à
« la construction, du temps où il faut les couper, des
« moyens propres à empêcher la pourriture, et à les rendre
« incombustibles, des pierres, des espèces de briques, de la
« tuile, de la chaux, du sable et du ciment.

« Le troisième livre roule sur les procédés de construction,
« sur les fondations différentes, selon les espèces de terrain,
« sur la structure des empierrements, l'assemblage et la liai-
« son des pierres, moellons, blocage, etc.; sur la manière de
« maçonner, de plaquer et de revêtir les murailles, sur les
« sommiers, solives, et la façon de les assurer ; sur les plan-
« chers, les arcs, les voûtes, la couverture des toits, les pa-
« vés, et les saisons où il faut commencer et achever cer-
« tains ouvrages.

« Le quatrième livre est politique et philosophique autant
« que didactique et instructif sur la manière de bâtir[2]. L'au-
« teur remarque que les hommes ont toujours varié dans

---

1. Les grands artistes de la Renaissance italienne exécutèrent souvent
ou firent exécuter sous leur direction de remarquables modèles des œuvres qui leur étaient commandées, et les exemples que nous avons cités
dans les Biographies de *Abacco* et de *Baccio d'Agnolo* se retrouveront
fréquemment dans cet ouvrage.

C'est même sur les dessins et aussi *les modèles d'Alberti* que Louis de
Gonzague, marquis de Mantoue, fit construire par Luca le Florentin la
façade de l'église *Sant' Andrea* de Mantoue, façade dans le sentiment
classique qui contraste étrangement d'une part avec un vieux clocher gothique, et de l'autre, avec une lourde coupole surchargée d'ornements et
construite dans le dernier siècle.

2. Cette partie de l'œuvre d'Alberti suffirait à montrer une partie de
l'étendue de ses connaissances et aussi les tendances de son esprit nourri
des études antiques et joignant au culte des beaux-arts celui des spéculations philosophiques.

« leurs constructions en raison de la diversité des climats,
« du sol et du gouvernement ; il parle ensuite de la situa-
« tion favorable aux villes, de la grandeur qu'on peut leur
« donner, de la forme des murailles, des usages et des céré-
« monies des anciens, relativement à cet objet, des fortifica-
« tions, tours, portes et remparts, des ponts de bois et de
« pierre, des égouts, des ports, havres, des places néces-
« saires à une ville.

« Le cinquième livre donne les règles pour bâtir les palais
« des bons princes, les châteaux fortifiés des tyrans, et les
« maisons d'une république, les temples grands et petits,
« les académies, les écoles publiques, les hôpitaux, les palais
« de sénateurs. On y trouve des notions sur l'architecture
« militaire et navale, et sur celle des fermes, métairies, et
« maisons de campagne.

« Dans le sixième livre, *Alberti* commence à parler de
« l'architecture d'ornement, des colonnes et de la manière
« de les former. Après quelques réflexions sur la nature du
« beau, sur le bon goût et sur les moyens de l'acquérir, il
« fait une petite histoire de l'architecture. Viennent ensuite
« plusieurs chapitres sur la mécanique, les machines, la
« manière dont il faut élever et tailler les colonnes, scier le
« marbre, le polir, l'imiter au moyen du stuc ou l'incruster
« par petites tranches ou dalles sur les murailles de plâtre
« ou de moellon.

« Dans le septième livre, continuant de traiter des orne-
« ments d'architecture, et principalement des colonnes, il
« s'occupe des édifices à la décoration desquels on les em-
« ploie, et de même que Vitruve avait fait un livre sur les
« temples, il en fait un sur les églises. Il montre quelle
« espèce de colonnes et de pilastres conviennent le mieux
« à ces édifices, quel emploi on doit y faire des statues, et
« de quelle manière celles-ci doivent se faire.

« Le huitième livre traite des chemins et de leurs orne-
« ments, des tombeaux, pyramides, colonnes, autels, épita-

« phes, etc. ; des rues des villes, des ornements convenables
« aux portes, ports, arches, ponts, marchés, des places pu-
« bliques, promenoirs couverts, théâtres, amphithéâtres,
« cirques, bibliothèques, colléges, bains, etc., et de la ma-
« nière dont les édifices publics doivent être construits et
« décorés.

« Le neuvième livre est une continuation du précédent ;
« on y parle de la décoration des palais de rois, des orne-
« ments relatifs aux maisons de ville et de campagne, des
« peintures et sculptures qui doivent y entrer, etc.

« Le dixième et dernier livre roule principalement sur
« les moyens de trouver de l'eau, sur ceux d'arroser les jar-
« dins et de rafraîchir les appartements de ville et de cam-
« pagne ; il se termine par quelques recettes relatives à l'u-
« tilité domestique. En voilà assez pour faire connaître
« l'ouvrage trop ignoré du Vitruve moderne. »

Nous ne nous étendrons pas ici sur les autres œuvres de
Léon-Battista Alberti, malgré l'intérêt si varié qu'en pourrait
offrir l'analyse ; cependant nous croyons devoir, d'après
Brunet[1], donner à nos lecteurs un aperçu rapide des titres
de celles de ses œuvres qui ont été traduites en français. Ce
sont :

1° *L'Architecture* ou *Art de bien bâtir*, traduit du latin en
français par défunt Jean Martin, Paris, Kervet, 1553 et 1559,
in-fol., fig.

2° *Le Temple de Malateste de Rimini*[2], de L. B. Alberti,
Fulgineo, 1794, in-fol. fig.

3° *Hecatomphile*, MDXXXVJ (et au verso du titre : *Héca-
tompie*), ce sont deux dictions grecques composées signifiât
centiesme amour, sciemment appropriées à la dame ayât en
elle autant d'amour que cent aultres dames en pourroient
comprendre, dont à présent est faite mention. Tournée de

---

1. *Manuel du Libraire*, déjà cité, t. I. — 2. Voir p. 126 et 127.

vulgaire italien (de L. B. Alberti) en làgaige frâcoys (sans lieu d'impression), pet. in-8° goth. de XCII ff. avec fig. en bois, plusieurs éditions de 1534 à 1557.

4° *La Deiphire* de M. Léon-Baptiste Albert, trad. d'italien en franç. avec le texte à côté, Paris, Gilles Corrozet, 1547, in-16.

5° *Fables diverses* de Léon-Battiste Alberti, en italien et en françois..., données par Louis Pompe, Paris, Ch. de Sercy, 1693, in-12.

Il faut ajouter que le *Traité d'architecture* fut traduit en anglais, en allemand et en espagnol[1], et que, pendant très-longtemps, ce livre presque unique a joui d'une très·grande autorité. Alberti inventa ensuite un instrument pour aider au tracé de la perspective, et, quant à ses traités *de la Statue* et *de la Peinture*, écrits en latin, M. Claudius Popelin vient d'en donner une élégante traduction française[2] et « Cosimo Bartoli a réuni ou traduit du latin en italien, sous « le titre d'*Opuscoli morali*, quinze œuvres éparses d'Al-« berti, dont voici les titres : *Momo, overo del Principe.* — « *Discorsi da senatori, altrimente Trivia.* — *Dell'amminis-*« *trar la ragione.* — *Della comodità et incomodità delle* « *lettere.* — *Delle vità di San-Potito.* — *La Ciffera.* — « *Piaccevolezze mathematiche.* — *Della republica, vita civile* « *et rusticana et della fortuna.* — *Della Statua.* — *Della* « *Pittura.* — *Della Mosca.* — *Del Cane* — *Apologi.* — *He-*« *catomfila.* — *Deifira.* »

« Comme peintre et comme sculpteur, Alberti a laissé la « réputation d'un homme de talent. Landini raconte qu'il « possédait des œuvres de son pinceau, de son ciseau et de

---

1. *The architecture of Leon Baptista Alberti in ten books of painting in three books and of statuary in one book translated into Italian by Cosimo Bartoli, by James Leoni. London, printed by Thomas Edln,* 1739, *in-fol.* — *Alberti Leon Baptista hos dies libros de architectura traducidoz de la-tin in Romana. Madrid,* 1852, *in-8°.*

2. Un vol. in-8°, n. fig., Paris, Lévy, 1869.

« son burin. Volontiers, il faisait le portrait de ses amis.
« Étant à Venise, il traça de mémoire, et très-ressemblantes,
« les images de personnes qu'il avait laissées à Florence de-
« puis plusieurs mois. Vasari cite de lui une vue perspective
« de Venise qu'il considère comme son meilleur tableau;
« trois petites peintures dans une chapelle près du pont de
« la Carraia; de grandes figures en clair-obscur dans la mai-
« son Palla Ruccellaï, à Florence, et son propre portrait, fait
« au miroir, que Paul Jove dit également avoir vu dans la
« même maison. De sa sculpture, il ne reste rien qu'on sa-
« che. Heureusement que son passage comme architecte est
« attesté par quelques monuments[1]. »

A Florence, sa patrie, il donna à Lodovico Gonzaga, marquis de Mantoue, le modèle de la tribune et de la grande
chapelle de *la Nunziata*[2] qui fut exécutée par Salvestro Fan-
celli; en 1477, dans la même ville, il acheva en marbre,
aux frais de Giovanelli Ruccellaï[3], la façade de *Santa
Maria Novella*, dont la porte est admirable.

C'est cette façade que, quoiqu'elle soit empreinte encore
des tendances de l'architecture des âges précédents, nous
avons cru devoir esquisser sur la vignette symbolisant les
œuvres d'Alberti, parce qu'elle annonce déjà une ère nouvelle dans l'architecture florentine.

Puis il fit, pour Cosimo Ruccellaï, les dessins du palais et
de la *Loggia*, dans la rue *della Vigna*, et, dans la rue *della
Scala*, un autre palais, avec double *loggia*. Dans ce dernier
édifice, Alberti « eut l'honneur de ramener les ordonnances
« de colonnes au système des plates-bandes ou architraves,

---

1. Claudius Popelin, déjà cité.

2. Cette chapelle est ornée, sur un plan en forme de rotonde, par neuf
arcades qui y produisent autant de petites chapelles, et la voûte, sans
fenêtres ni ouvertures, est d'un diamètre égal à celui de la grande salle
du Panthéon d'Agrippa à Rome.

3. L'inscription qu'on y lit porte : *Joannes Oricellarius, Pauli filius,
An. Sal.* MCCCCLXX.

« et cette double *loggia* fut le premier monument où l'on vit
« reparaître, dans toute sa pureté, le système classique de
« l'architecture grecque[1]; » système qu'il appliqua encore à
San Brancanzio, dans la chapelle qu'il exécuta, toujours
pour la famille des Ruccellaï.

On ne connaît pas à Florence d'autres œuvres qui puissent
être attribuées avec certitude à Léon-Battista Alberti; mais,
comme tous les grands maîtres de cette époque, il ne se
borna pas à donner ses soins à sa ville natale, et, à Rome, où
l'avait appelé le pape Nicolas V à la recommandation de
l'historien Flavio Biondio, nous voyons notre architecte restaurer le palais pontifical et quelques parties de l'*église
Sainte-Marie Majeure*. Léon-Battista dessinait et conseillait,
et Bernardo Rossellino, architecte et ingénieur romain, associé par le Saint-Père à ses travaux, était chargé de l'exécution.

Alberti répara encore dans cette ville l'aqueduc de l'*acque
Vergini* et édifia la fontaine de la place *Trevi*[2]; enfin, il
donna les dessins d'une galerie couverte dans la longueur de
l'un et l'autre côté du pont Saint-Ange pour l'abri et la com-
modité des gens de pied; mais ces travaux ne furent pas exécutés par suite de la mort du pape qui avait dessein de charger Rossellino et Alberti de la reconstruction de Saint-Pierre
de Rome, et ce dernier artiste revint à Florence.

On a écrit que, pendant son exil, Alberti avait travaillé au
Palais ducal d'Urbin; mais une partie admirable de son
œuvre, et que nul ne songe à lui contester, est la façade
principale inachevée de l'*église San Francesco* à Rimini[3], et
les façades latérales si remarquables de cette même église :

---

1. QUATREMÈRE DE QUINCY. *Histoire de la vie des plus célèbres architectes*,
gr. in-8°, Paris, t. I, 1830.

2. Cette fontaine a disparu pour faire place à celle que *Clément XII* a
fait élever sur le dessin de NICOLAS SALVI, architecte romain.

3. Les travaux d'Alberti à cet édifice furent surtout extérieurs, et l'intérieur de cette église rappelle un style de beaucoup antérieur à Alberti et
dénaturé depuis par de maladroites restaurations.

travaux qu'il entreprit à la demande de Sigismond Malatesta, prince éclairé et lui-même initié aux sciences et aux arts.

Alberti semble avoir voulu rappeler, par le motif milieu de la façade principale, l'*arc antique de Rimini* et comme en élever un nouveau en l'honneur de Sigismond qui faisait achever ce temple pour célébrer ses victoires.

Les façades latérales offrent une suite d'arcades en renfoncement de *cent pieds* de longueur, formant portiques et dont la partie supérieure sert à éclairer la nef, tandis que, dans la partie inférieure, un soubassement continu reçoit des sarcophages uniformes avec tables d'inscription destinées aux citoyens illustres de Rimini. Parmi ces derniers, on voit figurer le portrait de l'artiste, que l'on a cru longtemps y avoir été enterré, mais dont les cendres reposent dans le tombeau de sa famille à *Santa Croce* de Florence.

Alberti mourut à Florence, fort âgé, vers 1484, entouré de la considération et de la vénération de tous. Son oncle, le cardinal Alberto, lui avait fait donner, dès 1447, le titre de chanoine de la métropole et d'abbé de *San Savino*, sinécures ecclésiastiques qui lui assurèrent les moyens de se livrer à ses goûts favoris, et Paul Jove et Vasari rapportent cette épitaphe latine de *Jean Vitale*, composée en son honneur :

> *Albertus jacet hic Leo, Leonem*
> *Quem Florentia jure nuncupavit;*
> *Quod princeps fuit eruditiorum,*
> *Princeps ut Leo solus est ferarum.*

et traduite ainsi par *Jean Martin* :

> *Celui qui gist ici, Albert estoit nommé,*
> *Que Florence à bon droit a Lion surnommé.*
> *D'autant que prince fut des plus savantes testes,*
> *Comme le seul Lion est le prince des bestes.*

éloge empreint d'une certaine naïveté, mais qui montre bien
la place méritée qu'occupait Léon-Battista Alberti parmi les
esprits d'élite de son temps et justifie l'importance de celle
que nous avons cru devoir lui assigner dans cette œuvre.

ALBERTO (ALBERTO).

Cet architecte, né à Borgo San Sepolcro, se fit un nom
parmi les maîtres du seizième siècle, en prenant part au
concours ouvert pour l'érection d'une nouvelle façade et
pour l'achèvement de l'*église Saint-Pétrone*, de Bologne.

Les autres concurrents connus étaient, d'après Valery[1] :
Vignole, Palladio, Jacque Ranuccio, Dominique Tibaldi,
Baldazare Peruzzi, Jules Romain, Christophe Lombardo, Jé-
rôme Rainaldi, Varignana, André da Formigine et Francesco
Terribilia. L'œuvre de ce dernier fut approuvée, en 1580,
par le sénat de Bologne.

Le comte Algarotti rapporte que le projet d'Alberto se
rapprochait, à beaucoup d'égards, de celui présenté peu auparavant, par Raphaël, pour l'église Saint-Laurent de Florence, et il lui semblait que, après un des dessins présentés
par Palladio[2] et celui de Jules Romain qui réunissait l'una-
nimité des suffrages, celui d'Alberto méritait le troisième
rang. Malheureusement cet artiste n'eut l'occasion d'ériger
aucune œuvre digne de son talent.

Bibliographie. — TICOZZI, *Dizion.*, etc., in-8°, Milano, 1831.

1. *Voy. en Italie*, déjà cité.
2. On attribue quatre des dessins conservés à Bologne à ce maître.

ALBEYSPERE.

Une anecdote prouvant la vivacité de caractère et aussi l'équité du célèbre Soufflot a conservé le nom de l'architecte Albeyspère qui vivait à Auxerre au dernier siècle et fut chargé dans cette ville de plusieurs constructions importantes, entre autres de celle d'un plafond dans la nef de l'église de l'*abbaye de Saint-Germain* « avec des arêtes de même style que celles du chœur [1]. Mais cette ne n'ayant pas le même axe que le chœur, Albeyspère avait contrarié les arêtes de la nef de manière à dissimuler, autant que possible, cette déviation : travail qui fut admiré par son célèbre compatriote Soufflot. » Albeyspère dirigea aussi la reconstruction du bas côté nord de cette église.

Bibliographie. — *Mém. conc. l'hist. civ. et ecclés. d'Auxerre*, de l'ABBÉ LEBEUF, par CHALLE et QUANTIN, t. II, MDCCCLI, in-8.

———

ALCANTARA (DIEGO DE).

Célèbre architecte espagnol, Diego de Alcantara, qui vivait au seizième siècle, jouissait des faveurs de Philippe II et n'en profita jamais que pour les arts et dans l'intérêt des artistes. C'est pour ce prince qu'il commença les travaux du remarquable *palais d'Aranjuez* que presque tous les souverains

———

1. « Ce chœur avait été voûté en 1398, ainsi que la première travée de la nef, par l'abbé *Hugues de Balore*. » — Extrait, ainsi que le passage guillemeté, de l'*Annuaire stat. et hist. de l'Yonne*, 1841, in-8°, Auxerre, IIIe partie.

espagnols ont agrandi et embelli tour à tour. Diego de Alcantara fut aussi occupé à diverses parties de la *Cathédrale de Tolède* et commença le couvent et l'église de *Voles Diego* que, après sa mort arrivée en 1587, dut continuer l'architecte Francisco de Mora.

Bibliographie. — BERMUDEZ (JUAN A. C.), *Noticias de los arquitectos y arquitectura de España*, Madrid, 1829, 4 vol. in-8.

ALCOCK (JOHN).

Successivement évêque de Rochester (1472), de Worcester (1476) et d'Ely (1486), ce prélat anglais naquit à Beverley, dans le Yorkshire, vers 1435, et fit ses études à l'Université de Cambridge où il obtint le grade de docteur en droit. Étant ainsi à même de remplir les plus hauts emplois de l'Église ou de l'État, il devint conseiller privé, ambassadeur près le roi de Castille, précepteur du prince de Galles et enfin *surintendant des ouvrages et bâtiments royaux*.

Les édifices que John Alcock fonda, vers la fin du quinzième siècle, sont nombreux, et on cite entre autres une école à Kingston-upon-Hull (Fuller dit à Beverley) et une chapelle dans le côté sud de l'église de sa ville natale, pour y servir de sépulture à ses parents. Il apporta de grands embellissements à ses palais épiscopaux, notamment à celui d'Ely qu'il augmenta d'une splendide et spacieuse salle formant aile avancée, et il ajouta également à l'aile nord du presbytère attenant à la cathédrale de cette ville, une chapelle qui, par le bon goût et l'habileté qu'il y déploya, passa longtemps pour un modèle à suivre. C'est dans cette chapelle que reposent les restes de ce prélat mort en 1500 à son château de Wiesbeach.

On doit encore à Alcock la conversion en Collége de Jésus du vieux monastère de Sainte-Radegonde de Cambridge qu'il restaura et agrandit en vue de sa nouvelle destination.

Alcock est enfin l'auteur de nombreux écrits, en latin et en anglais, en prose et en vers, édités à Londres de 1486 à 1531, mais traitant tous de sujets religieux.

Bibliographie. — *Hist. of the country of Cambridge*, by Em. Carter, Cambridge, 1753, t. II, in-8. — *The Hist. and antiq. of the church of Ely*, by J. Bentham, Cambridge, 1771, in-4, fig. — *The Connaisseur's repertory or a Biograph. hist. of painters*, etc., by Thomas Dodd, London (s. d.); 5 vol. in-8, t. I. — Wiebeking, édit. franç., déjà cité, t. IV.

ALCUIN.

S'étant surnommé *Flaccus*, dans l'*école palatine* qu'il organisa sur les ordres de Charlemagne, Alcuin, en latin *Alchwinus*, né à York en 735 et mort à l'abbaye de Saint-Martin de Tours en 804, avait au plus haut point le goût des lettres et des arts. Il est même incontestable, d'après *Britton* [1], que, aidé de Famblad, ecclésiastique attaché comme lui à l'Église d'York, Alcuin dirigea quelque temps les travaux de la cathédrale de cette ville [2].

1. *Antiq. of the cathedrals of England*, 1818, Londres, in-fol.

2. C'était la seconde cathédrale de cette ville, celle qui, commencée en 741 par l'évêque *Egbert*, fut détruite en 1069 par les Danois et dont Alcuin donne dans un de ses poëmes la description suivante :

« Cette demeure fort élevée est appuyée sur de solides colonnes qui supportent des arcs recourbés. De beaux lambris et de nombreuses fené-

Un passage d'une lettre d'Alcuin [1] à Gisla ou Ghiselle, sœur de Charlemagne, nous le montre engageant cette princesse « *à bâtir et à bien orner son église de Sainte-Marie de Chelles.* »

Ce sont ces titres, négligés par la plupart des biographes, qui nous ont fait consacrer ici quelques lignes au savant prélat qui résumait en lui, par ses connaissances étendues, tout le degré de civilisation de son temps.

ALDEGARIUS.

C'est à cet évêque, nommé aussi *Oldegarius*, que l'on doit la fondation de la cathédrale actuelle de Tarragone, dont il posa les premières assises au commencement du douzième siècle (vers 1120 ou 1132) et à laquelle, dans le style de son époque, il imprima un grand caractère de sobriété dans l'ornementation et une certaine lourdeur dans les proportions. La division en trois nefs de cet édifice qui a environ *cent mètres* de longueur, paraît bien remonter à Aldegarius ; cependant il est difficile de croire qu'aucune partie, encore existante aujourd'hui, ait été achevée par ce prélat.

Bibliographie. — WIEBEKING, édit. franç., déjà cité.

tres la font briller d'un vif éclat. Divers portiques en rehaussent la beauté. Elle possède plusieurs terrasses sur ses différents toits et trente autels décorés avec variété. » Plus tard, en 796, Alcuin devait envoyer cent livres d'étain à l'archevêque d'York pour la couverture du clocher. (*Epist.* v.) — *Hagiographie du diocèse d'Amiens,* par l'ABBÉ J. CORBLET, t. I, in-8°, Paris, 1869.

1. *Epist.* XCIX. — FR. MONNIER, *Alcuin et Charlemagne,* in-18, Paris, 1864.

ALDEGUELA (JOSEPH-MARTIN DE).

Né à Manzaneda (Espagne) en 1730, et élève du célèbre Joseph Corbinos de Valence, Aldeguela construisit en 1784 le « bel aqueduc, nommé *el aqueducto de San-Telmo,* qui reçoit les eaux du Guadalmedina, à *huit* kilomètres de Malaga [1], » et alimente les nombreuses fontaines de cette ville.

Cet artiste a en outre construit ou réparé quelques couvents et d'autres édifices publics, à Malaga, à Ternel, à Cuença, et on lui doit aussi plusieurs maisons ou villas dans les environs de ces villes.

Aldeguela est mort à Malaga, en 1802.

Bibliographie. — BERMUDEZ (JUAN A. C.), *Noticias de los arquitectos y arquitectura de España,* Madrid, 1829, 4 vol. in-8.

———

ALDRED.

Né vers le commencement du onzième siècle à Wigorn et mort en 1069, ce prélat fut le vingt-quatrième archevêque d'York et le dernier de race saxonne. D'abord moine de Winchester, puis abbé de Tavistock, il devint en 1046 évêque de Worcester, et, en 1050, entreprit le pèlerinage de Jérusalem.

Nous ne nous étendrons pas sur la carrière politique remplie d'agitations de cet ecclésiastique, qui fut promu en

1. GERMOND DE LAVIGNE, *Itin. de l'Espagne et du Portugal,* Paris, 1866, 2ᵉ édit. in-12.

1061 au siége métropolitain d'York et qui consacra les grands revenus de ce siége à de nombreux travaux de construction qu'il dirigea lui même, et dans lesquels il assista les constructeurs en leur indiquant les applications possibles de ce qu'il avait vu de plus remarquable dans ses voyages.

Entre autres édifices dus à Aldred, il faut citer un vaste réfectoire pour les chanoines du chapitre attaché à sa cathédrale et un autre qu'il fit ériger à Southwell. A Beverley, il termina les travaux de l'église et du collége fondés par un de ses prédécesseurs, Alfricus Puttoc. Il rebâtit également le presbytère de cette ville ; mais le travail qui fit le plus d'honneur aux connaissances architecturales d'Aldred fut la reconstruction qu'il commença en 1058 de l'église cathédrale de Gloucester.

Cette église, commencée en 680, avait été entièrement détruite par les Danois, et Aldred en construisit sur son emplacement une nouvelle qui avait deux tourelles aux côtés de la façade et une tour centrale, comme on le voit dans le *Monasticum anglicanum.*

Bibliographie. — *Eboracum,* or the hist. and antiq. of York, by Fr. DRAKE, London, 1736, in-fol., t. II. — WIEBEKING, édit. franç., déjà cité, t. IV.

— — —

ALDRICH (HENRI).

Né à Westminster en 1647, Henri Aldrich embrassa l'état ecclésiastique et s'adonna aux arts et particulièrement à l'architecture. Ce fut un des hommes les plus remarquables de son temps par la vaste étendue de ses connaissances, et, outre

de nombreux ouvrages relatifs à l'histoire, à la théologie et
à la musique, on doit à Henri Aldrich, qui obtint le grade
de doyen à l'Université d'Oxford, un ouvrage élémentaire
sur l'architecture, écrit en latin et intitulé : *Elementa Ar-
chitecturæ civilis ad Vitruvii veterumque disciplinam ex
recentiorum presertim à Palladii exempla probatis*, Oxonii,
T. Payne, 1789, gr. in-8, fig. [1].

Mais cet architecte ne se borna pas aux préceptes, et il
donna lui-même les dessins et dirigea la construction d'édifices très-importants existant encore aujourd'hui à Oxford.
Nous voulons parler de la *place de Peckwater*, dans le collége de l'Église du Christ, dont trois des côtés sont de l'architecture d'Aldrich [2]; de la chapelle avec campanile de *Tous-
les-Saints* [3], et enfin de la chapelle du *collége de la Trinité* [4].

1. Cet ouvrage a été traduit en anglais par **Smyth**, sous le titre de :
*Elements of civil architecture according to Vitruvius and other ancients
and the most approved practices of modern authores specially P alladio*,
in-4°, 1759, 1819, 1824, Oxford, with 55 plates.

2. Ces trois grands corps de bâtiment séparés de la Bibliothèque qui
forme le quatrième côté du quadrangle de Peckwater ont chacun plus de
cinquante mètres et se composent d'un soubassement, d'un rez-de-chaussée à baies carrées aux puissants chambranles avec clefs et contre-clefs et
appareils à refends. Au dessus, de grandes fenêtres avec frontons alternés
triangulaires ou circulaires et des mezzonines dont les chambranles retombent sur de saillants appuis. Des pilastres ioniques et, dans le bâtiment
du milieu, un avant-corps peu saillant mais comprenant cinq travées surmontées d'un fronton triangulaire raccordant la balustrade continue qui
masque les toits, donnent un grand caractère à cet ensemble qui est le
chef-d'œuvre d'Aldrich.

3. Cette chapelle, d'une seule nef rectangulaire avec voûte à conque,
a cinq travées, plus un porche carré à deux étages, surmonté d'un clocher, circulaire à sa base ornée de colonnes corinthiennes engagées, po-
lygonal au-dessus, et couronné d'une balustrade d'où part une aiguille à
six pans. De grandes baies en arcades au rez-de-chaussée, avec des
baies d'attique cintrées éclairent, sur les façades latérales et celle postérieure, cette chapelle dont la décoration intérieure et extérieure est
d'ordonnance corinthienne.

4. Cette chapelle est moins importante que la précédente. A l'intérieur,

Cet homme remarquable mourut à Oxford en 1710.
Bibliographie. — *Oxania depicta* a Guglielmo Williams,
gr. in-fol., Oxford, MDCCXXXII.

ALDROPHE (ALFRED).

Peu d'architectes contemporains ont, comme l'artiste qui
nous occupe, vu en quelques années leur carrière prendre
un rapide essor, et se sont trouvés, à l'âge où d'autres venaient de finir de longues et patientes études, obtenir les
distinctions qui manquent souvent à des maîtres.

Alfred Aldrophe, né à Paris en 1834, est un exemple qui
montre bien les succès que la vie active de nos générations
fiévreuses réserve aux hommes placés sur la route des vastes
entreprises modernes et qui savent, comme lui, prêter à leur
développement un intelligent concours.

Élève de Bellangé et de l'École impériale et spéciale de
dessin de Paris, M. Aldrophe, d'abord attaché aux travaux
d'architecture du chemin de fer de l'Est, fut, en 1855,
chargé du service de l'aménagement et de l'installation de
l'Exposition universelle de Paris, sous la direction immédiate
de M. Le Play et de S. A. I. le prince Napoléon, et, en 1862,
fut nommé architecte de la Commission impériale française
près l'Exposition universelle de Londres, et membre des
jurys d'admission et des récompenses.

Ces éminentes fonctions valurent à M. Aldrophe la croix
de *chevalier de la Légion d'honneur* en 1863.

elle est couverte d'un plafond plat; mais son campanile d'un seul étage a
cependant une balustrade continue dont les piédestaux d'angle portent
quatre statues, et la décoration intérieure ne manque ni de richesse ni
d'élégance.

Entre, dès 1855, dans l'administration municipale de la ville de Paris comme sous-inspecteur aux bâtiments annexes de l'Hôtel de Ville, sous les ordres de M. Baltard, il fut ensuite chargé, avec le titre d'architecte-inspecteur, de la construction d'une des cinq grandes divisions des nouvelles barrières et entrées de la capitale, sous la direction supérieure de M. Jay; et lors de l'organisation du nouveau service actif des travaux d'architecture, en 1860, M. Aldrophe fut nommé inspecteur de première classe.

Vers 1863, l'administration municipale lui demanda les projets des deux nouveaux temples israélites à ériger à Paris, et, en 1865, M. Aldrophe commença la construction du *Nouveau Temple consistorial israélite*, rue de la Victoire. Il y a tout lieu d'espérer que, l'année prochaine, sera inauguré ce grand édifice, dont la dépense s'élèvera à près de *deux millions*, et qui, par son programme spécial et ses données architecturales [1], pourra montrer toute l'étendue des talents de l'artiste et du constructeur.

1. Le terrain occupé par les constructions n'est pas moindre de *deux mille quatre cents mètres*. La nature du sol a exigé des épuisements considérables et la fondation sur plateau de béton avec radier en charpente. La façade, resserrée entre des propriétés bâties, offre au rez-de-chaussée et au premier étage de grandes arcades et, au-dessus, une grande rose qu'encadre un fronton circulaire portant à son sommet les Tables de la Loi. La hauteur totale de cette façade est de *trente-six mètres*. Le style paraît inspiré de l'architecture *romano-byzantine* des édifices du moyen âge dans les pays rhénans. Deux grands vestibules, occupant avec leurs dépendances toute la largeur de la façade, donnent accès, après une descente à couvert des voitures, dans la grande nef et les bas-côtés du temple, dans une salle d'attente des fiancés et de leurs familles, ainsi qu'aux escaliers particuliers conduisant aux tribunes du premier et du deuxième étage et à la grande salle consistoriale qui, avec salon et salle de commission, occupe, au premier étage, toute la partie en façade. Des petits logements sont réservés de chaque côté et en entre-sol aux personnes de service. La grande nef a, y compris le chœur en hémicycle et un petit sanctuaire destiné à renfermer les Tables de la Loi, plus de *quarante-trois mètres* de longueur sur *dix-sept* de largeur, et les nefs latérales, environ *six mètres* de largeur. Un long préau, en partie découvert, longe la basse-nef de

L'Exposition universelle de 1867, en réclamant à nouveau le concours de M. Aldrophe comme membre du Jury d'admission et comme président de classe du Jury international (classe des papiers peints), lui confia, à titre d'architecte de la Commission impériale, la direction de tous les travaux d'installation dans l'enceinte du Palais du Champ de Mars, et l'aménagement et la décoration de la grande salle du Palais de l'Industrie des Champs-Elysées pour la cérémonie des récompenses[1], travaux dans lesquels cet artiste a réalisé ce problème de faire tenir facilement près de *trente mille personnes* assises convenablement dans les tribunes disposées au rez-de-chaussée et au premier étage de cette vaste nef, dont l'estrade impériale et dix trophées rappelant les dix grands groupes d'œuvres exposées fournissaient les principaux motifs décoratifs.

La croix d'*officier de la Légion d'honneur* et plusieurs décorations étrangères[2] récompensèrent en cette circonstance la double part prise par M. Aldrophe à cette grande manifestation des progrès de la civilisation, et assurèrent à cet artiste, alors âgé de trente-quatre ans, une notoriété européenne.

droite et rejoint, près du chœur, une sortie ménagée sur la rue Saint-Georges au travers d'un terrain réservé à une construction presbytérale. La partie découverte de ce préau servira de *Soucha* (salle de verdure) pendant la Fête des feuillages. Enfin, une salle de répétition des choristes avec dépendances, et une grande sacristie (cette dernière pouvant servir à la célébration des mariages), sont disposées à droite et à gauche du chœur.

1. M. Dutrou, architecte actuel du Palais de l'Industrie, fut donné, en cette occasion, comme collaborateur à M. Aldrophe.

2. M. Aldrophe est commandeur des ordres de *François-Joseph* d'Autriche, de *la Conception* de Portugal et du *Nicham* de Tunis; officier du *Medjidjé* de Turquie et chevalier de *Sainte-Anne* de Russie et de *Léopold* de Belgique.

ALEAUME (JACQUES).

Jacques Aleaume naquit à Orléans au milieu du seizième
siècle, et gagna la faveur du roi Henri IV, qui faisait grand cas
de ses connaissances mathématiques et même astrologiques[1].
« Ce prince accorda à Aleaume, professeur de mathématiques très-savant, un logement dans les galeries du Louvre,
et, en l'employant à dresser les plans de constructions nouvelles, il le paya généreusement de ses travaux[2]. »

C'est sur les dessins d'Aleaume et de Claude de Chastillon,
topographe du roi, que furent commencés à la fin de l'année 1609 de grands travaux dont l'objet était d'élever au
Marais *la place et la porte de France*, ainsi que les bâtiments
qui devaient les accompagner, vaste ensemble de constructions dont, sur les intentions expresses d'Henri IV, Sully
avait, comme grand voyer du royaume, à surveiller l'exécution.

« Chastillon s'est fait un devoir de nous transmettre un
plan gravé de cette porte et de cette place, et y joint une légende où les vues et les intentions du prince sont fidèlement
et clairement accusées[3]. »

Sauval donne ainsi l'analyse de cette place de France,
«projetée par Henri IV, et ainsi appelée à cause que chaque
rue y aboutissant aurait porté le nom d'une des principales
provinces du royaume. Ce prince, pour en arrêter le dessin,
se transporta sur le lieu : il y en a même qui veulent que
c'est lui qui en était l'inventeur, et qu'en sa présence

---

1. On publia après la mort d'Aleaume sa traduction d'un traité d'as-
trologie, écrit en latin par l'Allemand Henri Rantzau.

2. AUG. POIRSON, *Hist. du règne de Henri IV*, t. III, in-8°, Paris,
1865.

3. *Idem.*

Aleaume et Chastillon, ses ingénieurs, en tracèrent le plan et l'élévation.... Elle aurait été faite en demi-cercle, terminée par les remparts et située jusque vis-à-vis la place du Calvaire, où viennent rendre la vieille rue du Temple et celle de Saint-Louis. Sa profondeur devait être de quarante toises, sa longueur de quatre-vingts et sa circonférence de cent trente-neuf. Dans les murailles de la ville il y aurait eu une porte appelée *la porte de France*, ayant en vue le milieu de la place, entre deux grands corps de logis bâtis de brique et de pierre, qui non-seulement auraient couvert les remparts, mais encore les angles contraints du plan par le moyen des halles et marchés qu'on y aurait construits [1]. »

Parmi les divers traités scientifiques d'Aleaume, qui ne furent guère édités qu'après sa mort, il en est un qui mérite une attention spéciale, c'est *la Perspective pratique et spéculative*, etc., avec figures, de ALEAUME, *ingénieur du roi*, mise au jour par Estienne Mignon, professeur ès mathématiques, Paris, MDCXLIII.

ALEOTTI (JEAN-BAPTISTE).

Comme presque tous les architectes italiens de la Renaissance, Jean-Baptiste Aleotti, né en 1546 à l'Argenta, près Ferrare, dénota de bonne heure une grande vocation pour l'art qu'il embrassa et ne dut qu'à sa haute intelligence et à sa persévérance les connaissances qu'il parvint à acquérir, non-seulement dans l'architecture civile, militaire et hydraulique, mais encore dans les lettres grecques et latines [2].

1. SAUVAL, *Hist. et Antiq. de la ville de Paris*, t. I, in-fol., Paris, MDCCXXIV.

2. Aleotti publia divers mémoires sur les inondations qui désolèrent au

D'abord employé par Alfonse II, duc de Ferrare, il passa, après la mort de ce prince, au service du pape et de plusieurs princes italiens, et exécuta de nombreux monuments à Mantoue, à Modène, à Padoue et à Venise.

Les principales œuvres de J. B. Aleotti, qui mourut en 1636, sont la citadelle de Ferrare et le grand théâtre de Parme [1].

———

ALESSI (GALEAZZO).

Vasari, dans sa *Vie de Leone Lioni d'Arezzo*, nous apprend que Galeazzo Alessi, né, à Pérouse en 1500, étudia d'abord l'architecture dans cette ville, auprès de Giovan-Battista Caporali, peintre et architecte. Il se rendit ensuite à Rome, où il devint le disciple et l'ami de Michel-Ange.

Un grand nombre de villes d'Italie comptent des œuvres dues au talent d'Alessi, dont la réputation était grande,

dix-septième siècle les provinces de Ferrare, de Bologne et la Romagne, et il traduisit et commenta, en l'augmentant, l'ouvrage d'Hiéron d'Alexandrie intitulé *les Pneumatiques*.

1. Ce théâtre, décrit et publié en 1817 par DONATI (*Gran Teatro Farnesino di Parma*), faisait partie de l'ancien palais ducal et, longtemps négligé, a dû être en partie restauré de nos jours. C'est le plus vaste théâtre de l'Italie. Construit sous le règne du duc Farnèse Ranuce Ier, pour recevoir dignement le grand-duc Côme II de Médicis, il peut contenir près de *cinq mille spectateurs*. Il mesure *trois cent quinze mètres de long* sur *trente mètres de large* et portait autrefois à son fronton cette pompeuse inscription : *Theatrum orbis miraculum*. Les loges d'avant-scène y sont décorées de colonnes corinthiennes de *vingt mètres de hauteur* et l'évêque de San-Donnino, le P. Pozzi, en avait dessiné les allégories.

même à l'étranger[1]; mais c'est surtout à Gênes que, pendant un séjour de quelques années, après 1550, Alessi fit exécuter ses plus beaux édifices.

Un des premiers monuments dont cette ville est redevable au talent d'Alessi, monument que sa magnificence a fait compter au nombre des sept merveilles de Gênes, est l'église de *Sainte-Marie de Carignan*, appelée aussi de l'Assomption[2].

Non loin de cette église est le palais des seigneurs Sauli,

1. La renommée d'Alessi était telle qu'il fut souvent chargé d'envoyer des plans à Naples et en Sicile, en France, en Allemagne et dans les Flandres. Le roi de Portugal le fit chevalier, et, suivant une version accréditée en Italie quoique les auteurs espagnols n'en fassent aucune mention, le roi d'Espagne Philippe II aurait demandé à Galeazzo Alessi les plans du monastère et de l'église de l'Escurial en le priant d'en venir diriger l'exécution.

2. « Cette église n'est pas des plus grandes, soit anciennes, soit modernes; mais c'est un morceau des plus complets, des plus achevés qu'il y ait, et d'une parfaite unité dans tous ses rapports. Son plan forme un carré régulier de cent cinquante pieds, sans y comprendre toutefois une petite adjonction d'une vingtaine de pieds pour l'abside du fond où est l'autel. Le milieu de ce quadrangle est occupé par une coupole de quarante pieds de diamètre, soutenue par quatre piliers tout massifs et où l'architecte ne voulut pratiquer ni vides, ni escaliers, pour leur laisser toute leur solidité. Trois nefs divisent l'intérieur de l'église et y produisent ce qu'on appelle la croix grecque, ou ayant ses quatre croisillons égaux. C'est en petit le plan de Saint-Pierre de Rome, selon le projet de Michel-Ange.

« L'extérieur de la coupole se compose de ce qu'on appelle *la tour du dôme* dont la construction et l'ordonnance consistent en arcades et en massifs alternés ornés de pilastres corinthiens, et du dôme dont la courbe est une sphéroïde, couronnée d'un lanternon que couvre une calotte hémisphérique. Cette coupole de cent quatre-vingts pieds de haut forme une masse très d'accord avec le portail, lequel est orné d'un seul ordre de pilastres corinthiens, distribués avec sagesse. Ceux du milieu, au nombre de quatre et où est la porte d'entrée, supportent un fronton. Ceux des masses latérales se trouvent subordonnés à la composition des deux tours ou campaniles, qui accompagnent la coupole et donnent à tout l'ensemble un aspect riche et varié. » — Q. DE QUINCY, *Hist. de la vie et des ouvrages des plus célèbres arch.*, in-8°, Paris, 1830, t. I.

ses fondateurs, palais qui est aussi de l'architecture d'A-
lessi [1].

Mgr Cipriano Pallavicino, archevêque de Gênes, qui eut
toujours cet artiste en grande estime, lui fit reconstruire la
coupole de la cathédrale et donner le dessin du chœur de
cette église.

« L'édifice de la Banque est plus propre encore à donner l'idée de sa capacité comme architecte de goût et habile constructeur. On admire dans cette loge (ou portique)
des banquiers, que les Génois appellent un *bel azardo*,
comme si la hardiesse de sa couverture eût été due à un
heureux coup du sort, l'ingénieuse disposition des bois de
charpente de sapin empruntés à des mâts de navire, et
l'art avec lequel toutes les pièces sont distribuées dans
cette vaste toiture. Cette *loggia* a cent cinq pieds sur
soixante-cinq, et sert aujourd'hui de bourse à la ville de
Gênes.

« On donne aussi Galeazzo Alessi pour l'auteur du plan des
Greniers publics de Gênes, grand ensemble qui se compose
de quatre corps de bâtiments isolés, mais qui se joignent
par un vestibule commun et central, assez spacieux pour
que les voitures puissent s'y rencontrer de toutes parts sans
aucun embarras. La décoration de cet édifice est l'ordonnance dorique [2]. »

« Notre architecte fit briller ses talents d'une manière
plus éclatante encore sur le port de cette ville; il y construisit la grande porte qui est flanquée de colonnes rusti-

1. Ce palais (*strada di Porta romana*), aujourd'hui presque abandonné,
est, « sans contredit, l'un des plus magnifiques, non-seulement de la ville
de Gênes, mais de toute l'Italie. On convient que G. Alessi a généraleﾭ
ment, dans le palais Sauli, opéré la réunion de ce qui peut composer un
ensemble parfait, on veut dire une heureuse disposition dans le plan, une
belle proportion dans les élévations, le bon goût dans la décoration et les
ornements, l'excellent choix et la richesse des matériaux, une bonne et
précieuse exécution. » — Q. DE QUINCY, *idem*.

2. Q. DE QUINCY, *idem*.

ques, et décora le port avec de grands portiques d'ordre dorique, couronnés par une balustrade de marbre. Ces différents ouvrages servent .de défense au port de Gênes en tenant lieu de *cavalier* [1]. On trouve au-dessus une grande place d'armes, et Alessi alongea le môle de plus de six cents pas, en faisant jeter des quartiers de rocher dans la mer pour servir de fondement.

« Galeazzo Alessi bâtit plusieurs beaux palais dans les environs de Gênes; il en construisit un à Bisignano, pour la famille Grimaldi; à Saint-Pierre d'Arène, pour la famille Justiniani; pour le prince Doria et pour plusieurs autres seigneurs [2]. »

Vasari nous rapporte encore deux œuvres remarquables de cet artiste, érigées aux environs de Gênes, et qui témoignent de ses connaissances en hydrostatique et de son goût pittoresque, savoir : la fontaine du capitaine Leviari et le lac du seigneur Adam Centurione, tous deux fort curieux. Le second renferme une petite île parsemée de grottes capricieuses à laquelle on accède par un léger détour en barque et où des canaux souterrains produisent de brillants effets d'eaux jaillissantes.

Mais le nombre des édifices construits ou agrandis par Alessi, dans le nord de l'Italie et à Rome, dépasse tout ce que l'on peut imaginer.

Le cardinal Parisani l'emmena à Pérouse et lui fit achever la construction de la forteresse de cette ville, commencée par San-Gallo. Il y exécuta en même temps de

---

1. Élévation pratiquée sur le rempart pour y établir des batteries de canon qui commandent au loin la campagne.

2. PINGERON, *Vies des Arch. anc. et mod.*, etc., in-18, Paris, MDCCLXXI, t. II.—*Nota*. Une grande partie des œuvres d'Alessi se trouvent dans le recueil des édifices, églises ou palais de Gênes, dessinés par P. P. RUBENS et gravés par CORNELIUS GALLUS (Anvers, 1663), et dans *Les plus beaux édifices de Gênes* et les *Environs de Gênes*, par GAUTHIER, 2 vol. in-fol., Paris.

beaux palais, dont un pour le duc de la Corgnac, sur les bords du lac de Pérouse, et ses compatriotes, voulant lui témoigner tout le cas qu'ils faisaient de sa valeur, l'admirent au nombre des marchands, qui formaient alors le corps le plus respectable de la ville, et l'envoyèrent auprès du pape Pie V pour y défendre leurs intérêts.

Pendant ce voyage, le cardinal Odoard Farnèse l'engagea à lui faire un projet de façade pour l'église de *Jesu* à Rome ; mais le projet qu'Alessi lui soumit, quoique trèsbeau, ne fut pas exécuté à cause de la grande dépense qu'il exigeait.

A Milan, le palais *Marini*, aujourd'hui *Palais communal*, l'un des plus remarquables de la ville, fut bâti par Alessi pour le fermier général de Milan dont il porte le nom. M. Ad. Lance loue justement « le grand caractère, l'accentuation des formes et la mâle beauté de tous les détails de cette architecture ». Dans cette même ville, la façade de Notre-Dame, près *San Celso*, avec ses colonnes de marbre et sa riche ornementation ; une partie de la nef de l'église Saint-Paul et l'église Saint-Victor *al Corpo*, érigée en 1560 sur l'emplacement de la première basilique de Milan, sont aussi de l'architecture d'Alessi.

A Assise, l'église Sainte-Marie des Anges, dite *la Portioncule*, fut exécutée par lui et Jules Danti sur les dessins de Vignole, et il restaura l'église Saint-Rufin de cette ville.

A Ferrare, il eut à construire plusieurs palais ainsi qu'à Bologne, où il érigea la grande porte du Palais public et, dans l'intérieur de ce palais, une chapelle qui lui fait grand honneur.

Ce célèbre artiste termina en 1572, à Pérouse sa ville natale, à l'âge de soixante-douze ans, sa longue carrière, dont cinquante années avaient été employées à orner l'Italie de monuments dignes encore aujourd'hui de l'admiration des artistes.

Bibliographie. — LEONE PASCOLI, *Vite de pittore, scultori,* etc., in-4°, Roma, 1730, t. I. — *Vasari français.*

ALEVISO.

Architecte italien, né à Milan au milieu du quinzième siècle, Aleviso fut appelé en Russie vers 1484 et, pendant près de vingt-cinq ans, embellit la ville de Moscou de palais et d'églises qui malheureusement ne sont pas venus jusqu'à nous.

De 1489 à 1507, il construisit l'*église de l'Annonciation*[1] et celle de l'*Archange Saint-Michel*[2], et, de 1507 à 1514, les trois églises de *Saint-Athanase,* du *Saint-Sauveur* et de *Sainte-Barbe.*

Aleviso avait même donné, lors de son arrivée en 1484, les plans du *Belvédère* ou palais des tsars, dont quelques auteurs placent la construction de l'année 1499 à l'année 1508.

ALEXANDER.

Évêque de Lincoln, né à Blois et mort en 1147, ce prélat, surnommé *le Magnifique,* aimait beaucoup le faste, et

1. Cet édifice, déjà réparé sous Pierre le Grand, fut entièrement reconstruit en 1770, sous l'impératrice Catherine II.

2. Aleviso construisit cette église sur l'emplacement d'une autre sous le même vocable et remontant à l'année 1341.

son église cathédrale « ayant été consumée par un incendie en 1124, Alexander, le troisième évêque de ce siége, qui possédait en commun avec son oncle Roger, évêque de Salisbury, et son frère Nigellus, évêque d'Ely, un goût remarquable pour l'architecture, la fit restaurer et rendit cette église encore plus belle qu'à l'origine et ne le cédant en rien à aucune autre église d'Angleterre (Hen. Huntingdon, lib. VIII, p. 225).

« Il y a seulement lieu d'attribuer à Alexander, dans la cathédrale actuelle de Lincoln, qui est un des plus beaux édifices de l'Angleterre, la construction des trois entrées de la grande nef; car les autres ouvrages qu'il fit ériger et qui consistaient surtout dans la construction de voûtes en pierre (une nouveauté grandement admirée alors), ont été modifiées depuis lui.

« Ces trois portes appartiennent à la dernière période du style normand anglais dit *style fleuri*, que, suivant l'expression de William Malmsbury, un des contemporains d'Alexander, ce prélat appliqua à ses autres constructions, aujourd'hui démolies et consistant en trois châteaux à Banbury, Sleaford et Newark, et quatre monastères, ceux de Hoverholme, Tame, Dorchester et Sempringham. »

Bibliographie. — Trad. de l'ouvrage anglais *An illustr. of the archit. of the cathedral church of Lincoln*, by Cʜ. Wɪʟᴅ, in-fol., Londres, 1819.

ALEXANDER (ɢᴇᴏʀɢᴇ).

M. George Alexander naquit à Corsham (Wiltshire) en 1810 et étudia pendant plusieurs années l'architecture dans le cabinet de R. Abraham, architecte distingué et inspecteur de services importants à Londres. Vers 1833, M. Alexander vint à Paris dans l'atelier de M. Caristie, membre de 'Institut, où il puisa, à côté du complément de ses études architecturales, un goût très-vif pour l'archéologie, goût que développèrent ses voyages durant quatre années en France, en Italie et Sicile, en Belgique, en Allemagne, en Dalmatie, en Grèce, en Asie Mineure, en Égypte, en Nubie et en Suisse.

De retour à Londres en 1838, M. George Alexander pratiqua l'architecture et fut bientôt nommé membre de l'Institut royal des architectes britanniques, de la Société des antiquaires, de la Société syro-égyptienne et de plusieurs autres sociétés archéologiques.

Il construisit, pendant une période de quinze années, un grand nombre d'édifices, tels que : églises, banques, maisons scolaires, propriétés privées, à Londres et dans les environs, et, en collaboration avec M. Hall, la *Bourse aux grains* de Northampton[1].

En 1845, M. George Alexander collabora au premier projet de railway souterrain de Londres, projet que l'illustre sir Robert Stephenson déclara « *faisable et praticable, mais venu dix ans trop tôt*[2] ».

Enfin, vers 1852, M. George Alexander se retira à Highworth, dans son comté natal, et depuis cette époque y jouit de l'aisance qu'il a acquise pendant le cours de sa carrière.

---

1. Cet édifice, inauguré en 1851 et dont le prix dépassa *deux cent mille francs*, sert aussi aux grandes réunions si nombreuses dans tous les centres anglais de quelque importance.

2. Dix ans plus tard environ, M. Fowler, ingénieur, reprit le projet dont G. Alexander était un des auteurs, et en 1862, l'année même de l'Exposition universelle de Londres, le *Metropolitain Railway* montrait, dans plusieurs de ses parties, la justesse de vues de M. G. Alexander.

ALEXANOR.

Cet artiste grec, à la fois architecte et sculpteur, était frère de Sphyrus et fils de Machaon, fils d'Esculape. Il vivait vers l'an 1270 avant Jésus-Christ. Étant venu dans la Sicyonie, il bâtit à Titané, en l'honneur d'Esculape, son grand-père, un temple dans lequel se trouvait une statue du dieu, œuvre tout à fait primitive et dont, pour cette raison, l'exécution était attribuée à Alexanor[1].

Les Sicyoniens honorèrent après sa mort cet artiste à l'égal des héros et, comme tel, lui offraient des sacrifices après le coucher du soleil.

Bibliographie. — PAUSANIAS, *Descr. de la Grèce*, t. III, Corinthie, ch. XI.

ALFIERI (BÉNÉDICT-INNOCENT, comte).[1]

Le célèbre poëte italien, Victor Alfieri, nous parle assez longuement dans son *autobiographie* de son demi-oncle (un cousin de son père), le comte Bénédict Alfieri, premier architecte du roi de Sardaigne, Charles-Emmanuel III.

Cet architecte, né à Rome en 1700 et mort à Turin en 1767, « avait le fanatisme de son art. Très-simple de caractère et à peu près étranger à tout ce qui n'avait point rapport aux beaux-arts, il parlait fort souvent et avec enthousiasme du

---

1. Cte DE CLARAC, *Catal. des Artistes de l'antiquité*, in-12, Paris, 1839.

divin Michel-Ange qu'il ne nommait jamais sans incliner la tête ni sans ôter son bonnet, avec un respect et une humilité qui ne sortiront jamais de ma mémoire. Il avait passé à Rome une grande partie de sa vie [1]; il était plein du beau antique; ce qui ne l'empêcha pas, dans la suite, de déroger parfois au bon goût pour se conformer aux modernes. Je n'en veux d'autres témoignage que sa bizarre *Église de Carignan* en manière d'éventail. Mais ces petites taches ne les a-t-il pas amplement effacées par le *Théâtre royal de Turin* [2]; la voûte savante et hardie qui surmonte le *Manége du Roi;* la grande *Salle des Stupingi* [3]; la solide et majestueuse façade du *Temple de Saint-Pierre* à Genève? Il ne manquait peut-être à ce génie architectonique qu'une bourse mieux remplie que n'était celle du roi de Sardaigne. Ce qui le prouve, c'est le grand nombre de dessins magnifiques qu'il a laissés en mourant, et sur lesquels le roi mit la main. Il y avait beaucoup de projets, et des plus variés, pour les embellissements à faire dans Turin, et entre autres, pour la reconstruction de l'abo-

---

1. Benoît Alfieri étudia le dessin et les mathématiques à Rome, au collége des Jésuites, et vint ensuite à Turin faire son droit et se préparer au barreau. Il exerça même, pendant quelque temps, la profession d'avocat à Asti, tout en consacrant ses loisirs à l'architecture et aux beaux-arts. Un des premiers ouvrages de Benoît Alfieri fut la façade d'un palais sur la place d'Alexandrie. Le dessin de cette façade, fait à la demande du marquis Ghilieri, attira l'attention de Charles-Emmanuel III, qui résolut de charger Alfieri de reconstruire l'Opéra royal de Turin qui venait d'être incendié. —F. DIDOT FRÈRES, *Nouv. Biogr. gén.*

2. Alfieri, avant de commencer la construction de ce théâtre, voyagea pendant plusieurs années à l'étranger, aux frais de son souverain, pour étudier les principales salles de spectacle de l'Europe.

Ce théâtre (*teatro Regio*), attenant au palais du roi, peut contenir *deux mille cinq cents* spectateurs, et doit à la grande profondeur de sa scène et surtout à la cour de huit mètres sur le derrière qui peut y être annexée par un pont-levis, de se prêter aux pièces à grand spectacle, comme notre scène du Châtelet à Paris. Il renferme six étages de loges uniformes et celle du roi dans l'axe du théâtre.

3. Agrandissement du palais autrefois bâti par *Juvara*.

minable muraille qui sépare la place du Château de celle du
Palais-Royal, muraille qu'on a nommée, je ne sais pourquoi,
le Pavillon [1]. »

Nous devons ajouter, entre autres travaux importants du
comte Alfieri, aux édifices mentionnés ci-dessus, le *Théâtre
Carignan* [2] à Turin, et dans la même ville, la riche décoration de l'*Église Corpus Domini* et les palais Barolo et Marozzo;
la *Tour de Sainte-Anne* à Asti; le vestibule de la cathédrale
de Verceil, et enfin la tour de l'*Église San Gaudenzo* à No-
vare [3].

Alfieri eut l'avantage de voir ses talents appréciés pendant
sa vie; le roi Charles-Emmanuel III le combla de bienfaits et
lui donna les titres de comte de Sostegno et de gentilhomme
de sa cour, et l'Académie royale des Beaux-Arts de Turin
l'avait nommé son président, honneur toujours maintenu
depuis Alfieri au grand chambellan du royaume.

ALGARDI (ALESSANDRO).

Né à Bologne en 1602 et, comme presque tous les grands
maîtres de la Renaissance, à la fois architecte, peintre et
sculpteur, Alessandro Algardi (dit l'*Algarde*) s'est particulièrement distingué dans cette dernière branche de l'art. Louis

1. *Mémoires de V. Alfieri d'Asti*, écrits par lui-même et traduits par
A. DE LATOUR, in-18, Paris, 1840.

2. Ce théâtre de moyenne dimension, et où furent jouées pour la première fois les comédies de V. Alfieri, a été incendié en 1787, mais reconstruit sur le même plan.

3. Cette tour ronde, remarquable par sa hauteur et les galeries qui la
décorent, appartient malheureusement à la plus fâcheuse école de l'art
talien.

Carrache lui apprit à dessiner, et les talents de l'élève, remarqués par le Dominiquin, lui valurent la protection de ce grand artiste et par suite celle du pape Innocent X qui confia à l'Algarde d'importants travaux, parmi lesquels nous citerons : le beau bas-relief de l'église Saint-Pierre du Vatican où est représenté saint Léon allant au-devant d'Attila[1]; une statue de saint Michel; la décollation de saint Paul, etc.

Comme architecte, l'Algarde est l'auteur de la belle *villa Panfili*[2], dont cet artiste donna non-seulement les plans des bâtiments et des jardins, mais encore exécuta en grande partie les statues, fontaines et autres motifs de sculpture dont elle est ornée et qui font de cet ensemble de jardins et d'œuvres d'art un des séjours les plus agréables de Rome.

Le portail de l'*église Saint-Ignace* à Rome[3] montre bien toute l'habileté sinon toute la sobriété du talent de l'Algarde, et est une des plus belles façades de ce style dit *jésui-*

1. Le pape fut tellement satisfait de ce travail que, après en avoir témoigné toute son admiration à l'artiste, il lui passa au cou une magnifique chaîne d'or et le fit chevalier.

2. « La villa Panfili, située à un demi-mille de Rome, hors la porte *San-Pancrazio* et sur l'ancienne voie *Aurelia*, occupe l'emplacement des jardins de l'empereur Galba. Elle fut bâtie, vers l'an 1644, pour le cardinal don Camillo Panfili, sur les dessins d'Alessandro Algardi.

« Les jardins, d'où l'on découvre la plage de Rome jusqu'à la mer, ont près de cinq milles de circuit. Ils sont pittoresques sans désordre, symétriques sans monotonie; et on y remarque l'art avec lequel l'ordonnance d'un jardin régulier est liée à la nature agreste qui en fait partie. Ces jardins sont admirables; les fontaines, les cascades, les grottes, les bassins, les statues, les fragments antiques qui les décorent sont disposés avec l'adresse et l'intelligence auxquelles on reconnaît le génie de l'homme habile. » — Ch. PERCIER et P.-F.-L. FONTAINE, *Choix des plus célèbres maisons de plaisance de Rome*, in-fol., Paris, MDCCCIX.

Le plan du *casin* principal de la villa Panfili, avec son premier vestibule ouvert et sa grande salle circulaire, est d'un heureux agencement de lignes et offre à l'extérieur des masses de façade agréablement variées.

3. Cette église, commencée en 1626 sur les plans du Dominiquin et du P. Grassi, est attenante au *Collège Romain*, aux façades duquel l'Algarde passe pour avoir travaillé avec le P. Grassi et l'Ammanato.

tique qui eut tant d'influence sur les monuments religieux de l'Europe pendant près de deux siècles.

On doit encore à l'Algarde, qui mourut en 1652, le grand autel de l'église de Saint-Nicolas de Tolentin et le mausolée de la famille *Santa-Croce* dans l'église Santa-Maria della Scala de Rome, vastes compositions sculpturales dans lesquelles se retrouvent, à côté du talent du sculpteur, l'habile arrangement de lignes et la science de composition qui caractérisent l'architecte.

Bibliographie. — MILIZIA, trad. par PINGERON, *Vies des Arch. anc. et mod.*, in-18, Paris, MDCCLXXI, t. II.

ALLASON (THOMAS).

Un des architectes anglais les plus complets de son époque, Thomas Allason, qui naquit à Londres en 1790 et mourut dans cette ville en 1852, fut véritablement l'ouvrier de sa propre fortune; car il mérita la prospérité et l'indépendance qui couronnèrent son existence par un entier dévouement aux devoirs de notre profession qu'il exerça pendant près de quarante années.

Entré de bonne heure dans le cabinet de M. Atkinson, architecte d'une certaine réputation, Thomas Allason s'y distingua bientôt par la netteté et par l'élégance de ses dessins, et il obtint des médailles d'argent et la médaille d'or de l'Académie Royale.

A cette époque, les Antiquités d'Athènes de MM. Stuart et Revett étaient en Angleterre la base de toutes les notions architecturales, et les œuvres de Soane, Wilkins et Smirke réglaient les tendances des élèves. Allason étudia donc soigneusement l'art grec et en fut intelligent appréciateur ; aussi toutes ses œuvres sont-elles empreintes de la délicatesse de sentiment et de la recherche du fini que de telles études inculquent à un esprit bien préparé à s'en inspirer.

Ce goût pour l'architecture grecque fut encore confirmé plus tard par un voyage qu'il fit sur le continent et en Grèce avec MM. John et Edward Stanhope, qu'il accompagna en qualité de dessinateur dans leur exploration des ruines d'Olympie et de Platée qu'il les aida plus tard à publier. A son retour de ce voyage, Thomas Allason fit paraître, en 1819, ses *Picturesque views of the antiquities of Pola in Istria*[1] et une remarquable gravure à l'eau-forte reproduisant la cathédrale de Milan ; l'année suivante, un mémoire sur les colonnes des temples d'Athènes[2].

S'étant installé à Londres dès l'année 1817, il fut successivement occupé à aider plusieurs architectes, auxquels son crayon habile fournit de nombreux dessins, non-seulement pour des constructions, mais encore pour des décorations d'intérieur et des jardins. Allason obtint même une réputation spéciale dans cette dernière branche de l'art, et le comte de Shrewsbury se l'attacha pendant plusieurs années pour lui faire créer les jardins et les dépendances de sa résidence de Alton Towers.

1. Cet ouvrage in-folio, quoique décelant à merveille le côté pictural du talent de Th. Allason, montre bien toute l'exactitude et la netteté qu'il mettait dans ses œuvres ; c'est une collection de dix planches et quatre vignettes pittoresques, il est vrai ; mais un architecte seul peut obtenir ce sentiment du paysage sans nuire à la vérité. Un texte explicatif et une histoire abrégée de la Dalmatie avec de curieux détails sur les mœurs de ses habitants, accompagnent les planches qui sont de fort remarquables gravures anglaises du commencement de ce siècle.

2. Une note de l'ouvrage que nous citions plus haut nous initie au but de ce mémoire d'Allason. « Il faut remarquer, dit-il, que Stuart et Revett ont omis de signaler l'Ἔντασις *or swelling* (le renflement) des colonnes du Parthénon, du temple de Thésée, des Propylées, et, quand il est si apparent, non-seulement dans ces temples, mais encore dans toutes les ruines antiques de la Grèce. »

Quand les membres du *Stock Exchange* fondèrent *l'Alliance* (compagnie d'assurances contre l'incendie), Allason, ayant acquis une expérience reconnue dans le cabinet d'un architecte traitant de semblables questions, fut aussitôt nommé leur inspecteur, et cette entrée dans le monde des grands intérêts financiers de Londres, où il devint l'architecte des Rothschild, des Montefiore et des Ricardo, lui fournit de nombreuses occasions de montrer toute l'étendue de son talent, d'acquérir considération et fortune et, au milieu des travaux les plus importants, d'ériger son œuvre remarquable, les bâtiments qui servent de siége à la compagnie *l'Alliance*, dans Bartholomew-Lane.

Différent en cela de beaucoup de ses confrères, l'artiste qui nous occupe, s'adonnant entièrement à ses affaires, n'eut jamais qu'un seul aide et un seul commis, et put à bon droit revendiquer la paternité de toutes ses œuvres projetées ou exécutées; ces dernières portant au reste la marque d'un talent tout individuel.

Quoique très-amateur de beaux-arts et bien connu et aimé de tous les artistes, Thomas Allason ne fit jamais partie d'aucune compagnie artistique[1]; cependant sa réputation était considérable et, peu avant sa mort, il fut nommé commissaire du Conseil des égouts de la métropole[2].

Bibliographie. — Cette notice est abrégée et traduite de l'anglais sur des notes que nous devons à l'obligeance de notre confrère M. Donaldson, secrétaire honoraire pour l'étranger de l'*Institut royal des architectes britanniques*.

1. *The antiquities of Pola* est dédié à la *Société des Dilettanti* (puissante et fort riche association fondée pour l'encouragement des découvertes des monuments antiques) avec cette indication : *OEuvre digne de réclamer l'attention de cette association à l'égal des autres œuvres honorées de son patronage.*

2. Les égouts de Londres et les dangers que l'écoulement de leurs eaux dans la Tamise fait courir à la santé générale de cette métropole, nécessitent plus encore qu'à Paris les études et les travaux d'hommes d'une grande valeur théorique et pratique.

ALLEMAN (louis).

Vers 1450, le bienheureux Louis Alleman, cardinal-archevêque d'Arles, homme très-éminent par l'étendue de ses connaissances, agrandit considérablement l'église métropolitaine *Saint-Trophime* d'Arles, fondée au septième siècle par saint Virgile ; il en fit bâtir sous sa direction le sanctuaire, composé de trois belles arcades de chaque côté, et de trois autres qui forment le rond-point derrière le maître-autel. Ce sanctuaire est accompagné d'un large *deambulatorium* et de chapelles rayonnantes avec arcs et nervures de voûtes en ogive.

Bibliographie. — *Hist. de l'Église d'Arles,* par Mre GILLES DU PORT, in-18, Paris, MDCLXXXX.

ALLEMAND (guillaume l').

Cet architecte du quinzième siècle, dont le vrai nom est Guillaume d'Inspruck, de la ville du Tyrol qui lui avait donné naissance, est plus connu sous ce surnom de *l'Allemand* qui rappelle bien son origine tudesque au milieu des artistes italiens de son temps.

Il commença en 1174 avec Bonanno de Pise le Campanile ou la célèbre Tour penchée à côté du Dôme de Pise. « Cette tour est fondée sur pilotis. La hauteur actuelle est de cinquante-quatre mètres ; son diamètre, de seize mètres. L'inclinaison de plus de quatre mètres qu'elle a subie par la dépression sous le poids des matériaux en a fait abandonner l'usage, et elle n'est plus qu'un objet de curiosité[1]. Elle comprend huit étages, dont le dernier est en retraite, et présente, au-dessus de l'étage du soubassement formé de colonnes engagées sur un mur circulaire plein, six petites galeries à arcades, dont les subdivisions multiples et le rhythme serré la font paraître encore plus haute qu'elle ne l'est en réalité.

« Plus d'un campanile, en Italie, surplombe sensiblement, quelquefois de près du quart du diamètre de la base. Celui de Pise en offre un des plus frappants exemples. Il ne faut attribuer ces inclinaisons qu'à des causes accidentelles, soit qu'on n'eût pas atteint un sol assez résistant, soit que l'empatement des fondations ne fût pas assez prononcé[2]. »

ALLEN (GEORGES).

Cet architecte, né en Angleterre vers la fin du dernier siècle et mort à Londres en 1847, était voyer de la ville de Londres et membre de l'Institut royal des architectes britanniques.

Georges Allen se distingua par un grand nombre de projets pour l'embellissement de la capitale, projets dont quel-

1. M. DE LA CONDAMINE, dans son *Voyage en Italie*, « remarqua combien est ridicule la conjecture de ceux qui prétendent que la fameuse tour inclinée de Pise a été construite à dessein, lorsqu'on voit les linteaux des portes brisés, les assises des pierres n'être plus horizontales, etc. » — *Hist. de l'Acad. roy. des sciences*, in-4°, Paris, MDCCLVII.

2. *Dict. de l'Acad. des beaux arts*, in-4°, Paris, 1869, t. III, art. *Campanile*, où il est ajouté, au sujet du campanile de Pise, que « cette question a été savamment étudiée par SOUFFLOT (Journal *le Mercure*, 1758), et, tout récemment, par M. ROHAUT DE FLEURY FILS, dans un ouvrage spécial, publié en 1866, sur la tour de Pise. »

ques-uns ont été gravés; il obtint en outre une médaille d'argent dans un concours pour les agrandissements et la façade à ériger dans un collége du comté de Lincoln.

ALLOM (THOMAS ET ARTHUR).

Thomas Allom, né à Londres en 1804, est un des dessinateurs d'architecture anglais les plus distingués de notre époque. Il fut mis comme élève chez M. Francis Godwin, un artiste remarquable[1], et Allom, étant passionné pour le dessin dès sa jeunesse, cultiva spécialement cette branche de l'art et prépara des planches pour différents ouvrages publiés par une importante maison de librairie qui s'était posé pour problème de répandre à de nombreux exemplaires, vendus bon marché, des ouvrages auxquels d'intelligentes illustrations ajoutèrent un grand charme.

L'habileté d'Allom comme dessinateur d'architecture et le fini brillant de ses dessins assurèrent une grande vogue à ces œuvres, dont les principales, illustrées par lui, furent, dans le format in-4°, *Devon et Cornwall illustrés*, 2 vol.; le *Lac Scevery et les comtés du nord de l'Angleterre*, 3 vol.; l'*Écosse illustrée*, 3 vol.; les *Comtés du centre de l'Angleterre*, 2 vol.

Le succès de ces publications l'engagea à accepter de faire un voyage en Turquie, d'où il rapporta des vues prises à Constantinople, dans le Bosphore et ses environs et en Asie Mi-

---

1. M. Fr. Godwin avait eu une éducation très-imparfaite comme architecte; mais sa vive imagination et les crayons faciles de ses aides lui valurent de grands succès dans de nombreux concours ayant pour but l'érection de constructions importantes; car ce mode d'agir était fréquemment employé en Angleterre au commencement de ce siècle.

neure, pour illustrer trois nouveaux volumes, auxquels il faut joindre les dessins faits d'après des croquis sur la Chine pendant la dernière guerre anglo-française : la *France illustrée au dix-neuvième siècle*, en 3 vol.; un *Annuaire pittoresque de la Belgique en* 1841, et enfin les vues des *Sept églises de l'Apocalypse*[1].

Telle est la partie importante, et que l'on pourrait appeler littéraire, dans la carrière de Thomas Allom; mais, en outre, comme architecte, il a dessiné et fait exécuter sous ses ordres plusieurs édifices, tels que l'*Église du Christ*, à Highbury[2], et celles de Kensington-Park et de Notting-Hill, toutes trois dans le voisinage de Londres et conçues dans le style gothique.

On doit aussi à M. Th. Allom l'*Asile Cambridge*, situé à Kingston sur la Tamise et construit en 1852, sous le patronage du prince Albert, pour les veuves des soldats anglais morts sur le champ de bataille ; ainsi que l'*Hôtel et la station* du Great Eastern Railway à Harwich et les Bureaux de la Compagnie d'assurances London et Lancashire.

Parmi les projets conçus par cet artiste, le plus important est celui qu'il exposa en 1852 pour l'agrandissement du quai situé entre Westminster et le pont de Blackfriars; mais les remarquables dessins, envoyés par Th. Allom aux Expositions universelles de Londres et de Paris en 1853 et en 1855, témoignèrent surtout de son extrême habileté.

M. Thomas Allom, qui jouit d'une très-grande considération de la part de ses confrères, a été un des premiers membres de l'Institut royal des architectes britanniques, et, dans de nombreuses occasions, le charme incomparable de son crayon a puissamment contribué à ajouter encore du mérite

---

1. Ces derniers dessins furent publiés en 1863 dans l'*Art-Journal*.

2. Cet édifice, inauguré en 1848, affecte la forme d'une croix latine dont les branches se réunissent par de grandes arcades en une croisée centrale offrant un plan octogonal.

à des projets de ses confrères étudiés en vue des concours publics.

Arthur-Thomas Allom, son fils, naquit à Londres en 1830, fut son élève et est le digne héritier des talents et du goût de son père. Elu, en 1861, membre associé de l'Institut royal des architectes britanniques, il fut nommé membre titulaire en 1869.

Les principaux édifices que l'on doit à Arthur Allom sont le *Grand marché* de ventes aux enchères de King-Street, près Covent-Garden-Market, et la *Station* à Lord's cricket-ground (établissement ouvert pendant la belle saison pour les joueurs de *cricket*).

———

ALOÏSIUS.

Visitant Rome la septième année de son règne, vers l'an 500 de J. C., le roi des Goths Théodoric ordonna la réparation des plus beaux monuments de cette ville et notamment des thermes, des aqueducs et des égouts, dont la création de quelques-uns remontait aux anciens rois de Rome.

Les lettres de Cassiodore, écrites au nom du roi, chargèrent de cette mission l'architecte Aloïsius sous la haute surveillance du patricien Symmaque, préfet de la ville, et lui-même très-versé dans la connaissance de l'architecture. Théodoric ordonna par ces lettres à cet architecte de faire d'urgentes réparations à ceux de ces édifices que les ravages du temps, les malheurs des guerres ou toute autre cause auraient pu endommager, et il lui recommanda, entre autres précautions à prendre, d'éviter les dangers que peut apporter aux fondations des édifices le voisinage trop immédiat des plantations.

Nous n'avons malheureusement aucuns détails biographiques sur Aloïsius, auquel on accorde à la légère l'honneur d'avoir fait construire les palais, les églises et les autres édifices qui témoignèrent dans le nord de l'Italie de la splendeur du règne de Théodoric et, sur l'autorité de Cassiodore, le seul écrivain qui entre dans quelques détails sur cette question si importante pour nous, nous décrirons sommairement ces édifices dans la notice consacrée à l'architecte Daniel.

Bibliographie. — CASSIODORUS (MAGNUS AURELIUS), Varia, t. I, in-fol., Rouen, 1679.

ALONSO DE COVARRUBIAS.

Cet artiste, qui doit son nom de *Covarrubias* à son pays natal, situé non loin de Burgos, vivait au commencement du seizième siècle, et on le compte parmi les nombreux architectes qui dirigèrent à cette époque les travaux de la *Cathédrale de Tolède*. Il fut chargé, avec le titre de *maître des œuvres royales*, que lui donna l'empereur Charles-Quint, de décorer le château, érigé à Tolède[1] sur la fin du onzième siècle, sous le règne du roi de Castille, Alphonse Ier. On doit aussi à cet artiste les plans primitifs du vaste ensemble comprenant le *Monastère* et l'*Église de San-Miguel de Re*, qu'exécutèrent les architectes Vidanna et Martino Olindo.

Bibliographie. — BERMUDEZ (JUAN A. C.), *Noticias de los arquitectos*, etc., Madrid, 4 vol. in-8°, 1829.

---

1. Alonso de Covarrubias est l'auteur de la grande façade septentrionale de ce château ou *Alcazar*, façade divisée en trois parties principales, et qu'il orna de colonnes ioniques dans le goût de son époque.

ALONZO (JUAN).

Cet architecte espagnol vivait au commencement du quatorzième siècle et fit achever sur ses dessins l'*Église* et le *Couvent des Hiéronymites*, dans la ville de Guadeloupe en Estramadure. L'église est un beau vaisseau de proportions hardies et qui jouit d'une grande renommée, ainsi que le cloître qui y est accolé et qui est édifié dans le style de transition marquant en Espagne la fin des guerres contre les Maures ; mais on admire surtout la vaste sacristie jointe à l'église, laquelle est, au dire de quelques écrivains, la plus belle de l'Espagne.

Bibliographie. — BERMUDEZ (JUAN A. C.), *Noticias de los arquitectos*, etc. Madrid, 1839, 4 vol. in-8°.

ALPHONSE (DOMINGUES).

Le superbe monastère de Notre-Dame de Bathala, fondé en 1486, par le grand maître d'Aviz, Jean Ier, en commémoration de la brillante victoire d'Aljubarotta, est « de tous les monuments portugais celui qui présente l'harmonie la plus admirable en toute ses parties, le plus de goût et une meilleure distribution des ornements, le plus de beauté et de perfection dans l'exécution des travaux[1]. » L'histoire nous a conservé le nom du premier architecte de cet édifice, de

1. SOC. IMP. DES ARCHITECTES. *Conférence internationale.* PAR LE CHEV. DA SILVA, in-8°, Paris, 1867.

celui qui en donna les plans et sous la direction duquel furent érigés la nef de l'église[1], la chapelle sépulcrale du roi fondateur[2], le premier cloître, dit *Cloître du roi*[3], et la remarquable salle du chapitre[4].

Ce maître ès œuvres du monastère de Bathala, qui y fit preuve d'autant de science que de talent et que l'on peut considérer à juste titre comme le premier architecte du Portugal à cette époque et comme un des plus grands artistes de son siècle, est Domingues Alphonse, né à Lisbonne dans la première moitié du quinzième siècle et mort à Bathala en 1502.

De nombreux ouvrages[5] ont fait connaître les parties les plus intéressantes de Notre-Dame de Bathala, et nous nous contenterons quant à présent sur cet édifice des notes que nous donnons ci-dessous; cependant la mort de Domingues Alphonse eut lieu dans des circonstances dignes d'être signalées.

« Cet architecte avait dirigé les travaux du beau cloître

1. L'intérieur de cette église est d'une simplicité grandiose et orné, ainsi que le portail, de détails d'ornementation et de sculpture d'une richesse inouïe.

2. Cette chapelle, qui s'ouvre à droite de l'église près de l'entrée, renferme, outre les sarcophages en marbre blanc du roi Jean Ier et de sa femme Philippa de Lancastre, ceux de leurs quatre enfants dans des niches creusées dans la muraille. Elle est surmontée d'un clocher bâti en forme d'obélisque et entouré de huit clochetons.

3. Ce cloître, situé à la gauche du chœur, a près de *cinquante mètres* de côté et ses galeries offrent des arcades ogivales remplies par d'autres plus petites entre-croisées et dont les remplissages, refouillés à jour, forment une véritable dentelle de pierre.

4. Cette immense salle forme un carré parfait dont chaque côté a *dix-sept mètres* de long. Elle est recouverte par une coupole en pierre qui, n'étant soutenue par aucun pilier, semble comme suspendue en l'air et dont les nervures intérieures se réunissent en une large rosace d'un admirable travail. » G. DE LAVIGNE, *Itin. de l'Espagne et du Portugal*, in-12, Paris, 1866.

5. Citons, entre autres, *Travels in Portugal*, by J. MURPHY, in-4°, London, 1795.

dit du roi, lorsqu'il voulut faire exécuter la remarquable voûte surbaissée de la salle capitulaire du couvent. A la suite du tracé de l'épure de cette voûte, il avait perdu la vue, et lorsqu'on opéra le décintrement de cette voûte, elle s'écroula. L'artiste en ressentit un profond chagrin ; mais, ayant fait demander les claveaux qui semblaient être la cause de cet événement, il n'eut pas de peine à reconnaître au toucher les défectuosités de l'appareil et le vice de la construction. Aussi il fit recommencer sur le tracé primitif la coupe des claveaux, faisant vœu à *Notre-Dame de Bathala* (Notre-Dame de la Victoire) de passer en prière la première nuit qui suivrait le décintrement de cette voûte. Lorsque cette opération eut lieu, les ouvriers, craignant un nouvel accident, abandonnèrent l'artiste qui, plein de confiance en son talent et en ses prières, accomplit son vœu, malgré la rigueur de la température et son âge fort avancé[1]. Aussi le lendemain matin, les ouvriers arrivant au travail furent-ils étonnés et consternés à la fois de voir que la Vierge avait exaucé les prières de l'habile constructeur ; mais qu'il était mort au moment de son triomphe. Car la voûte n'était lézardée en aucun point ; mais Domingues Alphonse, victime de son vœu, était mort de froid pendant la nuit. Les *maîtres imagiers* du couvent de Bathala voulurent conserver à la postérité les traits du grand artiste, et on peut voir sa figure sculptée sur un des corbeaux d'angle en pierre[2] qui reçoivent les retombées des arcs de la voûte qui fut sa dernière œuvre[3]. »

1. Alphonse Domingues avait alors plus de quatre-vingts ans.

2. Le chev. da Silva a fait récemment mouler ce portrait de l'illustre architecte portugais et en a adressé une épreuve à la Société impériale des architectes.

3. Ch. Lucas, *l'Architecture en Portugal*, in-8°, Paris, 1870.

ALVARES (ALPHONSE ET BALTHASAR).

Deux frères portugais du nom d'Alvares, Alphonse et Balthasar, sont cités comme architectes par *le Patriarche*[1], dans sa liste des artistes portugais, et même il existe un *Alvara* (lettres patentes) de 1571, dans lequel le roi Sébastien appelle l'aîné, Alphonse Alvares, *mestre das minhas obras*, maître de mes œuvres.

Né dans la ville de Lisbonne en 1567 et fils d'un tailleur de pierres appelé Vincent Alvares, le jeune Balthasar fut protégé par l'abbé du monastère de bénédictins de Lisbonne. Il apprit au milieu des moines à dessiner l'architecture. Ceux-ci profitèrent ensuite de son savoir et lui firent dessiner les plans et conduire les travaux des deux principaux établissements que la règle de Saint-Benoît possédait en Portugal : celui de Coïmbre, où fut établi un collége pour l'enseignement des religieux[2], et celui de Lisbonne, qui était la principale maison de l'ordre. D'après la *Benedictina Lusitana*, les plans de ce dernier édifice sont aussi attribués à son frère.

Balthasar Alvares apporta tous ses soins à rendre le couvent de Lisbonne digne des bénédictins portugais, qui, de leur côté, lui donnèrent un emplacement des plus spacieux[3]

---

1. Le cardinal patriarche de Lisbonne, DOM FREI FRANCISCO DE S. LUIS, mort en 1845, à l'âge de quatre-vingts ans, a publié dans les Mémoires de l'*Académie royale de Lisbonne* de nombreux traités qui font autorité et auxquels ont eu recours tous les auteurs modernes qui ont écrit sur le Portugal. — Cte A. RACZYNSKI, *Dict. hist. art. du Portugal*, in-8°, Paris, 1847.

2. Appelé encore aujourd'hui couvent de *Bento*, dans la rue et sur la place de ce nom, et affecté depuis 1838, par notre confrère da Silva, au palais des *Cortès*. (Chambre des pairs et Chambre des députés.)

3. L'emplacement total des bâtiments ne couvre guère moins de *seize*

et des mieux situés et mirent à sa disposition toutes les richesses de leur ordre.

Cet édifice[1] offre une parfaite symétrie dans son plan, les proportions en sont bien combinées et les disposition principales empreintes de grandeur ; il fut de plus très-solidement construit et résista au tremblement de terre de 1755. On reconnaît dans le style simple et grandiose de son architecture peu surchargée d'ornements, l'influence du grand art romain que la monarchie espagnole fit alors prédominer en Portugal.

Le couvent érigé par les frères Alvares à Coïmbre fut conçu dans les mêmes données architecturales et, à défaut d'une grande originalité d'imagination, il faut reconnaître aux auteurs de pareils travaux, un réel talent de composition et une grande habileté pratique.

Bibliographie. — Cette notice est due en grande partie à notre excellent confrère et ami, le Chevalier da Silva, architecte de Sa Majesté le roi de Portugal.

---

mille mètres superficiels ; la longueur totale de la façade étant de *cent trente-quatre mètres* sur *cent dix-sept mètres de profondeur.*

1. Bâti en 1598, ce monastère se compose de deux cloîtres carrés dont les portiques sont formés de grandes arcades. A la partie centrale est l'église dont la grande nef voûtée repose sur des arcades et sur laquelle s'ouvrent à droite et à gauche huit chapelles. Le chœur, de grande dimension, permettait à de nombreux religieux de pouvoir y assister au service divin. Un grand vestibule, de vingt mètres sur huit, voûté et s'ouvrant par cinq arcades sur le milieu de la façade, donnait au public accès dans l'église et, à ses extrémités, communiquait avec les deux cloîtres autour desquels étaient répartis tous les services de l'habitation conventuelle. Dix travées avec de grandes fenêtres marquaient l'emplacement de ces cloîtres sur les parties latérales de la façade que terminaient, ainsi qu'aux deux autres angles de ce vaste édifice, de grands pavillons carrés. Une grande salle de bibliothèque était dans le cloître côté sud et sert aujourd'hui de salle des séances à la Chambre des pairs, tandis que le même emplacement dans le cloître du côté nord, réservé autrefois à la construction d'un vaste dortoir, a été utilisé, en 1855, par l'architecte da Silva pour y créer la salle des séances des députés.

ALVAREZ (D. ANIBAL).

D. Anibal Alvarez y Buquel, fils du célèbre sculpteur
D. José Alvarez y Cubero, bien connu pour ses œuvres en
Italie et en Espagne[1], naquit en 1810 à Rome où son père
était retenu par d'importants travaux d'art et par les troubles
politiques et dynastiques de son pays. L'enfance et la première jeunesse de Anibal se passèrent à Rome, où il apprit le
dessin dans l'atelier de son père et par la copie des monuments antiques. Il puisa même dans cette ville le goût de
l'architecture ; aussi, quand il revint à Madrid, à peine âgé
de dix-huit ans et bien décidé à s'adonner à cet art, son père
lui fit continuer et compléter ses études chez l'architecte
en chef de la Maison royale, D. Isidro Velazquez, artiste
des plus distingués et connu pour ses vastes connaissances
autant que pour la délicatesse de son goût. Les progrès d'Alvarez furent si rapides que, en 1832, au grand concours ouvert par l'Académie des Beaux-Arts, il obtint le premier prix
de la première classe d'architecture et une pension pour aller
à Rome perfectionner ses études. Revenu à l'âge de vingt-deux
ans dans cette ville (pour lui cité natale et chérie entre toutes),
Alvarez, riche d'enthousiasme, mais privé des conseils de son
père, se plaça sous la direction de différents professeurs de
l'Université, s'adonnant particulièrement à l'étude de l'archéologie, où il eut pour maître le fameux Nibby, et, en 1835,
l'Académie, en vue des progrès qu'il avait accomplis, lui con-
féra le titre d'architecte. Alvarez passa ensuite trois ans à
parcourir l'Italie, la France, l'Allemagne, les Pays-Bas et
l'Angleterre et, de retour en Espagne, en 1839, l'Académie
des Beaux-Arts de Saint-Ferdinand, pour reconnaître ses
nombreuses connaissances archéologiques autant que ses

1. D. José Alvarez, sculpteur espagnol très-distingué et un des plus
éminents artistes du dix-neuvième siècle, naquit à Priego (province de

talents comme architecte, l'admit au nombre de ses membres de mérite[1].

En 1844, l'École d'architecture de Madrid le nomma un de ses professeurs et il y professa des théories générales d'art et de décoration qu'il réunit en un précieux opuscule renfermant à la fois le programme et le développement de son cours. En 1853, vice-directeur et en 1857, directeur de cette même école, il donna ses soins à y créer un cours complet de composition qu'il est bien regrettable que la mort l'ait empêché de terminer et de publier.

D. Anibal Alvarez fit en outre partie de nombreuses commissions et remplit de nombreuses charges qui montrent bien toute l'étendue de sa réputation. Architecte du Sénat et du ministère de *la Gobernacion;* architecte en chef de la Maison royale; vice-président de la Junte consultative de la police urbaine et des édifices publics (sorte de Conseil des bâtiments civils); membre du Conseil de Santé du royaume et de la Junte consultative des Prisons, il étudia un projet de pénitencier modèle qui lui valut les félicitations du Ministère de l'intérieur de France et dont quelques dispositions

Cordoue), en 1768, d'un père tailleur de pierres. En 1799, pensionné par le roi Charles IV, à Paris et à Rome, il obtint le second prix de sculpture de l'Institut de France et fut honoré d'une médaille d'or de l'empereur Napoléon Ier. Malgré ces succès, Alvarez ne voulut jamais que son ciseau reproduisît les traits d'aucun membre de la famille impériale, et, pour ses refus successifs, fut même inquiété pendant son séjour à Rome. Ses principales œuvres sont une statue de Ganymède, un groupe connu sous le nom de *la defensa de Zaragoza,* les bustes de Rossini et de Cean Bermudez. Alvarez était premier sculpteur de la cour d'Espagne et honoré de la croix du mérite civil. Il mourut en 1830, laissant trois fils, dont l'aîné, mort à Burgos la même année que son père, promettait de recueillir comme sculpteur l'héritage paternel.

1. En 1846, les statuts de cette académie ayant été réformés et le nombre de ses membres limités, Alvarez fut compris au nombre des seize académiciens de la nouvelle section d'architecture, devint trésorier de la Compagnie et membre de la Commission permanente des monuments historiques.

nouvelles, adoptées dans le programme de nos prisons départementales, furent appliquées à Caen. En 1841, Alvarez, nommé par le Ministère de l'instruction publique de France membre correspondant du Comité des travaux historiques, en étudia la constitution et, peu d'années après, obtint en Espagne la création d'un pareil service qui, plus tard, fut placé sous la direction de l'Académie des Beaux-Arts et qui, depuis cette époque, a préservé de la ruine ou tout au moins a conservé à l'état de dessins de nombreux édifices d'un grand intérêt archéologique.

En 1846, Alvarez fut nommé membre de la commission chargée de présenter un projet d'asile d'aliénés modèle qui ne fut pas exécuté, non plus que ses projets de quatre hospices neufs à ériger à Madrid. L'hospice même de la Princesse pour lequel il fit deux projets différents ne fut construit sur ses plans que dans des données singulièrement restreintes par le manque de fonds, et il ne put ainsi justifier tous les éloges donnés par l'Académie à ses projets dont elle vantait les heureuses dispositions et les grandes lignes architecturales.

Alvarez eut ensuite à étudier la création de bains et de lavoirs publics à Madrid, et, en 1866, fit partie de la commission chargée sous la présidence du roi d'étudier et de préparer les éléments d'une exposition hispano-américaine.

Un fait des plus honorables à la louange d'Alvarez est le suivant. En 1856, ayant obtenu à l'Exposition des Beaux-Arts le premier prix pour un grand projet de Musée et de Bibliothèque, il pria le directeur général de l'Instruction publique de disposer de ce prix pour l'acquisition d'œuvres de jeunes artistes de l'école ayant exposé : « *plus heureux*, dit-il, *de contribuer ainsi à encourager les élèves dont il gardait pour lui le grand honneur de diriger les études.* »

Les œuvres les plus importantes d'Alvarez à Madrid sont, outre l'*Hôpital de la Princesse* déjà cité, le *Monument funéraire du marquis de Espeja* dans le cimetière de Saint-Louis;

plusieurs palais dont celui du duc de Sevillano et du marquis de Gaviria et la banque *de Fomento*.

D. Anibal Alvarez appartenait comme membre du Conseil de Santé aux hautes régions de l'Administration espagnole et était *commandeur de nombre de l'ordre royal de Charles III d'Espagne*.

Il est mort à Madrid le 5 avril 1870.

Bibliographie. — Cette notice est abrégée et traduite de l'espagnol sur des notes que nous devons à l'obligeance de notre confrère et collègue D. Eugenio de la Cámara, secrétaire général de l'*Académie des Beaux-Arts de Madrid*.

ALYPIUS.

Né à Antioche dans le quatrième siècle de l'ère chrétienne, cet architecte fut honoré de l'amitié de l'empereur Julien[1], sous le règne duquel il administra la Bretagne comme lieutenant des préfets.

Lorsque Julien voulut relever, « sur le plan le plus extraordinairement somptueux, ce magnifique temple de Jérusalem qu'après une série de combats meurtriers livrés par Vespasien Titus avait enfin enlevé de vive force, il chargea de ce soin Alypius. Celui-ci, bien secondé par les magistrats de la province, poussait en conséquence les travaux avec vigueur, quand soudain une éruption formidable de globes de feu, qui s'élancèrent presque coup sur coup des fondements même de l'édifice, rendit la place inaccessible aux travail-

---

1. Une lettre de Julien, écrite à Alypius vers l'an 362 et relative à la reconstruction du temple de Jérusalem, se termine par ces mots : « *Viens vers un ami qui, même avant de pouvoir connaître tout ce que tu vaux, t'aimait déjà de tout son cœur.* »

leurs, après avoir été fatale à plusieurs d'entre eux ; et, ce prodige se renouvelant chaque fois qu'on revint à la charge, il fallut renoncer à l'entreprise[1]. »

Il est probable que, en dehors de toute circonstance miraculeuse, la mort de Julien, arrivée l'année qui suivit le commencement des travaux, mit le plus grand obstacle à la reconstruction du temple de Jérusalem.

Alypius, qui était très-versé dans la connaissance des belles-lettres, est, de plus, l'auteur d'une description géographique de l'ancien monde publiée en grec et en latin à Genève en 1625 et pour laquelle l'empereur Julien le loua fort « à cause des strophes saphiques qu'elle renferme. »

Accusés de magie, après la mort de ce prince, Alypius et son fils Hiéroclès furent condamnés sous le règne de Valens au bannissement et n'échappèrent qu'à grand'peine au dernier supplice.

Bibliographie. — *OEuvres complètes de l'empereur Julien,* trad. par Eug. Talbot, in-8°, Paris, 1863.

AMALBERT.

Nommé en 956 abbé du second monastère de Saint-Florent de Saumur (Anjou), Amalbert continua les travaux entrepris sous son prédécesseur Hélie de Lyniac, tant pour l'achèvement des bâtiments et surtout de l'église que pour la décoration de cette dernière, qui était remarquable par ses charpentes apparentes et ses brillantes peintures.

L'histoire de l'abbaye de Saint-Florent montre bien dans ses divers cartulaires toute la part prise directement par cet

---

1. Ammien Marcellin, liv. XXIII, chap. i, trad. Nisard.

abbé aux travaux qu'il fit exécuter et dans lesquels il susbti-
tua souvent, comme points d'appui, les colonnes supportant
des arcs aux parties de mur pleines employées encore fréquemment à son époque.

Amalbert mourut en 985, ayant achevé complétement le
monastère et l'église, dans laquelle il eut l'honneur d'opérer
la translation du corps de saint Florent.

Bibliographie. — Société de l'Hist. de France. *Chroniques des églises d'Anjou,* in-8°, Paris, MDCCCLXIX.

AMAN (JOHANN).

Cet artiste, qui devint premier architecte de la cour impériale et royale d'Autriche, commença par une longue
étude du dessin et s'adonna même à la peinture. Johann
Aman naquit en 1765, dans la principauté ecclésiastique de
Saint-Blasien (aujourd'hui comprise dans le grand-duché
de Bade), et montra de très-bonne heure de grandes dispositions pour l'architecture.

Dans l'année 1784, la fondation, qui eut lieu dans son
pays natal et sur le plan du Panthéon de Rome, d'une grande
église abbatiale de Bénédictins, fournit au jeune élève une
heureuse occasion de suivre les travaux d'un remarquable
édifice et d'en étudier les procédés de construction aussi
bien que les proportions architectoniques. Le prince-abbé
Gerbert profita alors de la présence de plusieurs artistes distingués réunis auprès de lui pour prendre leurs conseils sur
la direction à donner aux études de Johann Aman, qui, sur
leur avis, fut envoyé aux frais du prince continuer son éducation à Freiburg en Brisgau.

Notre artiste traduisit plusieurs fois sa reconnaissance pour son bienfaiteur par d'intéressants envois, tels que celui d'un *Missel* grand in-folio [1] en 1785 et, en 1786, l'envoi du relevé des ruines des anciens *bains romains de Badenweiler* [2]. En 1788, Aman offrit encore à son prince la reproduction des vitraux peints de douze fenêtres de la nouvelle église [3], des vues perspectives et d'intérieur ainsi que des détails d'ornementation de cet édifice, et en même temps il dessinait l'écusson des armes du prince de Kaunitz, qui fut envoyé à la grande chancellerie de l'empire d'Allemagne.

L'intérêt du prince-abbé pour son protégé s'accrut à ce point qu'il lui concilia la protection de deux puissants personnages, l'homme d'État Moritz Ribbele et le professeur Bertold Rottler, qui firent entrer, en 1789, Johann Aman à l'Académie des Beaux-Arts de Vienne pour y achever ses études. Deux ans après, notre artiste y ayant obtenu l'un des premiers prix, put revenir dans son pays natal, accompagné des meilleures et des plus brillantes recommandations.

Dans les années 1791 et 1792, Aman eut occasion de faire ériger à Freiburg de grandes constructions, parmi lesquelles une église et son presbytère, travaux qui lui valurent l'estime du président baron de Sommeraw.

La mort de son protecteur, l'abbé Gerbert, arrivée

1. Ce volume, entièrement manuscrit, était enluminé de lettres ornées de sujets peints au commencement de chaque prière.

2. Ces bains ou thermes romains, découverts en 1784 à Badenweiler (grand-duché de Bade) et qui avaient autrefois donné son nom à ce pays, occupaient un emplacement de *cent huit mètres* de longueur sur *trente-trois* de largeur. Le relevé de ces ruines que fit Aman et qui consistait en plans et vues perspectives, fut envoyé à l'abbaye de bénédictins de Lambach (Autriche) pour y être gravé sur cuivre.

3. Ces vitraux, exécutés sur place dans le style et avec les procédés anciens par le frère Antoine Pfluger, représentaient les personnages les plus illustres de l'Ancien et du Nouveau Testament, et le dessin qu'en fit Johann Aman a fait croire à quelques biographes, notamment à l'auteur de l'article de *The English Cyclopædia*, que notre artiste s'adonna d'abord à la peinture sur verre.

en 1792, ne fut même pas préjudiciable à Aman, pour qui le bon vouloir de son successeur, le nouveau prince-abbé Moritz Ribbele, ne fit que s'accroître; car ce dernier l'envoya, en 1793, en Italie, où Aman put visiter avec grand fruit les monuments et les musées de Rome, dont il s'inspira plus tard dans ses œuvres.

En 1794, il fit présent au cardinal Galeppi de son essai de *Restauration du temple de Vesta*, et s'acquit bientôt une telle notoriété à Rome qu'il fut, la même année, nommé *membre honoraire de l'Académie de Saint-Luc*. Aman visita également les autres villes de l'Italie, et, dans ce voyage, où il travailla dans les bibliothèques et dans les églises et releva les édifices anciens et modernes, il se fit un magnifique portefeuille de dessins qu'il rapporta en 1795 en Allemagne.

L'invasion française força, l'année suivante, Johann Aman à se réfugier à Vienne où il fut bien accueilli par ses anciens condisciples et se lia promptement avec le fameux antiquaire Muller. Ce dernier lui demanda un projet de *bâtiment d'Exposition des Beaux-Arts* conçu dans le goût italien, exécuté en 1797, et dont notre artiste se tira si bien qu'il reçut à cette occasion les félicitations de Sa Majesté l'empereur d'Allemagne François II.

L'*église des Augustins* de Vienne était alors en cours de reconstruction et Aman eut pendant quelques années la direction des travaux de cet édifice où il s'appliqua, surtout dans la *chapelle de Lorette* (partie consacrée à renfermer les cœurs des membres de la famille impériale), à imiter le sentiment décoratif des basiliques d'Italie [1].

A la fin de 1799, cet architecte donna pour un *nouveau théâtre* [2] à Vienne des plans qui lui furent demandés par les

---

1. En 1807, Aman eut à donner, dans cette même église, pour les cérémonies funèbres, le dessin d'un catafalque qui lui fit le plus grand honneur.

2. Ce théâtre (*Théâtre impérial et royal privé de la Vienne*), situé sur la rivière de ce nom, a été plusieurs fois restauré depuis Aman et était encore,

directeurs, MM. Schikaneder et Zitterbach; mais ces plans reçurent de grandes modifications pendant la construction terminée en 1801.

C'est aussi à Aman que l'on dut, vers cette époque, l'achèvement du *Grand Marché* de Vienne, commencé par l'architecte baron de Fellner, et le projet de reconstruction des deux *Cours Dorothée*, qui contribuèrent si puissamment à l'embellissement de cette capitale.

De 1806 à 1812, il donna, sur la demande de l'archiduc palatin, les plans d'un *théâtre* à Pesth (Hongrie), pour lesquels il reçut à nouveau les félicitations de l'empereur devenu François Ier d'Autriche, qui le fit, cette même année, *premier architecte de sa cour impériale et royale* [1].

Après le bombardement de Vienne par les Français en 1809 et jusqu'en 1813, Aman eut à faire de grandes réparations à l'*église Saint-Stephan* de Vienne et à sa fameuse tour.

Enfin les vingt dernières années de la vie de cet architecte, qui mourut à Vienne en 1834 à l'âge de soixante-neuf ans et honoré entre tous ses confrères, se passèrent à la cour d'Autriche, où il s'occupa surtout à la restauration du *château impérial de Schœnnbrunn* (résidence favorite d'été de l'empereur et de la cour), et à divers travaux tels que la construction des serres du jardin privé de l'empereur, l'achèvement des conduites et des effets d'eau de ses jardins, l'aménagement du théâtre de la cour et les préparatifs de fêtes pour la réception de souverains étrangers.

On doit aussi à Johann Aman quelques autres projets, parmi lesquels celui d'un *grand hôpital*, pour Vienne, projet qui fut approuvé, mais non mis à exécution.

Bibliographie. — Traduit et annoté d'après le *Künstler Lexicon von* Dr G. K. NAGLER, in-8°, München, 1835, t. I.

avant la construction du *Nouvel Opéra* de Vienne, le plus grand et le plus beau théâtre de cette ville.

1. Aman avait déjà en 1803, après la mort de l'architecte Prosche, reçu le titre d'*architecte de la cour* (*Hofarchitekten*).

AMANGE (JACQUES D').

Après la mort de l'architecte Jean de Ranconval et de son fils, et pendant les épiscopats de Georges de Bade, mort en 1494, et de Henri de Lorraine-Vaudémont, le chanoine Jacques d'Amange [1], homme très-instruit et très-savant, fut chargé de la conduite du diocèse de Metz, et assuma sur lui toute la responsabilité des travaux de la cathédrale, alors en cours de reconstruction [2]. Suivant le chroniqueur Philippe Girard, « tout ce qu'il y eut de grand et d'utile s'exécuta sur ses impressions. » En 1486, Jacques d'Amange commença le chœur de la cathédrale.

« *Pour ce faire,* dit la chronique, *il fit d'abord abattre le vieil ouvrage, auquel il y avait deux hautes tours rondes* [3] *d'un côté et d'autre du grand chœur que le roi Charlemagne y avait fait faire, et lorsque l'on commença les fondements dudit chœur Notre-Dame et des buttées qui sont du côté de la rivière, c'était chose merveilleuse à regarder la grande profondeur de ces fondations où il fallut à grands coups enfoncer des pieux et poser une grande quantité de merrains* [4] *pour fonder dessus et à grands frais.* »

Les fonds manquant, les travaux furent interrompus bientôt; mais, en 1497, Jacques d'Amange posa la première pierre de *Notre-Dame la Tierce* [5], et l'année suivante le chapitre arrêta que le chœur et la chapelle Saint-Nicolas seraient bâtis dans un système analogue à la branche gauche de la croix

---

1. On le trouve appelé quelquefois *Jacobus ab insminga* ou *ab Susminga.*

2. Voir la biographie d'ADHÉMAR DE MONTEIL.

3. Ces tours étaient les chapelles circulaires élevées par l'évêque *Angelran.*

4. Pièces de charpente posées à plat et formant plate-forme sur la tête des pieux.

5. C'était la troisième cathédrale de Metz, mais érigée sur le même emplacement et en raccord avec les parties subsistantes des précédentes.

romaine que Jacques d'Amange avait construite presque entièrement à ses frais. Enfin, en 1503, on se résolut à abattre
le vieil édifice qui s'écroulait de toutes parts, et, en 1504,
Jacques d'Amange posa la première pierre de la chapelle
Saint-Nicolas, aujourd'hui chapelle Saint-Joseph.

Cet illustre ecclésiastique mourut en 1510 et fut enterré
dans la cathédrale; mais il a été impossible de retrouver
son épitaphe. Son blason seul a été conservé.

Bibliographie. — A. BÉGIN, *Hist. de la cathédrale de Metz*,
2 vol. in-8°, Metz, 1843-46.

AMATI (CARLO).

Parmi les architectes italiens du commencement de ce
siècle, un des plus célèbres fut Carlo Amati, qui succéda en
1806 à Léopold Polak comme architecte de la cathédrale
de Milan, où, en moins de sept années, près de quatre millions furent dépensés, sous la direction de Amati, à l'achèvement de la façade, aux statues qui couronnent les pina-
cles des contre-forts, à la toiture en marbre et à différents
travaux de réparation qui nécessitèrent, de la part de cet
architecte, de fort ingénieuses combinaisons d'échafaudages.

Cet artiste présenta aussi le projet de deux campaniles à
ériger aux côtés de la façade, ainsi qu'un projet d'achèvement pour la cathédrale de Pavie, au devant de laquelle il
voulait élever un portique de huit colonnes corinthiennes
de treize mètres de haut après avoir agrandi la nef et décoré
ses entrées latérales.

Ce fut sur les dessins de Amati que fut commencée en
1838 l'*Église Saint-Charles-Borromée* de Milan, près la voie
actuelle de Victor-Emmanuel et en remplacement de celle
des Servites.

A l'exemple des anciennes basiliques d'Italie et de quelques églises de Milan, Amati plaça au devant de cette église un *atrium* ou parvis (*paradisus*) rectangulaire, et entouré de portiques formés de colonnes corinthiennes en granit ; malheureusement un étage de dépendances qui s'élève au-dessus de ces portiques leur enlève une partie de leur caractère grandiose. L'église, qui fut inaugurée en 1852 après la mort de son auteur, offre en plan une rotonde surmontée d'une coupole aplatie qui manque de proportions et de grâce.

On a divers ouvrages de cet artiste, intitulés : 1° *Regole del chiaroscuro in architettura*, in-fol. Milan, 1802 ; 2° *Antichita de Milano*, pub. da Carlo Amati, gr. in-fol., Milano, 1831 ; 3° un mémoire, publié en italien également, sur les colonnes antiques, petit in-fol., Milan, 1831.

Bibliographie. — Wiebeking, édit. franç., déjà cité, t. III.

AMBOISE (louis d').

Ce prélat, évêque d'Albi, termina l'église Sainte-Cécile de cette ville par la construction du second chœur, réservé aux offices de la paroisse, et du jubé qui s'élève au milieu de la nef.

« Ce jubé, percé de trois portes, sur lequel la sculpture du quinzième siècle a épuisé tous ses caprices, toute sa science, et que M. Mérimée appelle une *magnifique folie*, est sans contredit le plus élégant, le plus riche, le plus délicat qui existe. La pierre dure et cassante du pays, avec laquelle il est construit, a été fouillée et ciselée avec une

finesse qu'on oserait à peine tenter sur des matériaux mal-
léables. On admire avec autant de raison la clôture du
chœur, qui n'est en quelque sorte que le prolongement du
jubé [1]. »

Ces travaux furent exécutés de 1502 à 1511.

AMBROGIO DA FOSSANO.

Cet architecte, qui dut à son surnom de *Borgognone* d'être
quelquefois confondu avec le fameux peintre de ce nom,
donna les dessins de la remarquable façade de l'église de la
Chartreuse de Pavie, façade richement refouillée de sculptures dans la hauteur de sa première galerie et ornée d'un
curieux ouvrage de marqueterie en marbre dans la partie
supérieure.

Ambrogio da Fossano, qui vivait au commencement du
seizième siècle, est aussi l'architecte du maître-autel de cette
église, que les Sacchi décorèrent sous sa direction de mosaïques précieuses, et auquel Fontana ajouta des bronzes
d'un fort élégant travail.

AMÉ (ÉMILE).

Né à Avallon (Yonne), vers 1820, cet architecte fit ses
études dans les travaux des ponts et chaussées et fut très-
jeune nommé conducteur des travaux du canal de Bourgo-

---

1. *Dict. gén. des lettres, des beaux-arts*, etc., par MM. Th. Bachelet
et Ch. Dezobry, in-4°, Paris, 1862, t. I.

gne. Il s'adonna ensuite plus particulièrement à l'architecture, étant doué d'une certaine habileté et d'un grand goût pour le dessin ; aussi, entré dans le service des monuments historiques, il fut fait inspecteur des travaux de restauration de l'église de Vézelay, sous les ordres de M. Viollet-le-Duc, et, cet édifice terminé, M. Amé fut nommé architecte de l'église et de la flèche de Chablis (Yonne).

Cet architecte fit à cette époque d'assez intéressants travaux dans ce département, entre autres des Écoles à Aillant-sur-Tholon, et le *Couvent de Trappistes* de Carré-les-Tombes.

En 1859, il publia un remarquable ouvrage intitulé : *Les carrelages émaillés du moyen âge et de la renaissance*, précédé de l'*Histoire des anciens pavages*, mosaïque, labyrinthe, dalles incrustées, etc., précieux recueil consacré en grande partie aux carrelages émaillés du département de l'Yonne, étudiés par ordre chronologique du douzième au dix-septième siècle [1].

M. Émile Amé, qui fut quelque temps architecte du département du Morbihan, est aujourd'hui architecte en chef du département du Cantal et de l'arrondissement d'Aurillac, et correspondant du Ministère de l'instruction publique.

---

1. Ce traité, formant un volume grand in-4º (Morel, 1859), et dédié à M. Viollet-le-Duc, est enrichi de quatre-vingt-dix planches en chromolithographie reproduisant d'anciens carrelages émaillés, et de nombreux culs-de-lampe représentant des motifs héraldiques ou décoratifs empruntés à différentes époques.

AMELIUS ou APPELMANS.

On croit que cet architecte, que M. L. Dussieux[1] dit Français[2] et fait venir de Boulogne à la suite de l'empereur
Charles IV en 1378 pour ériger la fameuse cathédrale d'Anvers, est le même que les Flamands ont appelé *Pieter Appelmans* et aussi *Hans Amel.*

Il construisit à Anvers, au commencement du quinzième siècle, l'*Église de Saint-Georges*, aujourd'hui rempla-
cée par une autre toute moderne, et commença vers 1380 la
Cathédrale Notre-Dame, le plus vaste édifice érigé en Belgique au quinzième siècle[3], et qui fait de cet artiste l'un des
plus grands architectes de son temps.

Amelius ou Appelmans en termina le chœur en 1411 et
continua la construction jusqu'à sa mort, arrivée le 15 mai
1434, ayant, dans cette période non interrompue de travaux, eu le temps de donner au plan de la cathédrale les
grandes dimensions qui le caractérisent, et de jeter, vers
1422, les fondements de la magnifique tour qui fait à juste
titre l'orgueil des Anversois[4].

Bibliographie. — Cette notice est rédigée sur des notes

1. *Les Artistes français à l'étranger*, in-18, Paris, 1856.
2. Un *Amelius*, abbé de l'ordre de Cîteaux, est cité parmi les architectes qui dirigèrent les travaux de reconstruction du monastère et de
l'église des Dunes en Flandre.
3. Cette église a *cent dix-sept mètres* de longueur dans œuvre, *soixante-
cinq* de largeur aux transsepts et *cinquante-deux* aux nefs. La nef principale a *dix mètres* de largeur sur *vingt-quatre* de hauteur, et des colonnettes prismatiques, s'élevant entre des arcades ogivales, reçoivent la
retombée des nervures de la voûte. Les nefs collatérales au nombre de
six, trois de chaque côté, ont plus de *treize mètres* de hauteur.
4. Quelques modifications ont été apportées au plan primitif d'Amelius; des chapelles ont été ajoutées au chœur par la suppression d'un des
collatéraux et le nombre des nefs de l'église a été porté de cinq à sept. La
grande tour de la cathédrale, celle de gauche, ne fut terminée qu'en 1518.

que nous devons à l'obligeance de notre confrère et ami, **M. J. H. Leliman**, président de la *Société pour la propagation de l'architecture dans les Pays-Bas.*

<hr>

AMICO (GIOVANNI).

Comme beaucoup d'artistes italiens, Amico était à la fois architecte et ingénieur. Il appartenait de plus aux ordres et, dans les premières années du dix-huitième siècle, sous le règne de l'empereur d'Autriche Charles VI, ou du roi de Sardaigne Victor-Amédée II, Amico fut ingénieur du royaume de Sicile pour le patrimoine royal, et architecte du très-illustre Sénat de la cité de Trapane, sa ville natale.

Amico, qui avait amassé une grande somme de connaissances et qui possédait même le titre de docteur, nous est surtout connu par un ouvrage qu'il écrivit sur l'architecture et intitulé : *l'Architetto prattico, in cui con facilita si danno le regole per apprendere l'architettura civile*[1] ; ouvrage devenu aujourd'hui fort rare.

1. Ce traité, in-folio, imprimé à Palerme en 1726 et orné de cent gravures sur bois, est divisé en cinq parties. La première renferme les principes de la géométrie pratique. La seconde, un traité de construction avec les règles pour reconnaître les terrains et les matériaux. La troisième traite de l'origine et des proportions des différents ornements employés en architecture. La quatrième, divisée elle-même en deux parties, apprend à dessiner l'architecture, et notamment les cinq ordres, au moyen de planches nouvelles composées par l'auteur d'après les opinions des anciens, et en y ajoutant un sixième ordre dit *héroïque* et *d'origine française*. Enfin la cinquième donne des modèles des principaux ornements usités en architecture.

AMMANATO (BARTOLOMMEO).

Florence compte peu d'artistes aussi illustres que Barto-lommeo Ammanato, né et mort dans cette ville (1511-1586), et qui joignait à de grandes connaissances en peinture et même en littérature [1] un talent hors ligne comme sculpteur et comme architecte.

Élève-de Baccio Bandinelli et ensuite de Jacopo Sansovino sous la direction duquel il travailla à Venise et à Padoue[2]; il était très-lié avec le Genga[3] qui fit exécuter à l'Ammanato encore fort jeune les sculptures du tombeau du duc d'Ur-bin Francesco-Maria, dans l'église Santa-Chiara de cette ville; sculptures remarquables malgré leur grande simplicité.

1. L'excellence des œuvres que laissa l'Ammanato comme sculpteur et comme architecte causa sans doute le silence de ses biographes sur les peintures et sur les écrits de cet artiste; cependant il paraît qu'il avait composé un traité à l'appui des nombreuses planches de son ouvrage *la Città*, et sa femme, la célèbre *Laura Battiferi*, personne célèbre par l'élé-gance et la pureté de ses poésies sacrées, imprimées en 1560 sous le titre d'*Opere Toscane*, était en correspondance avec les plus beaux esprits de son temps.

La Città de l'Ammanato renfermait les dessins de tous les édifices qu'il jugeait nécessaires à une ville. Il avait commencé par les dessins de diffé-rentes portes; il donna ensuite ceux du palais du prince, de l'hôtel de ville, de diverses églises, des fontaines, des places, de la Bourse, des ponts et des théâtres. Cet ouvrage que l'on croyait perdu fut offert en présent à Ferdinand de Médicis, grand-duc de Toscane, et, depuis ce temps, existe dans la collection de dessins de la galerie de Florence et mériterait d'être publié. — PINGERON, d'après *Milizia* déjà cité, t. II.

2. Ammanato exécuta à Padoue le tombeau du savant professeur de droit *Benavides*, dans l'église des Servites; une immense statue d'*Hercule* formée de huit parties savamment ajustées, et la superbe porte du jardin de la maison *Venezze*, semblable à un arc de triomphe et décorée des sta-tues de Jupiter et d'Apollon.

3. Ammanato logea pendant quelque temps chez lui le Genga et Bat-tista Franco et fut de plus, conjointement avec Vasari, le professeur de Bartolommeo Genga, le fils de son ami.

Ammanato travailla aussi avec Battista Franco, mais à des décors de théâtre pour la noble société des comédiens florentins, réunie par messir Giovann'-Andrea dall'-Anguillara, poëte distingué : compagnie d'amateurs d'où sortirent plus tard les Zanni.

Ces différentes œuvres et des sculptures exécutées dans presque toute l'Italie, de Venise à Naples, attirèrent l'attention de Michel-Ange[1] sur l'Ammanato, et le grand artiste employa son concitoyen avec leur ami commun Vasari, à décorer de sculptures et de peintures la chapelle et les tombeaux de la famille du pape Jules III, à San-Pietro-e-Montorio ; quoique, à cette époque, nous raconte Vasari, Michel-Ange eût lieu d'être irrité contre l'Ammanato, qui, de concert avec Nanni di Baccio, avait dérobé (pour les copier, il est vrai) à Antonio Mini, élève de Michel-Ange, des dessins de ce maître.

Vasari, de son côté, fit appeler, vers 1555, notre artiste à Modène pour y travailler avec lui à la salle d'Audience, à la fontaine et aux statues qui devaient orner le palais Ducal, comme aussi, avec le Tribolo, Ammanato exécuta le remarquable groupe, *Hercule étouffant Antée*, de la belle fontaine du palais de Castello.

Mais c'est à Rome et surtout à Florence qu'il faut étudier les œuvres nombreuses de l'Ammanato comme architecte.

A Rome, outre une fontaine monumentale avec *loggia* au-dessus dans la villa du pape Jules III (villa Giulia), la partie du palais *Mattei*, qui est du côté de Santa-Caterina de' Funari, a été construite d'après les plans de l'Ammanato auquel on doit l'architecture du *Collége Romain*, attenant à l'église Saint-Ignace, et une des plus grandes, des plus solides et des plus imposantes masses de construction que l'on ait exécutée jusqu'à cette époque.

1. La correspondance de Michel-Ange avec son cher Giorgio (Vasari) mentionne nombre de fois l'Ammanato et les travaux que lui fit confier Michel-Ange.

L'Ammanatò construisit encore à Rome le palais du marquis Sagripante; un autre palais aujourd'hui ruiné, et commença avant sa mort, dont quelques écrivains reculent la date jusqu'en 1589, le palais Ruccelaï[1].

A Florence où, sur la recommandation de Michel-Ange et de Vasari, Ammanato fut nommé, vers 1557, ingénieur et architecte du grand-duc Cosme de Médicis, il avait obtenu au concours sur Benvenuto Cellini et deux autres sculpteurs, le bloc de marbre destiné à son maître Baccio Bandinelli pour l'exécution de son groupe de Neptune[2]. Les principales œuvres de l'Ammanato furent dans cette ville le *pont de la Sainte-Trinité*[3], la cour intérieure du *palais Pitti*[4], un des cloîtres

1. Il y a lieu de n'attribuer que les plans du palais Ruccellaï à l'Ammanato, ce qui est plus que certain s'il mourut, comme on le croit généralement, en 1586, l'année même du commencement des travaux du palais, et de décharger ainsi la mémoire de cet artiste des nombreux reproches qu'on lui a faits au sujet des archivoltes des portiques de la cour retombant directement sur les colonnes et aussi du manque de proportion des étages de cette cour.

2. « Sur la place du vieux Palais, dite du Grand-Duc, à côté de l'*Hercule* et du *David*, est la superbe fontaine de *Neptune*, une des plus grandes compositions de la sculpture moderne, et la plus grande de l'Ammanato. La légèreté de ce Neptune colossal, tiré par quatre chevaux marins, est extrême. » — VALERY, *Voyage en Italie*, déjà cité.

3. Dans ce pont, ouvrage remarquable par sa hardiesse pour le temps (1559) et sa grande élégance de forme, les arches présentent une courbe d'appareil elliptique surbaissée, qui ouvre aux inondations un passage plus large que dans le *Ponte vecchio* qu'il remplaçait et qui avait été construit primitivement par Taddeo Gaddi, après la grande inondation de 1333. Ammanato réduisit le nombre des piles à deux et leur donna beaucoup moins d'épaisseur qu'on ne le faisait à son époque, tout en rendant leur forme plus apte à mieux diviser le courant du fleuve. L'arche du milieu a plus de *vingt-neuf mètres* et les deux autres plus de *vingt-six mètres* d'ouverture. J. DU PAYS (*Itin. de l'Italie*) rapporte que le pont de l'Ammanato semblait si léger aux Florentins que, jusqu'à l'invasion française de la fin du dernier siècle, un règlement de police défendait d'y laisser circuler plus d'une voiture à la fois.

4. Cette cour, qui a été imitée avec un rare bonheur par l'architecte français *de Brosse* dans la partie du Luxembourg construite pour Marie de

du couvent du Saint-Esprit et la belle *Église* et le *Couvent de San Giovannino*, où il fut enterré ainsi que sa femme dans la chapelle de San Bartolomeo[1], et qu'il avait fondés pour les jésuites auxquels il laissa tous ses biens, voulant ainsi expier les nudités de quelques-unes de ses principales statues.

L'Ammanato, dont nous avons dû esquisser trop brièvement la vie et négliger une foule d'œuvres d'architecture ou de sculpture aujourd'hui ruinées, jouissait de la plus grande considération parmi ses concitoyens et surtout auprès des artistes florentins. C'est à ce titre qu'il participa utilement à la fondation de la nouvelle Académie de Florence et que, lors de la mort de Michel-Ange, il fut chargé avec Vasari, B. Cellini et le Bronzino de la direction des honneurs funèbres à rendre à ce grand artiste, qui fit tant pour sa carrière et du talent duquel certaines œuvres de l'Ammanato sont inspirées.

Bibliographie. — Vasari français.

AMOUDRU (ANATOLE).

Né à Dôle (Jura) en 1739 et élève de Blondel, Anatole Amoudru fut emmené par son maître en Pologne, où il

---

Médicis, est le plus beau titre de gloire de l'Ammanato. Son ordonnance d'architecture, comprenant sur trois des côtés trois ordres d'architecture (dorique, ionique et corinthien) en bossages, affecte une certaine lourdeur, peut-être traditionnelle en Étrurie, et à laquelle s'abandonna Brunelleschi dans la principale façade du palais; et le quatrième côté, celui du fond, offre une grotte magnifique, sur un plan ovale, ornée de rocailles et de colonnes doriques isolées avec niches et statues.

1. Un tableau, *le Christ, les Apôtres et la Cananéenne* du second Bronzino, reproduit, dans cette chapelle, sous les figures de saint Barthélemy et d'une vieille femme, les traits de l'Ammanato et de Laura Battiferi.

dirigea les constructions de plusieurs palais[1] dans la ville
de Varsovie, à l'époque où le comte Auguste-Stanislas Ponia-
towski, devenu roi en 1764, y appela de nombreux artistes
français et étrangers. On doit aussi à Amoudru la construction du château de Fresnes, près de Vendôme.

Revenu en France, cet artiste étudia le droit et, après
la révolution de 1789, fut nommé maire de sa ville natale.

Amoudru, qui mourut en 1812 et laissa un fils comme
lui architecte, mais dont les talents furent consacrés à Dôle,
s'occupa, vers la fin de sa vie, de divers ouvrages publiés
ou restés manuscrits et relatifs à la Franche-Comté[2].

AMPHION.

Le charme d'une légende qui a souvent inspiré les poëtes
et les artistes assure quelques lignes dans cet ouvrage à Am-
phion, fils de Jupiter et d'Antiope et frère jumeau de Zé-
thus. Suivant la tradition, qui paraît symboliser un adou-
cissement apporté aux mœurs des temps primitifs de la
Grèce, ces deux héros, après avoir enlevé Thèbes en Béotie
à leur beau-père Lycus, construisirent les remparts de la
ville basse qu'ils ajoutèrent à la *Cadmée* (citadelle ou
acropole de Thèbes) à l'aide d'une lyre, cadeau du dieu

1. « Louis et Amoudru construisirent plusieurs palais en Pologne ; j'ai
tout lieu de croire que ce sont les palais des Branicki, des Czartoryski, des
Sapieah (Cf. Saint-Priest, *Études dipl. et litt.*, p. 46). » — L. Dussieux,
les Artistes français à l'étranger, in-12, Paris, 1852.

2. Ses ouvrages sont les suivants : « 1° *Cadastre parcellaire de la ville
de Dôle*, ancienne capitale de la Franche-Comté ; Dôle, 1808, in-4° ;
2° *Des mesures agraires en usage dans la Franche-Comté* et de leurs rapports avec le nouveau système métrique ; in-8° ; 3° une *Notice historique sur Dôle*, restée en manuscrit. » —Quérard, *la France littéraire*.

Mercure, et aux accords de laquelle les pierres venaient d'elles-mêmes s'arranger et former les murailles, fortifiées de tours que les plus anciens auteurs nous représentent comme quadrangulaires.

———

ANCELET (GABRIEL-AUGUSTE).

Né à Paris à la fin de l'année 1829, M. Ancelet fit ses études d'architecture sous la direction de M. Victor Baltard et entra à l'École des beaux-arts en 1845. Il obtint en 1851, à l'âge de vingt-deux ans, le *premier Grand prix* sur un projet d'*Hospice dans les Alpes* et partit pour Rome, où il resta jusqu'à la fin de 1855, et d'où il attira l'attention particulière de l'Académie des beaux-arts par le nombre et l'importance de ses premiers envois[1] et par son magnifique projet de *Restauration de la Voie Appienne*[2]. Ce dernier projet,

1. M. Ancelet envoya, en 1853, des études sur le *Temple de Castor et Pollux ;* en 1854, des études sur le *Temple de Vesta à Tivoli* et une feuille de divers fragments dessinés au Musée du Vatican et au Palais Farnèse, et, en 1855, les détails de l'ensemble de l'*Arc de Septime-Sévère* et un dessin du *Plafond de l'église Sainte-Marie-Majeure*. Les fièvres du pays forcèrent M. Ancelet à revenir avant l'expiration de sa pension; aussi son dernier envoi de Rome, *un Hôtel de Préfecture*, quoique bien conçu, se ressentit de cette indisposition et sembla n'avoir d'autre but que de satisfaire au règlement.

2. La Voie Appienne remonte à l'an de Rome 442. Son premier auteur, le censeur Appius Claudius, la conduisit en dix-huit mois jusqu'à Capoue. La partie de cette voie, choisie par M. Ancelet pour son travail, comprend *cent cinquante mètres* de l'un et de l'autre côté, et à une distance d'environ cinq milles de Rome. « Ce travail, dit M. Ancelet dans son mémoire, sort un peu du programme exigé par l'Institut; car les ruines sont tellement dégradées et les fouilles mêmes ont fourni si peu

exposé en 1867 à l'Exposition universelle sous les auspices de l'Académie, valut à son auteur une *médaille d'honneur* et la croix de *chevalier de la Legion d'honneur.*

A son retour de Grèce, où il passa une partie de l'année 1856, M. Ancelet fut nommé inspecteur des travaux des Archives impériales, et, en 1858, architecte des châteaux de Pau[1] et de Biarritz[2], où il eut à exécuter d'importantes constructions neuves ou à restaurer des parties considérables

de documents pour restaurer chacun de ces tombeaux, que j'ai dû faire une *restitution* plutôt qu'une *restauration*, une composition dans le goût antique plutôt qu'une de ces études patientes dans lesquelles des documents assez nombreux permettent de reconstituer un monument d'une manière complète. »

Les dessins de cette restauration comprennent, aux échelles de 0,01 c. 0,02 c. et 0,20 c., le *plan*, dans l'état actuel et l'état restauré ; les *élévations*, dans l'état actuel et l'état restauré, et différents détails dont ceux d'un *Tombeau circulaire* en forme de *Tumulus.* — Le mémoire renferme, outre des notions générales sur les routes et les tombeaux antiques, des détails particuliers touchant l'histoire et la construction de la Voie Appienne et les tombeaux compris dans la limite de ce travail.

1. M. Ancelet eut à reconstruire la façade du château de Pau. Celle ancienne se composait d'un grand mur, sans aucune autre ouverture qu'une porte percée après coup et donnant entrée dans la cour sombre et humide du château. M. Ancelet érigea alors un portique dans le style de la Renaissance, aussi léger que possible, et composé de trois arcades décorées de sculptures analogues à celles de la cour. Ce portique relie la *Tour Gaston Phœbus* à une aile nouvelle qui se termine à l'angle par une haute cour carrée et qui est reliée à la *Tour de Montauzet* par une tourelle octogone renfermant un escalier. Le portique est entièrement en pierre dure de Gau ; mais dans l'aile nouvelle, la pierre n'y entre que pour les corniches, bandeaux, encadrements de fenêtres et lucarnes, etc., le corps de la maçonnerie est en cailloux du Gave enduits en mortier. La dépense totale s'est élevée à *trois cent mille francs*, en y comprenant l'aménagement des distributions intérieures, mais non le mobilier en chêne sculpté que M. Ancelet fit faire sur ses dessins pour la bibliothèque.

2. A Biarritz, l'aile ajoutée par M. Ancelet au château se compose : au rez-de-chaussée, de la chambre à coucher de l'Empereur et de celle de l'Impératrice, d'une salle de bains, d'une chambre d'atours et de vestibules, dégagements, etc., et, dans un entre-sol, de logements pour les personnes du service immédiat de Leurs Majestés. Cette aile a coûté

d'anciens bâtiments, afin d'aménager dans ces résidences l'habitation de LL. MM. l'Empereur et l'Impératrice ou différents services de leurs Maisons.

M. Ancelet construisit ensuite pour S. M. l'Impératrice le *château d'Arteaga* [1], près Bilbao (Espagne), et nommé en 1864 architecte du palais de Compiègne, il y exécute, en ce moment, la nouvelle salle destinée aux spectacles de la cour, salle de spectacle qui, sans être une reproduction exacte de celle de Versailles, en est cependant inspirée. On y retrouve en effet la même disposition des colonnes d'avant-scène et le portique de colonnes ioniques ; mais le soubassement de cette colonnade et la coupole sont complétement différents. Cette salle, véritable théâtre [2], séparé du palais par une rue sur laquelle est jeté un pont de sept mètres d'ouver-

près de *deux cent mille francs*. En outre, M. Ancelet fit encore construire, dans cette résidence, une vacherie, une bergerie, des écuries et remises avec dépendances, et il dut opérer la réfection totale des planchers hauts des grands appartements de réception.

1. Le *château d'Arteaga* se compose d'une tour rectangulaire de *onze mètres* de large sur *seize mètres* de profondeur et environ *trente mètres* de hauteur. Une tourelle octogonale, placée dans un des angles, contient l'escalier. La tour principale renferme, au rez-de-chaussée, les cuisines et offices ; au premier étage, auquel donne accès un grand escalier extérieur, un vestibule, un salon et une salle à manger ; au deuxième, un vestibule, les chambres à coucher de Leurs Majestés et un oratoire ; enfin, au troisième, trois chambre de maître, et, au quatrième, de grands communs pour les domestiques. Cette tour, couverte en terrasse, est complétement bâtie en marbre gris veiné d'un très-bel aspect, et des contre-forts réunis par des arcades, des créneaux et des mâchicoulis, avec, sur la face principale, un grand écusson sculpté des armes de la famille d'Arteaga, en forment la décoration extérieure. Elle est de plus située au milieu d'une enceinte rectangulaire et chemin de ronde de *quarante mètres* sur *trente mètres* avec aux angles des tours rondes aménagées en chambres de maîtres, et à l'extérieur des fossés profonds. L'ensemble des bâtiments et tours reposant sur des soubassements anciens, mais complétement ruinés, a coûté plus de *cinq cent mille francs*.

2. Cette salle a *dix-huit mètres* de large sur *vingt mètres* de profondeur et *seize mètres* de hauteur. L'ouverture de la scène est de *douze mètres*.

ture, est aménagée dans un bâtiment de *soixante-dix mètres* de longueur sur *vingt-sept* de largeur, et les travaux, termi nés l'année prochaine, entraîneront avec les dépendances une dépense totale de *quinze cent mille francs.*

Bibliographie. — Anciennes archives de l'*Académie des beaux-arts* cédées à la bibliothèque de l'*École impériale des beaux-arts.*

ANCHETEA (MIGUEL).

Quoique cet artiste qui florissait en Espagne au commencement du seizième siècle soit surtout connu comme sculpteur, il faut citer de lui des dessins de fontaines qui ont un réel caractère monumental et le magnifique ensemble de la boiserie du chœur de la cathédrale de Pampelune[1] (Navarre) dont il donna les dessins et à laquelle il travailla de son ciseau, vers l'an 1530. On doit aussi à Miguel Anchetea le fort beau retable de l'église Santa-Maria de Tafalla[2] (Navarre).

---

1. Les stalles de cette église sont tout en chène que l'on fit venir exprès d'Angleterre et sont comptées au nombre des plus belles de l'Espagne. Il y en a deux rangs et on compte *cinquante-six* siéges au rang supérieur et *quarante-quatre* au rang inférieur. Les dossiers du premier rang sont occupés par un personnage en demi-relief de plus d'un mètre de hauteur et offrent ainsi la suite des saints, des prophètes et des patriarches entourant le Christ ressuscité qui occupe le dessus du siége épiscopal. Une corniche Renaissance d'un remarquable travail couronne cet ensemble presque unique.

2. Ce retable, dans le style de la Renaissance, offre dans ses bas-reliefs magistralement sculptés, les principales scènes de la vie de Notre-Seigneur et de la Vierge.

ANDRÉ.

Vivant à Pontoise à la fin du dix-huitième siècle et devenu architecte du dernier prince de Conti, pour lequel il eut occasion d'ordonner de nombreux travaux dans sa belle propriété de l'Ile-Adam, M. André doit surtout à son élève, l'illustre maître Fontaine, d'échapper à l'oubli. En effet, M. André ayant remarqué d'heureuses dispositions chez le fils de l'entrepreneur de plomberie du prince de Conti, s'intéressa à l'éducation de ce jeune homme qui n'était autre que Pierre-François-Léonard Fontaine, né à Pontoise en 1762, qu'il initia aux éléments de l'architecture, et qu'il mit bientôt en état de suivre avec fruit les leçons de Peyre le jeune.

ANDRÉ ou ANDREAS (DE NANTES).

Sur l'autorité d'auteurs espagnols, résumés par Wiebeking, nous devons une place à André ou Andreas, né à Nantes, à la fin du seizième siècle, et qui donna les plans d'après lesquels Francesco de Mora construisit à Madrid le *monastère de San-Felippo el Reale*; édifice dans lequel il faut surtout louer la cour principale entourée d'arcades en granit reposant sur des pieds-droits décorés de colonnes doriques engagées.

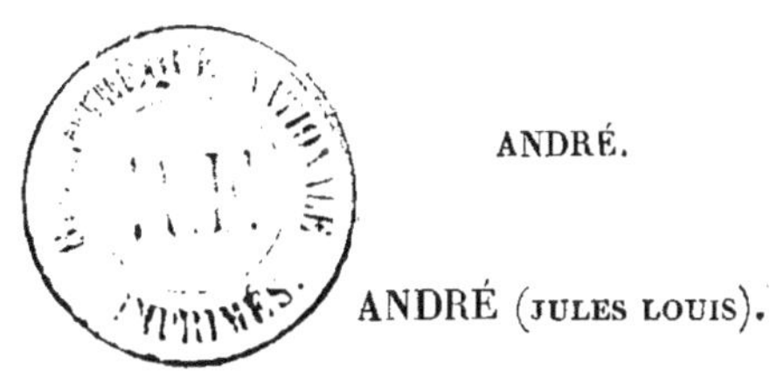

ANDRÉ (JULES LOUIS).

Pensionnaire de l'Académie de France à Rome, architecte
diocésain du département de la Corse, architecte en chef du
Muséum d'histoire naturelle, professeur d'un des ateliers
d'architecture de l'École des Beaux-Arts et chevalier de
la Légion d'honneur ; tels sont les cinq titres indiscutables
qui assurent à M. André, né à Paris en 1819, une place
méritée dans cette œuvre, quoique cet artiste n'ait pas
encore eu occasion d'élever un monument important, et n'ait
pu montrer que par son enseignement (de quinze années déjà,
il est vrai) ses tendances architecturales.

Élève de MM. Huyot et Lebas et entré à l'école des Beaux-
Arts en 1836, M. André obtint en 1843 le *second Grand prix*
sur un projet de *Palais de l'Institut*; en 1846, le *prix Des-*
chaumes[1] avec les considérations les plus flatteuses ; enfin,
en 1847, le *premier Grand prix* sur un projet de *Chambre des*
Députés dans le plan duquel on dut surtout remarquer les
heureuses dispositions de la partie centrale entourant une vaste
salle des Pas perdus et les grandes lignes architecturales des
différents services groupés à droite et à gauche des portiques
de la cour d'Honneur.

A Rome ou en Italie, cet architecte s'occupa, de 1848 à
1851, à relever, en partie ou en totalité, le *théâtre de Mar-*
cellus, le *tombeau de Bibulus*, le *petit temple de Junon Ma-*
tuta, le *sarcophage de Çorn. L. Scipio Barbatus*, le *Forum*
triangulaire de Pompéï, le *Panthéon d'Agrippa*, le *temple*
de Terracine et le *théâtre de Tusculum*.

Une Commission d'officiers de l'armée française à Rome
que commandait alors le général Gémeau, chargea, vers

---

1. Ce prix annuel d'une valeur de *mille francs* est alternativement accordé, d'après l'intention de son fondateur dont il porte le nom, à un
jeune artiste ou à un jeune poëte qui joint au mérite de consciencieuses
études le culte des vertus et des devoirs de la famille.

cette époque, M. André d'ériger, dans l'église Saint-Louis des Français, un *Monument commémoratif des soldats français morts en 1848 au siége de Rome*[1], œuvre pour laquelle le Saint-Père témoigna sa satisfaction à cet artiste en le faisant *chevalier de l'ordre pontifical de Grégoire-le-Grand*.

M. André passa ensuite en Grèce et consacra sa quatrième année de pensionnaire à une importante *Restauration du temple de Thésée* à Athènes[2], restauration dans laquelle il découvrit entièrement le *naos* de ce temple qu'il supposa ainsi avoir été *hypèthre*, et où il se décida complétement en faveur de la polychromie par la coloration en bleu qu'il adopta pour les quarts de rond des chapiteaux, les moulures des antes, les triglyphes, les antéfixes et les tympans des frontons, ainsi que par la coloration en rouge qu'il réserva pour le fond des métopes et les annelets des chapiteaux[3]. Dans la coupe transversale, M. André essaya une restitution du grand tableau représentant le *Combat des Amazones et*

---

1. Ce monument consiste en une pyramide de marbre blanc appliquée au-dessus d'un sarcophage sur un des piliers de la basse nef de droite de l'église et en face de la chapelle renfermant les inscriptions des artistes pensionnaires français morts en Italie.

2. Les études de M. André consistent en quatre feuilles de dessins comprenant à l'échelle de 0,02 c. et de 0,04 c. : 1° *Plan* (état actuel et restauration); 2° *Façade principale* (état actuel et restauration); 3° *Coupe longitudinale* (état actuel et restauration); 4° *Façade latérale* et *deux Coupes transversales*. Le mémoire joint à ces dessins établit la construction du temple en *marbre de Paros* et non en *penthélique;* reconnaît le curvilisme parallèle des deux gradins et de l'entablement et, pour justifier le choix fait par M. André du *Temple de Thésée* comme sujet principal de ses études, commence ainsi : « Élevé vers l'an 468-465 av. J.-C., *le Temple de Thésée* est postérieur au temple d'Égine et précède d'une quarantaine d'années l'érection du Parthénon. Il personnifie l'adolescence de l'art grec dont le Temple d'Égine est l'enfance et le Parthénon la virilité. »

3. L'Académie des beaux-arts, par l'organe de son secrétaire perpétuel, crut devoir réserver son opinion sur ces deux importantes questions, tout en accordant de grands éloges aux efforts faits par M. André pour arriver à leur solution.

des Athéniens[1] et, sur le ¦piédestal du *naos*, il groupa les statues d'*Hercule* et de *Thésée*[2].

En 1852, un projet de *Banque de France* adressé comme envoi de cinquième année, valut à M. André les félicitations de l'Académie bien rarement accordées en pareil cas.

A son retour en France, cet architecte entra dans les travaux de l'État comme attaché aux travaux de construction du Muséum d'histoire naturelle, et ensuite de ceux de la Bibliothèque impériale sous les ordres de M. H. Labrouste. Il succéda, en 1856, à cet éminent professeur dans la direction de l'atelier d'élèves que ce dernier avait réunis depuis plus de vingt années[3].

M. André fut ensuite nommé architecte diocésain du département de la Corse, où il eut à disposer une *chapelle dans le grand séminaire d'Ajaccio*[4] et où il lui fut demandé pour cette ville un projet de *Cathédrale* dans les plus vastes proportions.

En 1867, il fut nommé *chevalier de la Légion d'honneur* et appelé à succéder à M. Paccard dans la direction d'un des trois ateliers d'architecture de l'École des Beaux-Arts.

Depuis plusieurs années déjà, M. André, architecte en chef du Muséum d'Histoire naturelle de Paris, a eu occasion d'y faire d'intéressants travaux d'installation des laboratoires de physiologie générale et a commencé, en 1870, l'exécution de nouveaux laboratoires de chimie et de botanique, ainsi qu'une vaste *Ménagerie de reptiles vivants*[5].

1. PAUSANIAS, *Attique*, XVII.

2. Cette restauration du *temple de Thésée* fut exposée, en 1855, à l'Exposition universelle des Beaux-Arts sous les auspices de l'Institut.

3. Les premiers grands prix d'architecture obtenus en 1864 et 1865 par MM. Guadet et Gerhardt, élèves de M. André, justifient le choix fait par les anciens élèves de M. H. Labrouste.

4. Cette chapelle, prise dans la hauteur de deux étages de bâtiments existants, consiste en une vaste nef unique, avec tribune, orgue et sanctuaire, qui se recommande surtout par son heureux aménagement.

5. Ces nouveaux bâtiments du Muséum entraîneront une dépense de

Bibliographie. — Anciennes Archives de l'*Académie des Beaux-Arts* cédées à la bibliothèque de l'*École des Beaux-Arts.*

ANDREA DE PISE.

Contemporain de Giotto, le peintre, Andrea surnommé le Pisan, né vers 1270, était à la fois architecte et ingénieur militaire[1]; mais il fut surtout célèbre comme sculpteur en marbre et en bronze[2]. Cependant ses œuvres d'architecture furent appréciées dans toute la Toscane[3] au commencement du quatorzième siècle, époque à laquelle il agrandit l'*Église*

---

cinq cent mille francs et l'on visitera avec grand intérêt le nouvel asile des reptiles entourant un bassin de *vingt mètres* de diamètre destiné aux grands sauriens.

1. Outre les dessins de l'*Arsenal de Venise* (voir plus bas, note 3) dont il ne fut pas, il est vrai, l'unique architecte, Andrea donna, pour les Florentins, le modèle du *château de Scarperia*, dans le Mugello, sur le revers de l'Apennin. « Il fut employé en outre (vers 1316) à exhausser de huit brasses (près de cinq mètres) les murs de la ville entre San-Gallo et la porte de Prato, et à construire dans divers endroits des bastions, des palissades et d'autres fortifications.... Plus tard, sur l'ordre de Gualtieri, duc d'Athènes et tyran de Florence, il environna cette ville de tours placées de distance en distance, et éleva, sans compter la magnifique *porte de San-Friano*, les vestibules de toutes les portes (alors fortifiées) de la ville. Il exécuta ensuite le modèle d'une citadelle qui aurait été bâtie sur la côte de San-Giorgio, si, l'an 1343, les Florentins n'eussent chassé Gualtieri. » — *Vasari français.*

2. C'est comme sculpteur et pour avoir exécuté, entre autres œuvres remarquables, sur les dessins du Giotto, une des portes de bronze du Baptistère de Florence et de nombreuses statues pour la façade de Santa-Maria-del-Fiore, que Andrea de Pise reçut le titre de citoyen de Florence et fut honoré de plusieurs charges de magistrature.

3. La renommée de Andrea s'étendit même jusqu'à la cour pontificale

San-Martino à Lucques, et de nombreux élèves, parmi lesquels son fils Nino et Tommaso, lui aussi architecte et sculpteur pisan[1], continuèrent les traditions nouvelles dans lesquelles Andrea, ainsi que Giotto, avait su faire entrer l'art florentin.

En dehors de constructions purement militaires[2], les principaux travaux qu'il fit exécuter furent, à Florence même, le portail de l'*Église San-Paolo*, et de nombreux et importants agrandissements de la *Place* et du *Palais de la Seigneurie* (*Palazzo vecchio*). Il y ajouta, vis-à-vis de San-Piero Scheraggio, une façade à bossages laquelle dissimulait un escalier secret dans son épaisseur et que décorait une grande porte surmontée des armes du duc Gualtieri, porte plus tard affectée au service de la douane.

A Pistoïa, outre le *Tombeau de Messer Cino d'Angibolgi* qu'il érigea dans la cathédrale, Andrea donna le modèle du *Baptistère* ou *rotonde de San-Giovanni* qui fut commencée en 1337 et qui est aujourd'hui l'édifice d'après lequel on peut, avec le plus de certitude, apprécier son talent d'architecte. Dans cette salle octogone, détachée de la cathédrale et décorée à l'extérieur, suivant le goût de l'époque et les traditions locales, de colonnes et de mosaïques d'un travail primitif mais riche, Andrea sut allier heureusement les formes du roman à la légèreté de l'art gothique, et, en architecture comme en sculpture, il marqua ainsi sa place parmi les maîtres italiens de la fin du moyen âge qui, se dégageant des formes archaïques de la première époque, surent préparer l'ère de Brunelleschi.

Andrea de Pise mourut à Florence en 1345 et fut enseveli à Sainte-Marie-des-Fleurs par son fils Nino qui, dans une

d'Avignon et à Venise où l'on croit que, sous le dogat de Piero Grandenigo, il donna, vers 1304, les dessins de l'arsenal de cette ville.

1. Tommaso, d'après Vasari, acheva, à Pise, la *chapelle du Campo-Santo* et le *clocher de la Cathédrale*.

2. Voir p. 196, n. 1.

courte mais pompeuse épitaphe en vers latins, rappela surtout le talent de son père comme sculpteur.

Bibliographie. — Vasari Français, voir *Andrea*.

ANDRONICUS CYRRHESTES.

Un des édifices les mieux conservés de l'ancienne Athènes est la *Tour des Vents* ou horloge astronomique, que Vitruve[1] nous dit être l'œuvre d'Andronicus Cyrrhestes et dont, le premier de tous, il donne une description sommaire sans y joindre aucun détail sur la vie de son auteur. Cependant il fallait que Andronicus jouît d'une grande réputation, puisque Varron[2] se contente de l'appeler Cyrrhestes.

Ce surnom même, tiré de l'origine de cet artiste, ne fournit qu'un faible renseignement sur sa ville natale que les uns disent être Cyrrhus en Macédoine, et les autres, Cyrrha, dans la province de ce nom, en Syrie[3].

On n'est pas mieux fixé non plus sur l'époque de la construction de l'édifice et par conséquent de la vie de son auteur. « M. Pittakis croit avec Stuart qu'il dut être à peu près contemporain de la première horloge publique, établie à Rome dans un lieu couvert par Scipion Nasica, pour suppléer à l'insuffisance des cadrans solaires, en l'an 159 avant J.-C. (l'an de Rome 595[4]); mais, d'après certaines imperfections d'architecture indiquant un commencement de décadence, M. Beulé[5] pense qu'il ne date que du règne d'Auguste[6]. »

1. L. i, c. 5. — 2. *De re rustica*, l. iii, c. 5.
3. *Pline*, l. iv, c. 17; l. v, c. 19. — 4. *Idem*, l. vii, c. 60.
5. *Acropole d'Athènes*, 1re édit., t. II, p. 207.
6. E. Breton, *Athènes*, 2e édit., p. 231.

« Ce monument, de forme octogone et construit tout en marbre[1], est orienté de manière que quatre de ses côtés font face aux quatre points cardinaux.

« Dans sa partie supérieure, il est orné de huit figures allégoriques d'une grande beauté[2], représentant les différents attributs des vents. Au-dessous de chacune d'elles est tracé un cadran solaire. Sa couverture, d'un mode de construction tout particulier[3], était terminée à son sommet par une girouette en bronze représentant un triton : il tenait à la main une baguette dont il indiquait au-dessous de lui la figure correspondante à la direction du vent.

« Dans sa partie inférieure, il est décoré de deux portes ; l'une à sa face nord-est, l'autre à sa face nord-ouest, et toutes deux précédées d'un petit porche à deux colonnes[4]. » Ces dernières sont cannelées, sans base et de proportion ionique, quoiqu'elles offrent dans leur chapiteau les feuilles d'acanthe qui distinguent le chapiteau corinthien[5].

1. « Hors œuvre, le diamètre de la Tour des Vents est de 7 m. 03, ses huit faces, égales entre elles, sont larges de 3 m. 28 et hautes de 12 m. 20, y compris les trois degrés du soubassement et la corniche ornée de têtes de lions servant de gargouilles. » — E. BRETON, *Athènes*, déjà cité.

2. Ces bas-reliefs ont près de deux mètres de hauteur et occupent toute la largeur de la face sur laquelle ils sont appliqués. SPON qui, dans son *Voyage d'Italie* (t. II, p. 102), en a donné une bonne description, dit que, au-dessus de chaque vent, se trouve gravé son nom *à l'athénienne*.

3. Elle se compose de dalles trapézoïdales en marbre, disposées comme des tuiles, avec des couvre-joints, et formant, par leur réunion, une pyramide à vingt-quatre pans.

4. « Il est à remarquer que la plinthe où reposent les colonnes, ainsi que l'entablement qu'elles supportent, sont circulaires. » — Extrait, ainsi que le passage guillemeté, de F. ALDENHOVEN, *Itin. descr. de l'Attique*, Athènes, 1841, in-8°, p. 21.

5. « Un des fragments les plus intéressants, et qui se voit abandonné sur le sol intérieur, nous offre un chapiteau octogone dont les feuilles sont semblables à celles des chapiteaux des colonnes des petits porches des portes ; son tailloir s'élève en forme de cône, de manière à avoir pu servir de pivot au triton de bronze dont parle Vitruve. » A.-M. CHENAVARD, *Voyage en Grèce*, etc., in-fol., Lyon, MDCCCLVIII, pl. XI.

Une petite construction circulaire, découverte par Stuart[1], était appliquée à la face méridionale et portait un réservoir dont l'eau, s'écoulant à l'intérieur, alimentait une clepsydre ou horloge d'eau qui remplaçait le cadran solaire pendant la nuit et les temps couverts.

« Entièrement dégagée des décombres dans lesquels, à l'époque de l'expédition de Morée, elle était encore à moitié ensevelie, la Tour des Vents se trouve aujourd'hui isolée dans une enceinte en contre-bas de 5 mètres au moins au midi, et de 3 mètres seulement au nord, fermée par une grille, et dans laquelle sont déposés divers fragments antiques[2]. »

—

LES ANDROUET DU CERCEAU

(JACQUES I, BAPTISTE, JACQUES II ET JEAN).

« S'ils comptent parmi les architectes de la Renaissance dont on a le plus fréquemment parlé, les Androuet du Cerceau ont en revanche, plus que tous les autres peut-être, donné lieu à des récits faux et absurdes[3]. »

Presque tous les biographes[4], jusqu'à ces derniers temps, ont semblé croire qu'un seul artiste, architecte et graveur, du nom de Jacques Androuet, surnommé du Cerceau[5], fut à

1. *Antiq. d'Athènes*, t. I, c. 3.

2. E. BRETON, *Athènes*, déjà cité, p. 250.

3. AD. BERTY, *Les grands Architectes français de la Renaissance*, in-12, Paris, Aubry, MDCCCLX, p. 90..

4. Nous citerons entre autres : MILIZIA, trad. par PINGERON, *Vies des architectes anciens et modernes*, 2 in-18, Paris, MDCCLXXI, t. II, p. 84; D'ARGENVILLE, *Vies des fameux Architectes*, in-8°, Paris 1787, p. 317 et QUATREMÈRE DE QUINCY, *Hist. de la vie des plus célèbres Architectes*, 2 gr. in-8°, Paris, 1830, t. II, appendice, p. 352.

5. LA CROIX DU MAINE (dans sa *Biblioth. franç.*), Paris, Abel Lange-

la fois graveur de talent (peut-être dès l'année 1537)[1] et successivement architecte des rois Henri II (dès l'année 1551)[2], Henri III, Henri IV et Louis XIII (au moins jusqu'en l'année 1635)[3], et que c'est à ce maître, dont l'existence se serait prolongée près d'un siècle et demi, qu'il faudrait attribuer l'œuvre remarquable de graveur et les nombreux édifices qui ont fait et conservé illustre le nom des Androuet du Cerceau.

Après que Pierre de l'Estoile[4] et Blaise de Vignères[5] eurent,

lier, 1584, *art*. MACÉ OGIER, dit que Jacques Androuet était *Parisien* et surnommé *Du Cerceau*, et il ajoute, p. 175, « Du Cerceau, qui est à dire Cercle, lequel nom il a retenu pour avoir un cerceau pendu à sa maison pour la remarquer et y servir d'enseigne (ce que je dis en passant pour ceux qui ignorerayent la cause de ce surnom. » — D'Argenville (ouvr. cité p. 200, n. 2), prétend que le père de Jacques Androuet était un marchand de vin ayant pour enseigne un cercle d'or et que ce fut là l'origine de ce surnom, transformé plus tard en titre, dit M. Berty ; car les descendants de Jacques Androuet sont qualifiés de *Sieurs Du Cerceau* dans plusieurs actes.

1. LE PÈRE LELONG (*Biblioth. hist.*, vol. I, p. 95, n° 1661), parle d'une édition de la *Carte du pays Manceau*, publiée au Mans, que Jacques Androuet exécuta, d'après Macé Ogier, dès 1537.

2. « En 1551, le 1er août, Henri II et Diane de Poitiers s'étant rendus à Orléans, il fut chargé de présider aux préparatifs des fêtes organisées pour recevoir dignement ces personnages. Il était assisté de deux autres architectes, Louis MARTIN et Louis FROMONT. » — AD. LANCE, *Dict. des Archit. franç.*, Paris, Morel, 1872, t. I, p. 11.

3. M. Ad. Lance possède une pièce originale signée JEAN ANDROUET, datée du 17 mars 1635 et où est donnée à cet artiste, que nous savons petit-fils du premier Jacques, la qualification d'architecte ordinaire du roi. De plus, Ad. Berty cite une déclaration foncière, passée le 15 mai 1649, où il est nommé « JEAN ENDROUT DU CERCEAU, *architèque du Roy*. »

4. Ce chroniqueur dit, dans le journal de Henri III : « En ce mesme mois (mai 1578)... fut commencé le Pont-Neuf... sous l'ordonnance du *jeune Du Cerceau, architecte du Roy...* »

5. « Les deux du Cerceau père et fils » (il est présumable qu'il s'agit ici de Jacques et de son second fils, appelé aussi Jacques) « ont été des meilleurs architectes de notre temps par la connaissance qu'ils avaient du dessin. » — *Les images ou tableaux de Platte, peinture des deux Philostrates*, in-fol., Paris, 1614.

les premiers, indiqué deux du Cerceau, dont ils étaient presque contemporains, d'Argenville[1] a dit que Jacques Androuet eut des fils dont l'un fut aussi appelé Jacques, et Callet père[2], — malgré son silence sur ce Jacques (deuxième du nom), architecte d'Henri IV et de Louis XIII, et quoiqu'il ait confondu ensemble Baptiste, un des fils de Jacques Ier, et architecte d'Henri III et d'Henri IV, avec Jean, fils de ce Baptiste et architecte de Louis XIII, — Callet père, qui avait réuni en treize volumes l'édition la plus complète de l'œuvre de gravure de Jacques Androuet du Cerceau[3], a jeté cependant une réelle clarté sur la part brillante qu'il faut réserver au premier de ces architectes, Baptiste, auquel, afin de tenir compte de données difficiles à concilier, il donne le double prénom de Jean-Baptiste.

De plus, depuis quelques années, M. H. Destailleur[4] a édité de précieux renseignements sur l'œuvre si considérable mais si dispersée [5] de Jacques Androuet, dont Berty[6] avait su fixer la descendance artistique; mais, dans un ouvrage tout

1. Déjà cité, p. 200, n° 4.

2. *Notice hist. sur la vie de quelq. archit. franç. du seizième siècle*, in-8°, Paris, 1842.

3. Nous croyons nous rappeler que, en 1851, après la mort de Callet père, cet exemplaire unique fut acheté à la vente de ses livres la somme de *trente-deux mille francs* pour la Bibliothèque de la Ville de Paris, où il fut détruit dans l'incendie de mai 1871.

4. *Notices sur quelq. artistes franç.*, etc., du seizième siècle au dix-huitième siècle, in-8°, Paris, Rapilly, MDCCCLXIII. — M. H. Destailleur possède, dit-on, la plus complète collection de l'œuvre de Jacques Androuet Du Cerceau, dont il réédite une partie sous le titre de *Les plus excellents bastiments de France*, par J. ANDROUET DU CERCEAU, nouvelle édition augmentée de planches inédites de Du Cerceau, gravée en facsimile par M. FAURE DUJARRIC, architecte, 2 in-fol., 140 pl. et texte, Paris, A. Lévy.

5. Quelques bibliothèques publiques ou privées de Paris possèdent une partie de l'œuvre de Du Cerceau, dont de nombreux et intéressants recueils et des planches séparées sont portés à l'*Universal catalogue of books on art* (2 forts in-8°, Londres, Chapmann et Hall, 1869), comme appartenant à des collections publiques anglaises.

6. Déjà cité, n° 3, p. 200.

récemment paru, le *Dictionnaire des Architectes français*[1],
M. Ad. Lance, s'appuyant sur une étude approfondie consacrée par un chercheur émérite, un *trouveur*, M. Jal, à la
famille des du Cerceau[2], nous semble avoir, sinon répondu
à tous les *desiderata* de cet obscur et si intéressant problème
biographique, au moins en avoir heureusement et nettement
indiqué la solution.

Aussi c'est le livre de M. Lance qui nous a servi de guide
pour résumer ici les points les plus importants de la vie de
Jacques Androuet du Cerceau, et de celles de ses fils Baptiste
et Jacques et de son petit-fils Jean, auxquels artistes il faut
encore ajouter, de leur descendance présumée, un second
Jean, un troisième et un quatrième Jacques, et enfin un Paul
Androuet du Cerceau[3], sans citer ici le fameux Salomon de
Brosse, architecte de Marie de Médicis, donné par M. Ch.
Read[4] comme neveu du second Jacques.

Quant aux ascendants du premier Jacques Androuet, on
manque de renseignements positifs sur leur compte; de sérieux ouvrages critiques ayant, de nos jours, refusé toute
créance aux assertions de Callet père à leur endroit[5].

Connu comme graveur dès l'an 1537[6], Jacques Androuet
du Cerceau, dont une des dernières œuvres authentiques, le

1. Déjà cité, p. 201, n° 2.

2. *Dict. crit. de biog. et d'hist.*, in-4°, Paris, Plon, 1871.

3. Artistes dont les deux premiers furent architectes, le troisième orfévre et le quatrième graveur. Au reste la descendance de Jacques Androuet Du Cerceau n'est pas éteinte et compte encore quelques personnes attachées à diverses branches de l'administration française.

4. Travail biographique sur Salomon de Brosse, en préparation.

5. Malgré les réfutations ou le silence de MM. Berty, Destailleur, Jal et
Lance, pour ne citer que les auteurs contemporains, nous croyons cependant devoir transcrire le passage de M. Callet (ouvr. cité, n° 2, p. 202) :
« Le père de Jacques Androuet Du Cerceau, architecte dans la même ville
(Orléans), fut chargé, en 1505, avec Jules Joconde, de rebâtir, pour le
premier cardinal Georges d'Amboise, le château de Gaillon, détruit en
1423, etc. »

6. Voir p. 201, n° 1.

Livre des Édifices antiques romains, porte une dédicace adressée à Jacques de Savoie, duc de Nemours, et datée de 1584, doit être né vers 1515 et peut-être avant [1]. Callet le fait naître à Orléans, d'après Vergnaud Romagnesi [2] et Polluche [3], et surtout en s'appuyant sur ce que, sauf la Carte du pays manceau [4], ses premiers ouvrages ont été publiés dans cette ville ; mais d'autres biographes, s'appuyant sur le témoignage de La Croix du Maine [5], le font naître à Paris.

Il appartenait, ainsi que ses deux fils, à la religion réformée, ce qui fut cause des persécutions qu'ils éprouvèrent [6], et l'on croit même que Jacques Androuet, qui vint plusieurs fois habiter Montargis [7], où il possédait le droit de bourgeoisie, se réfugia, dans un âge avancé, à l'étranger [8], où il mourut vers la fin du seizième siècle.

Suivant Callet, son père fut son premier professeur d'architecture, et le fameux Stephanus de Laulne l'aurait initié aux secrets du burin. D'Argenville dit même positivement

1. En 1579, Jacques Androuet disait : *La vieillesse ne me permet pas de faire telle diligence que j'eusse faite autrefois*, et, en 1582, il rappelait *ses vieux ans*. Il était alors fort avancé en âge. — Voir la dédicace du second volume des *Excellents bastiments de France* et l'épître au roi du troisième volume du *Livre d'architecture*. BERTY, déjà cité.

2. *Indicateur Orléanais*, t. II, p. 638.

3. *Essais hist. sur Orléans*, éd. de 1778, p. 193.

4. Voir p. 201, n° 1.

5. Voir p. 200, n° 5.

6. Consulter PIERRE DE L'ESTOILE, *Journal de Henri III*, édit. Michaud, p. 193 et le *Traité des causes et des raisons de la prise d'armes faite en janvier* 1589, dans les *Mémoires du duc de Nevers*, p. 28 et 29, pour Jacques Androuet et son fils aîné Baptiste. En outre, une note découverte par M. Ch. Read et relative à l'inhumation du fils cadet Jacques, cérémonie qui eut lieu, en 1614, au cimetière Saint-Père réservé aux protestants, qualifie ce second Jacques de *architecte des bâtiments du Roy et estant de la vraie religion*.

7. Cette ville, ainsi que le rappelle l'Estoile, était « la retraite de ceux de la religion. »

8. Callet le fait mourir à Turin en 1592 et Berty, à Annecy ou à Genève, près du duc de Nemours ; tandis que, suivant Polluche, il serait mort à Orléans.

que « Androuet fut au nombre des architectes français qui,
à la faveur du cardinal d'Armagnac, allèrent en Italie se perfectionner par l'étude des antiquités, » et quoique d'Argenville ne cite aucune pièce à l'appui de son assertion, ce
voyage paraît probable, car toutes les premières productions
d'Androuet se rapportent aux monuments antiques restés
encore debout à Rome [1].

Il y a assez peu de cas à faire des travaux d'architecture
proprement dits dus réellement à ce premier des du Cerceau,
auquel, pendant si longtemps, on attribua la construction
de tant d'ouvrages dirigés par ses descendants; cependant,
il nous apprend lui-même qu'il a travaillé au château de
Montargis [2], et on ne peut douter que fe dessin du chœur de
l'église de cette ville ne soit de cet artiste [3].

En outre, sans attacher plus d'importance qu'il ne convient à un titre peut-être plus honorifique que réel à cette
époque, mais pour lequel Jacques Androuet touchait une
pension, il est irrécusable que cet architecte, — que nous
savons avoir, dès 1551, dirigé les préparatifs de fêtes données en l'honneur du roi Henri II [4], — était, en 1569,
*architecte du roy Charles IX et de Mme la duchesse de
Ferrare* [5], et que, de plus, il jouissait d'une telle réputation parmi ses contemporains, que, outre les éloges que lui

1. H. Destailleur, ouvr. cité, p. 202, n° 4.

2. « Comme mesme au chasteau de Montargis, lequel n'est pas de petite entretenue, toutes fois pour bien peu de chose par an, *avons* regardé
à le maintenir.» — Notice sur cet édifice dans *Les plus excellens bastimens
de France*, 1ᵉʳ vol.

3. « Du temps de Mme d'Este, duchesse de Ferrare, les habitants et
bourgeois de Montargis se cotisèrent pour faire bastir le chœur d'icelle
(église) en la forme qu'il se void à présent. Le dessein en fut projetté par
Du Serseau, l'un des plus ingénieux et excellens architectes de son temps...
Le commencement fut sous le règne de Henri second, et fut parachevé
l'an 1608.» Guill. Morin, *Hist. gén. des pays de Gastinois*, etc. (ouvr.
posth.), in-4°. Paris, 1630, p. 20. — D'après Berty.

4. Voir p. 201 , n° 2.

5. Jacques Besson « dans l'épitre aux bénévoles lecteurs de son *Livre*

donnent Guillaume Morin[1] et le duc de Nevers[2], « un
étranger, Jean Vrédeman, dans son *Architectura*, traité imprimé à Anvers en 1577, mentionne simultanément *le très-
renommé Vitruvius, Sebastiaen Serlio et l'expert* JACOBUS
ANDROUETIUS CERSEAU[3]. »

Mais ce qui assure une véritable place à Jacques Androuet
du Cerceau parmi les grands architectes de la Renaissance
française, c'est l'admirable fécondité[4] et la vigueur de son
burin appliqué à la composition et à la reproduction d'un
grand nombre d'œuvres d'architecture, pour lesquelles il
dut fréquemment jouer un rôle bien supérieur à celui de

---

des Instruments mathématiques et mécaniques (dont le privilége est daté
d'Orléans, 1569), écrit : *Donnez louanges à maistre Jacques Androuet,
dict du Cerceau, architecte du Roy et de Mme la duchesse de Ferrare,
d'autant que stimulé de bonne et franche volonté, ores qu'il fût infiniment
occupé d'ailleurs, a voulu convenir avec moi, non-seulement de pourtraire,
mais de maismement sculpter et représenter (pour votre contentement) toutes
nos inventions et ordonnances nécessaires à la construction de ceste œuvre.»
— H. DESTAILLEUR, p. 23, et plus loin, p. 39 : « Il y a eu de ce livre des
traductions latines, italiennes, espagnoles, allemandes, et je crois même
anglaises.»

1. Voir p. 205, n° 3.

2. Ce prince (ouvr. cité, p. 204, n° 6) dit qu'un peintre, nommé DE
MAGNY « lequel, tant pour son âge qu'aussi pour ne se connaître guères
au fait de l'architecture, et avait la main dure pour en dresser pourtraits, ne pouvait satisfaire au gré de Sa Majesté (Charles IX), et estait
contrainct de faire travailler sous luy le dict Du Cerceau (Baptiste), qui
estait un jeune garçon, fils de Du Cerceau, bourgeois de Montargis, *lequel a esté des plus grands architectes de nostre France.*

3. BERTY, ouvr. cité, p. 97.

4. M. DESTAILLEUR, dans la si complète *Bibliographie* qui accompagne
sa *Notice*, indique plus de soixante-dix numéros de son œuvre de graveur
et quelques-uns de ces numéros, surtout ceux consacrés à l'architecture,
renferment de nombreuses planches. M. Destailleur suppose même, p. 21,
après avoir reproché à Du Cerceau « *de généralement oublier de donner
le nom du maître qu'il copie* » que, « en voyant cette activité qui ne laisse
pas même à l'artiste le temps de composer, mais le plus souvent l'oblige
à copier les œuvres de ses contemporains, on doit croire qu'il y avait là
un intérêt industriel à satisfaire ; le besoin d'alimenter un atelier établi
peut-être à grands frais et qui ne pouvait rester inactif.»

simple graveur, si habile qu'on le suppose. Aussi nous croyons que, en se reportant à cette époque où, suivant Berty, le mot *architecte* « désignait d'une manière plus spéciale l'artiste, distingué du constructeur, auquel on continuait à donner le nom de maçon, et quand, vraisemblablement, plusieurs des architectes célèbres, avant le règne de Louis XIII, ont seulement été des dessinateurs d'architecture, composant habilement les projets des édifices et laissant aux hommes du métier le soin de les exécuter [1] ; » il serait injuste de ne voir, dans l'artiste qui nous occupe, qu'un fort remarquable graveur d'architecture et non un des maîtres de notre art français, dont les nombreuses productions comme graveur ont singulièrement facilité l'heureux développement [2].

Il ne peut entrer dans notre cadre de tenter de donner le catalogue complet des gravures attribuées à du Cerceau, catalogue dans lequel on comprend de nombreuses pièces souvent sans nom d'auteur, sans date, et relatives à tout ce qui constitue aujourd'hui le domaine si vaste des arts dits industriels ; mais nous devons indiquer brièvement ici, après une mention de son *Livre de Grotesques* [3] (une de ses plus ravissantes suites imitées de l'antique), les principales de ses publications qui sont du domaine de l'architecture, en suivant l'ordre chronologique dans lequel les a classées M. H. Destailleur, et en renvoyant à son catalogue ceux qui voudraient se faire une idée de la fécondité et de la variété qui caractérisent l'œuvre de du Cerceau.

1. P. 97, n° 1.

2. Il est bon de noter ici la phrase suivante empruntée à la préface d'un « petit *Traité des cinq ordres*, » qu'il mit au jour à Paris en 1683 : Et d'autant que naguères j'ai mis en lumière quelques livres d'architecture, je me suis persuadé n'*être hors de raison de laisser couler cette petite instruction pour les accompagner*. — H. DESTAILLEUR, p. 27.

3. « LIBER DE EO PICTURÆ GENERE QUOD GROTTESCHE VOCANT ITALI, AURELIÆ, 1550, *in-4°*. — Délicieuse collection d'arabesques, qui décèle une originalité ainsi qu'une facilité d'inventions extraordinaires, et qui a été réimprimée à Paris, en 1566, par Wéchel, sous le titre de *Livre de grotes-*

ARCS DE TRIOMPHE. — Choix d'exemples d'arcs comprenant, avec le frontispice, vingt-cinq ou trente planches in-fol., suivant l'une ou l'autre des deux éditions, datées d'Orléans 1549, et dont partie reproduisent des arcs antiques et partie sont de la composition de Jacques Androuet du Cerceau.

TEMPLES. — Trente-cinq planches avec le titre, in-4°, Orléans, 1550, et donnant, comme le précédent ouvrage, des modèles empruntés à l'antique et des compositions originales.

FRAGMENTS ANTIQUES. — Treize pièces, y compris frontispice, in-4°, Orléans, 1550 et 1565, copiées d'après Léonard Théodoric, et reproduites ensuite, d'après du Cerceau, par l'Allemand Virgilius Solis.

VUES D'OPTIQUE. — Vingt et une planches rondes, in-4°, 1551, empruntées à la *Perspectiva et antichita di Roma*, de MICHEL CRECCHI.

COMPOSITIONS D'ARCHITECTURE. — M. Destailleur en cite cinq in-fol., dont deux datées d'Orléans, 1551, et, parmi ces deux, la façade d'une villa[1] qui, plus que toute autre œuvre, montre bien la valeur de Jacques Androuet du Cerceau comme architecte. — Ces compositions et les vues d'optique qui précèdent sont les derniers ouvrages de cet artiste publiés à Orléans.

« LIVRE D'ARCHITECTURE, de Jacques Androuet du Cerceau, contenant les plans et dessaings de cinquante bastiments tous différens : pour instruire ceux qui désirent bastir, soient

---

ques. La réimpression forme un in-fol. de 2 f. de texte et de 35 planch. »
— BERTY, p. 99.

1. « Au rez-de-chaussée, des arcades, reposant sur des colonnes accouplées d'ordre dorique, forment un large promenoir. Le premier étage est décoré de charmantes cariatides d'ordre ionique, et les fenêtres sont surmontées de lucarnes en pierre reliées entre elles par des balustrades à jour. J'oubliais de mentionner le motif de corniche dorique au rez-de-chaussée, qui est fort original. Les proportions, les détails, tout est parfait dans cette œuvre du maître... » — H. DESTAILLEUR, p. 36 et 37.

de petit, moyen ou grand estat; avec déclaration des membres et commoditez et nombre des toises que contient chacun bastiment, dont l'élévation des faces est figurée sur chacun plan. Plus, brève déclaration de la manière et forme de toiser la maçonnerie de chacun logis, selon la toize contenant six pieds, suyvant laquelle on peut toiser tous édifices, et par là congnoistre la despence qu'il convient faire[1]. » Cet ouvrage de 171 pièces, sur 69 planches in-fol., a paru à la fois en français et en latin, et a eu trois éditions successives à Paris, en 1559, 1582 et 1611.

ARCS ET MONUMENTS ANTIQUES D'ITALIE ET DE FRANCE. — Cet ouvrage in-fol. de vingt-six planches, paru en 1560 et faisant suite à celui édité en 1549[2], se recommande par un très-curieux dessin de l'arc de triomphe de Besançon; mais six planches seulement seraient, d'après M. Destailleur, entièrement dues à du Cerceau.

SECOND LIVRE D'ARCHITECTURE, par Jacques Androuet du Cerceau, contenant plusieurs et diverses ordonnances de cheminées, lucarnes, portes, fontaines, puits et pavillons, pour enrichir tant le dedans que le dehors de tous édifices, avec des dessins de dix sépultures différentes. Cet ouvrage a paru à la fois en français et en latin, et a eu deux éditions

---

1. BERTY, p. 99 et 100. « L'ouvrage contient, sur chacun des 50 bâtiments, une petite notice en indiquant les dimensions principales. Dans une dédicace au roi (Henri II), Du Cerceau dit : « Sire, j'ay autres fois receu tant de faveur de vostre Majesté, qu'elle a bien voulu employer quelques heures de temps à veoir et contempler aucuns petits plans et pourtraicts de bastiments de temples et logis domestiques, par moi dessaignés et imprimés, esquels elle receut (comme me sembla) plaisir et délectation... Doresnavant vos sujects n'auront occasion de voyager en estranges païs, pour en veoir de mieux composez. Et d'avantage, vostre Majesté prenant plaisir et délectation mesmes à l'entretenement de si excellens ouvriers de vostre nation, il ne sera plus besoin avoir recours aux estrangiers. »

2. Voir plus haut, p. 208, 1° ARCS DE TRIOMPHE et 2° TEMPLES.

in-fol., soixante-huit feuilles, dont deux de texte. Paris, André Wechel, 1561 [1].

« Livre d'architecture, de Jacques Androuet du Cerceau, auquel sont contenues diverses ordonnances de plans et élévations de bastiments pour seigneurs, gentilshommes et autres qui voudront bastir aux champs, mesmes en aucuns d'iceux sont desseignez les basses-courts avec leurs commoditez particulières, aussi les jardinages et vergiers. » In-fol. de vingt-huit feuilles, avec cent dix-huit pièces, texte, titre et dédicace au roi Henri III. Paris, quatre éditions, 1572, 1582, 1615 et 1648.

Leçons de perspective positive, par Jacques Androuet du Cerceau, architecte. In-4°, onze feuilles de texte et soixante planches, Paris, deux éditions, 1576 et 1676 [2].

Comme on le voit par ce traité de perspective et par le concours réel qu'il apporta à un *Traité des instruments mathématiques et mécaniques* de Jacques Besson [3], ainsi que par les données de mesurage de travaux contenues dans plusieurs de ses *Livres d'architecture*, Jacques Androuet du Cerceau possédait, outre ses talents pour composer et dessiner les œuvres d'architecture, des connaissances spéciales, sérieuses et approfondies, si utiles dans la pratique de cet art.

1. « Cet ouvrage est considéré comme le second tome de celui qui parut en 1559. On apprend par la dédicace au roi (Charles IX) que du Cerceau avait déjà reçu la commande de son grand ouvrage sur les bâtiments de France ; il dit : « Attendant que Dieu me face la grâce de vous en présenter ung autre, *selon qu'il m'a esté permis et ordoné par vos prédécesseurs roys*, tant des desseins et œuvres singulières de vostre ville de Paris, comme de vos palais et bastiments royaux, avec aucuns des plus sumptueux qui se trouvent entre les aultres particuliers de vostre royaulme. » — Berty, p. 101.

2. « Dans la dédicace·à la reine Catherine de Médicis, il lui fait observer que, empêché par les troubles d'aller relever les dessins nécessaires pour l'ouvrage sur les châteaux de la France, il a mis au jour, en attendant, le *Traité de perspective*, dont il espère qu'elle éprouvera quelque satisfaction. — Berty, *idem*.

3. Voir p. 205, n° 5.

Mais de toutes les œuvres de cet habile dessinateur et graveur d'architecture, celle qui a le plus fait pour sa réputation et la plus précieuse pour nous, — car elle nous a conservé les monographies d'édifices depuis longtemps détruits ou singulièrement transformés, — est la réunion, en deux volumes, des *plus Excellents bastiments de France*, auquel (dans chaque volume) « sont désignés les plans de quinze bastiments[1] et de leur contenu, ensemble les élévations et singularités d'un chacun. » Ces deux volumes in-fol., dont la première édition parut à Paris en 1576 et en 1579[2], renferment, outre les iconographies de résidences royales ou de châteaux privés, des notices malheureusement trop succinctes sur les édifices reproduits par la gravure. Tous deux sont dédiés à Catherine de Médicis[3].

1. LE PREMIER VOLUME comprend : *Maisons royales :* 1º Le Louvre, 10 pièces sur 9. pl. — 2º Vincennes, 2 pièces sur 2 pl. — 3º Chambord, 3 pièces sur 3 pl. — 4º Boulogne, dit Madrid, 10 pièces sur 9 pl. — 5º Creil, 2 pièces sur 1 pl. — 6º Coucy, 7 pièces sur 4 pl. — 7º Folembray, dit le Pavillon (près de Chauny), 2 pièces sur 2 pl. — 8ºMontargis, 5 pièces sur 4 pl. — 9º Saint-Germain-en-Laye, 7pièces sur 5 pl. — 10º La Muette, 2 pièces sur 2 pl. — *Maisons particulières :* 1º Vallery (près Sens), 5 pièces sur 5 pl. — 2º Verneuil-sur-Oise, 10 pièces sur 10 pl.— 3º Ancy-le-Franc, 5 pièces sur 3 pl. — 4º Gaillon, 9 pièces sur 7 pl. — 5º Maune (près Ancy-le-Franc), 2 pièces sur 2 pl.

LE DEUXIÈME VOLUME comprend : *Maisons royales :* 1º Blois, 5 pièces sur 5 pl. — 2º Amboise, 3 pièces sur 3 pl. — 3º Fontainebleau, 7 pièces sur 7 pl. — 4º Villers-Cotterets, 3 pièces sur 3 pl. — 5º Charleval (près les Andelys), 5 pièces sur 5 pl. — 6º Les Tuileries, 4 pièces sur 3 pl. — 7º Saint-Maur-les-Fossés, 3 pièces sur 3 pl. — 8º Chenonceaux, 4 pièces sur 4 pl. — *Maisons particulières :* 1º Chantilly, 9 pièces sur 9 pl. — 2º Anet, 10 pièces sur 7 pl. — 3º Écouen, 5 pièces sur 7 pl. — 4º Dampierre, 4 pièces sur 4 pl. — 5º Challuau (près Fontainebleau), 3 pièces sur 2 pl. — 6º Beauregard (près Blois), 3 pièces sur 3 pl. — 7º Bury (près Blois), 4 pièces sur 3 pl.

2. Une 2e et une 3e éditions parurent, à Paris, en 1607 et en 1648 et une 4e est actuellement sous presse (voir plus haut, p. 202, nº 4).

3. La phrase terminant la dédicace du premier volume est curieuse : « Protestant, madame, si d'iceux il en peut venir à la France quelque honneur, contentement ou profit, qu'il vous soit tout attribué, n'ayant en-

Enfin, outre un *Plan de Rome antique*[1], et peut-être un *Plan de Paris*[2], des *Vues de Lyon et d'Anvers*, un petit *Traité des cinq ordres de colonnes*[3], le *Livre des Édifices antiques romains*[4], et une suite de *Monuments antiques*[5], il nous reste à citer un recueil de *Temples et habitations fortifiées*[6], et, avec M. Destailleur[7], un certain nombre de planches isolées, dont quelques-unes des plus curieuses, pro·bablement destinées à un troisième volume des *Bâtiments de France*, représentent *la Bastille, la Fontaine des Saints-Innocents, le Bâtiment construit récemment entre le Petit-Pont et l'Hôtel-Dieu*[8], *le Pont Saint-Michel*[9], et *une Perspective de l'intérieur de la grande salle du Palais, à Paris*[10].

Nous terminerons cette étude sur Jacques Androuet du Cerceau en disant qu'il a laissé de nombreux dessins généralement faits à la plume, sur peau de vélin, avec beaucoup

trepris ce long et pénible ouvrage que *suyvant vostre commandement et poursuivi par vostre libéralité.*»

1. D'après Pirro Ligorio, 6 f. in-fol., 1578.

2. 4 f. in-fol., vers 1560.

3. Paris, petit in-fol., 14 f. dont 2 de texte, 1583, Voir p. 207, n° 2.

4. In-fol., 105 pièces sur 98 pl., 1584. Dédié à son dernier protecteur, le duc de Nemours.

5. In-fol., 20 pl., accompagne souvent le volume d'arcs, paru en 1560.

6. In-8°, 52 pl., rangées alphabétiquement de A à R.

7. Ouvr. cité, p. 42 à 45.

8. Ce bâtiment, faisant partie des agrandissements ordonnés pour l'Hôtel-Dieu, par le cardinal Antoine Duprat en 1521, avait deux étages et était couronné de lucarnes. Le rez-de-chaussée se composait d'arcades entre les pieds droits desquels se trouvaient des portes avec frontons, surmontées d'œils de bœuf.

9. D'après ce dessin, chaque maison, construite sur ce pont, avait à rez-de-chaussée un appentis en encorbellement, soutenu au dessus de la rivière par des consoles.

10. Dans cette pièce non terminée, mais où une foule de personnages sont indiqués avec esprit, l'architecture est heureusement assez avancée pour qu'on y retrouve ces statues des rois de France, si célèbres dans la description de l'ancien Paris.

de finesse, et les ombres indiquées très-légèrement à l'encre
de Chine. La Bibliothèque nationale, la Bibliothèque Sainte-
Geneviève, et quelques collections françaises et anglaises,
possèdent un certain nombre de ces études, dont les différences avec la gravure ont souvent fourni de précieux renseignements pour le classement de l'œuvre si considérable
de cet architecte à la fois dessinateur d'un rare talent et graveur des plus renommés.

Jacques Androuet du Cerceau eut au moins deux fils,
peut-être trois[1]; mais deux furent architectes des rois de
France : l'un, sans doute l'aîné, s'appelait Baptiste, et le
second Jacques, comme son père.

Baptiste Androuet nous apparaît dès l'année 1575, pendant laquelle, suivant les *Mémoires du duc de Nevers*[2], il entra,
lui seul de huguenot, dans la garde nouvelle des quarante-
cinq gentilshommes ordinaires de Henri III. Ce roi le prit à
son service, et par faute d'autre, lorsque, dit ce témoin ocu-
laire, « Sa Majesté estait en si grande affection de faire bastir
une maison de plaisance autour de Paris, pour ce que ce petit
homme pourtrait fort bien et mieux qu'homme de France,
et estait diligent, actif et soigneux aux commandements qui
lui estaient faicts; etc...[3] » Le duc de Nevers ajoute en
outre — ce qui montre bien que cette charge d'architecte
du roi Henri III n'était pas une sinécure — que « le dit du
Cerceau a bien fait pénitence en sa charge, ayant fait plus
de pourtraits de monastères, églises, chapelles, oratoires et
autels pour dire la messe, que jamais architecte en France
en ait fait en cinquante ans. »

Deux années plus tard, nous voyons Baptiste du Cerceau,

1. Il est présumable, en effet, qu'un Charles Androuet, dict Cerceau,
vallet de garde robbe du duc d'Anjou, en 1580, avait pour père Jacques
Androuet, l'architecte graveur. — BERTY, p. 114, d'après les *Arch. de
l'Emp.*, reg. KK 228, f° 208, verso.

2. Ouvr. cité, p. 204, n° 6.

3. Voir p. 206, n° 2, la suite relative à cette entrée de Baptiste du
Cerceau au service de Henri III.

occupé avec son jeune frère, Jacques (le deuxième de ce nom), aux travaux du *Château de Charleval*[1], au village de Noyon-sur-Andelle (arrondissement des Andelys); puis l'Estoile nous apprend, qu'au mois de mai 1578, « fut commencé *le Pont-Neuf*[2], sous l'ordonnance du jeune du Cerceau, architecte du roy[3]. »

Pierre Lescot, architecte du Louvre, étant mort au mois de septembre 1578, vers la fin de cette même année, Baptiste Androuet eut l'honneur de lui succéder[4] et l'on croit généralement que c'est à lui qu'il faut attribuer la construction (indiquée par Sauval) de la partie de l'aile méridionale aujourd'hui reconstruite en grande partie, qui allait jusqu'à la jonction du vieux Louvre, outre des portiques de peu d'importance, mais élégants et finement décorés qui, entourant le jardin de la Reine, aujourd'hui jardin de l'Infante, furent détruits lors des travaux de reconstruction que dirigea Levau sous le règne de Louis XIV[5].

Deux ans plus tard, en 1580, « Henri III voulant relever les bains de Bourbon-Lancy de l'état de ruines où ils se trouvaient depuis les guerres de religion, y envoya Miron, son premier médecin et du Cerceau, *son premier architecte*[6]. »

« A ce titre d'architecte du roi que portait en 1578 Baptiste Androuet, en sont, dans des documents plus récents, ajoutés deux autres, ceux de valet de chambre dudict sire

---

1. A. LANCE, ouv. cité, p. 201, n° 2. — Ce château, aujourd'hui détruit, a été gravé dans *les plus excellents bastiments de France*, t. II.

2. Ce pont fut achevé, en 1604, sous la direction de Guillaume Marchand qui donna le dessin de son couronnement. Il passait alors pour le plus beau et le plus long des ponts du monde et était le passage le plus réquenté de la Ville. Aussi fut-il nombre de fois gravé à cette époque.

3. Ouvr. cité p. 201, n° 4.

4. Voir le texte de ces Lettres dans BERTY, *Hist. topog. et arch. du vieux Paris*, t. I, in-4°, Paris.

5. Consulter A. LEMAISTRE, *Le Louvre, Monuments et Musée*, etc. (*Mém. de la Soc. franç. de numism. et d'archéol.*), in-4°, Paris, 1870.

6. *Ann. hist. de l'Yonne*, in-8°, Auxerre, 1869, p. 13.

et de *Ordonnateur général des bastiments de Sa Majesté;* et,
sur une pièce de 1586, Baptiste est énoncé *noble homme*
Baptiste Androuet, *sieur* du Serseau, *conseiller du roy,* son
architecte ordinaire, et commis par Sa Majesté pour ordonner de tous les ouvrages des bastiments et édifices de Sa
Majesté, et despence que y convient faire. Sa charge de surintendant des bâtiments lui valait *six cents* livres par an, au
dire de Brice[1]. Elle impliquait la direction de presque toutes
les constructions faites pour la couronne, et comprenait
celle des travaux de la *Chapelle des Valois,* à Saint-Denis[2]. »

C'est pendant ce travail, le dernier que dirigea Baptiste
Androuet jusqu'en 1586, que cet artiste, alors dans l'aisance
et s'étant fait construire une maison « avec grand artifice et
plaisir au commencement du Pré-aux-Clercs, » dit l'Estoile,
fut obligé, pour cause de religion, d'abandonner cette maison qui « fust toute ruinée sur lui[3]. » Cependant, disgracié
à la cour de Henri III, « il devint architecte d'Henri IV qui
lui fit fortifier les villes de Melun et de Pontoise, et qui le
chargea de la construction du *château de Monceaux* pour
Gabrielle d'Estrées et de l'achèvement du *château de Verneuil.* Ce qui prouve en outre que Baptiste fut l'architecte
de Henri IV, c'est que, dans les lettres d'office délivrées à
son fils par Louis XIII, il est parlé des services du père envers les *feuz roys.* Il y a même mieux que cet indice, c'est
un des *Comptes du Béarn et de la Navarre* (série B, pour
l'année 1598) où il est fait mention d'honoraires payés à
Baptiste pour les plans des château, jardins et ville de Pau,
qu'il avait dressés[4]. »

---

1. T. IV, p. 169, édit. Michaud. — Voir note de A. LANCE, ouvr.
cité.

2. Travaux commencés par Jean Bullant et pour lesquels, comme
« ordonnateur de ladicte sépulture, » Baptiste Androuet avait « pour ses
gaiges et appointements » la somme de deux cents livres par an.—BERTY,
p. 107.

3. Ouvr. cité, p. 193.

4. Le passage suivant de la *Chronique d'Isaac de Perès* est plus con-

Ce qui précède suffit et au delà pour montrer la grande place occupée comme architecte pendant un quart de siècle par Baptiste Androuet à la cour des rois Henri III et Henri IV : aussi ne ferons-nous que citer, avec Callet, plusieurs édifices qui sont attribués sans trop de raison à cet artiste et qui sont : les *Monastères des Capucins, des Feuillants, des Pénitents et des Augustins* à Paris, ainsi que celui *des Bons Hommes*, au bois de Vincennes ; enfin, suivant Sauval, le premier *Établissement des eaux ferrugineuses de Passy-lès-Paris* et, d'après Pierre Guérout, une partie du *Château-Neuf de Saint-Germain-en-Laye*, aujourd'hui détruit.

On sait, par l'acte de vente que passa sa veuve de la petite maison du Pré-aux-Clercs [1], que Baptiste Androuet du Cerceau était mort au mois de mars 1602, laissant un fils mineur, Jean Androuet, qui devint plus tard architecte du roi Louis XIII.

On a fort peu de renseignements sur la carrière de son frère Jacques, le second ou troisième fils du premier Jacques Androuet du Cerceau ; on sait seulement que, en 1576, il était déjà l'un des secrétaires du duc d'Anjou et que, en 1602, à la mort de son frère Baptiste, il était *contrôleur et architecte des bâtiments du roi* (titres qu'il garda jusqu'à sa mort arrivée en 1614), et que, comme tel, c'est à lui que l'on doit attribuer la construction de la seconde partie de la *grande galerie du Louvre* [2].

Quant à Jean Androuet du Cerceau, fils de Baptiste, nommé

vainquant encore ; je le copie textuellement : « Monsieur de Serseau, architecte du Roy, s'en retournant de Pau où il avait été envoyé par Sa Majesté, passa en cette ville ayant commandement de Madame de luy porter le plan du chasteau, jardin, garenne et parc de Nérac, lequel fit, ayant demeuré le quinzième, seizième et dix-septième d'aoust a pourtraire les lieux ci-dessus. Ce fut en l'an 1598. » — A. LANCE, ouvr. cité p. 21, 22 et *Note*.

1. L'acquéreur ne fut autre que le propre frère de Baptiste, Jacques (deuxième du nom) Androuet du Cerceau.

2. A. BERTY et CH. READ, déjà cités.

en 1617 architecte du roi Louis XIII en remplacement d'Antoine Mestivier[1], et dont quelques titres permettent de constater l'existence jusqu'en 1649[2], on lui doit d'importantes constructions qui font de lui un des maîtres de l'architecture privée au dix-septième siècle.

La reconstruction du *Pont-au-Change*[3], qu'il entreprit en compagnie de Denis Laud et de Mathurin du Ry, est le seul grand travail public auquel on puisse avec certitude attacher son nom; mais, de 1624 à 1630, il construisit, rue Saint-Antoine, à Paris, l'*Hôtel* dit *de Sully*[4], puis celui de *Mayenne* devenu l'*Hôtel d'Ormesson*[5], celui des *Fermes du Roi*, rue de Grenelle, devenu plus tard l'*Hôtel de Bellegarde*,

1. Ses appointements, d'abord de cinq cents livres, étaient de huit cents livres en 1624.

2. Voir p. 201, nᵉ 3.

3. Démoli à nouveau et reconstruit près de son ancien emplacement, en 1859.

4. « L'hôtel Sully, — ainsi appelé parce qu'il a appartenu à la famille de Sully pendant plus d'un siècle, à partir de 1634, — fut commencé en 1624. En 1627, la plupart des corps de bâtiment étaient en grande partie élevés ; mais la façade sur la rue n'a pu être entreprise que postérieurement à 1629, date de la démolition de la maison du *Mouton*, qui fut acquise à cet effet. — SAUVAL (t. III, p. 13), dit de l'hôtel Sully « que ce fut le premier hôtel bâti régulièrement à Paris et qu'il le fut par Du Cerceau... » L'hôtel Sully, dit Berty, est un modèle de ces vastes et somptueuses maisons particulières, élevées en grand nombre à Paris, sous le règne de Louis XIII et qui y sont aujourd'hui devenues fort rares. L'ordonnance en est régulière et presque monotone ; car tous les corps de logis, à l'exception de celui qui occupe le fond du jardin qui a un étage de moins que les autres, et qui forme aujourd'hui une propriété particulière, présentent une semblable disposition de lignes et un même ajustement d'ornements. Aussi nous donne-t-il bien une idée du style imposant, quoique empreint de lourdeur, qu'affectionnait Jean Androuet. Malheureusement cet hôtel, qui porte aujourd'hui le nᵒ 143 de la rue Saint-Antoine, a subi de considérables remaniements dans une partie de ses dispositions générales et la plupart des ornements sont maintenant très-altérés. — A. BERTY, *la Renaissance monumentale en France*, t. II, in-4ᵒ, Paris, 1864.

5. A l'angle de la rue du Petit-Musc dans la rue Saint-Antoine, longtemps occupé par la pension Favart.

l'*Hôtel de Bretonvilliers*[1], et, peut-être même, continua-t-il la décoration de la cour intérieure de l'*Hôtel de Carnavalet*[2].

Il nous reste, pour terminer cette longue étude des artistes qui ont porté le nom de du Cerceau, à dire ici quelques mots de quatre autres d'entre eux qui ont vécu au milieu du dix-septième siècle. Le premier, qui s'appelait Jean, naquit à Verneuil-sur-Oise, en 1623 et mourut à Paris en 1644. Son acte de décès nous apprend qu'il était architecte et fils de Moyse Androuet du Cerceau, commissaire de l'artillerie ordinaire de France[3].

Le second, qui se trouve pour nous être le troisième du prénom de Jacques, est qualifié d'*architecte du roi* (Louis XIII) dans un acte de baptême daté de 1628; aussi y a-t-il lieu de le supposer fils du second Jacques, lui aussi architecte de Louis XIII[4].

M. Ch. Read a même trouvé la mention d'un quatrième Jacques, orfévre et bourgeois de Paris, dont une fille s'appelait Marie, comme sa mère il est vrai; mais aussi comme plusieurs autres parentes de Baptiste et de Jacques II.

Enfin, en 1660, un Paul Androuet du Cerceau, architecte, a gravé des *Cahiers d'ornements*, publiés par Poilly; mais rien ne nous laisse voir de qui il descendait[5].

1. Ces deux hôtels ont été entièrement reconstruits.

2. La part de collaboration de Jean Androuet du Cerceau à l'*hôtel Carnavalet* ne peut être mise en doute, et si François Mansard a modifié sensiblement les parties importantes dues à cet artiste, les gravures de Marot sont là pour attester que du Cerceau remania une première fois toute l'aile droite de la cour et y avait même établi un admirable escalier, du genre dit *antique* ou *à la romaine,* et dont les paliers étaient portés par des cariatides. François Mansard supprima cet escalier, après 1634, pour agrandir les communs et, afin d'y suppléer, il refit l'escalier à son emplacement primitif en l'aile gauche de la cour et sur un plan de moindre importance que l'escalier vraiment princier et d'une riche décoration architecturale due à Jean Androuet du Cerceau — *Note communiquée par* M. J. Cousin, *Bibliothéc. de la Ville de Paris.*

3. A. Jal, *Dict. crit.*, déjà cité, p. 203, n° 2.

4. *Idem.*

5. Berty, *les grands Archit.*, etc., p. 114.

Tels sont les documents positifs, que nous avons réunis d'après des auteurs dignes de foi et qui nous font espérer contribuer, pour une faible part, à dissiper les erreurs qui couvrent encore, de nos jours, la biographie de cette remarquable famille d'artistes qui, pendant près d'un siècle, participèrent au mouvement de la Renaissance et tiennent une si grande place dans l'histoire de l'art français.

ANEQUIN DE EGAS.

Parmi les architectes de la cathédrale de Tolède, il faut citer Anequin de Egas, Flamand d'origine, né à Bruxelles, croit-on, et qui dirigea, vers 1459, avec un appareilleur nommé Juan Fernandez de Liena, qui fut, lui aussi, un architecte de talent, les travaux de la façade *de los Leones* qui est celle du transsept méridional de cette vaste église.

La porte dite des Lions, qui donne son nom à cette façade, est une des œuvres les plus remarquables de l'architecture ogivale. Elle se compose de nombreux arcs ornés à profusion de statuettes placées dans de petites niches avec dais et du travail le plus élégant.

Cette porte doit elle-même son nom à une ornementation assez employée dans les édifices du moyen âge. Elle est précédée d'un parvis fermé par une grille en fer disposée entre six colonnes que surmontent des lions servant de supports à des écussons armoriés.

Bibliographie. — Bermudez (Juan A. C.), *Noticias de los arquitectos*, etc., Madrid, 1829, in-8°, t. I.

ANGELL (samuel),

Né à Londres, en 1800, Samuel Angell étudia de bonne heure le dessin et l'architecture sous la direction de M. Thomas Hardwick. Son goût pour les voyages et l'antiquité le décida à se rendre avec son confrère M. Harris, en Italie, en Grèce et en Sicile où tous deux firent d'importantes découvertes, surtout dans les ruines des anciennes villes grecques de Métaponte [1] et de Sélinonte [2].

En explorant, en 1823, l'emplacement de l'acropole de cette dernière ville, leurs fouilles mirent en lumière de très-importants restes de sculptures archaïques empruntées aux métopes des anciens temples de Sélinonte [3], et conservant encore des traces évidentes de coloration.

A leur retour à Londres, en 1826, Samuel Angell et son compagnon y publièrent le résultat de leurs remarquables investigations [4], et Angell seul fit connaître, dans différents

---

1. *Metapontium*, ville fondée à une époque reculée par les Grecs, en Lucanie, sur le golfe de Tarente, et détruite par les Samnites et les Romains.

2. L'ancienne Sélinonte, dont les ruines se voient près de *Castelvetrano* (Sicile), fut fondée dans le septième siècle, av. J.-C., par les Doriens de Mégare, et détruite plusieurs fois par les Carthaginois et peut-être par des tremblements de terre.

3. Ces temples de l'acropole de Sélinonte étaient au nombre de trois et tous d'ordre dorique, hexastyles et périptères. Le second, le plus important, avait dix-sept colonnes sur les côtés et un double rang à la façade. Trois de ses métopes, retrouvées par les architectes Angell et Harris, et conservées aujourd'hui au musée de Palerme, sont regardées comme les plus anciens types de l'art grec en Sicile et comme les premiers spécimens d'un style dont les sculptures des métopes, trouvées en 1831 par le duc Serra di Falco sur une colline opposée à l'acropole, offriraient des types de l'époque la plus voisine de la perfection.

4. *Sculptured metopi discovered amongst the ruins of the ancient city of Selinunt*, in-fol., London, 1826.

mémoires parus en 1837 et en 1862, quelques autres parties de ses intéressants voyages.

Reçu membre de l'*Institut royal des Architectes britanniques*, il faut citer, parmi les communications qu'il fit à cette compagnie, une remarquable étude sur *la Vie et les OEuvres de Baldassare Peruzzi*, dans laquelle, à l'exemple de notre compatriote Le Tarouilly [1], il marque une prédilection évidente pour ce grand maître de la renaissance italienne.

Samuel Angell n'était pas seulement un savant archéologue et un habile dessinateur ; le seul édifice d'une réelle importance que l'on puisse citer de lui, *the Clothworker's Hall* ou siége de la corporation des fabricants de drap, dans *Mincing-Lane* (cité de Londres), offre une grande noblesse de style, surtout dans sa décoration intérieure, et une richesse d'ornementation de détails digne des Palais de Venise.

Samuel Angell mourut à Londres le 2 novembre 1866.

Bibliographie. — Notice due à l'obligeance de notre honoré confrère M. Donaldson.

ANGILBERT [2] (saint).

Né dans la première moitié du huitième siècle [3] et mort en 814, Angilbert, de noblesse franque, fut élevé dans le palais

---

1. Notice sur la vie de Le Tarouilly, en tête de son grand ouvrage, *les Édifices de Rome moderne.*

2. *Angilbertus, Anghilbertus, Angelbertus, Anghelpertus* et de nombreuses autres variantes commençant tantôt par un A, tantôt par un E et même par un I, sont les formes habituelles du nom de *Angilbert* ou *Engilbert* que l'on trouve dans les auteurs latins du moyen âge.

3. Il paraît avéré que Angilbert serait né quelques années après Alcuin,

même de Pépin le Bref avec Charlemagne et prit plus tard des leçons d'Alcuin qui l'appelait son élève[1] : aussi, écrivain et poëte distingué pour son époque[2], versé de plus — ce qui était rare alors — dans la connaissance de la langue grecque, Angilbert prit-il ou reçut-il, selon la coutume de la cour de Charlemagne, un surnom littéraire, celui d'*Homère*, dans l'*École* ou *Académie palatine* fondée sous les auspices d'Alcuin[3].

Nous n'entrerons pas dans le récit très-controversé de l'existence et des fonctions, ou du rang et peut-être même de la parenté[4] qui rapprochait Angilbert de Charlemagne; nous devons seulement dire qu'il paraît avoir rempli à la cour de cet empereur un emploi analogue à celui de secrétaire d'État et que, non-seulement, il fut attaché par Charlemagne à la cour d'Italie sous le règne du jeune roi Pépin, mais encore qu'il fut chargé de diverses missions importantes auprès des papes Adrien et Léon III; que, de plus, il fut un des quatre abbés qui, en 811, souscrivirent le testament de Charlemagne, et qu'enfin il reçut comme apanage de son rang le gouvernement du duché de la France maritime, c'est-à-dire des provinces situées entre l'Escaut, l'Océan et la Seine. C'est même en visitant le comté de Ponthieu qu'Angilbert s'arrêta à l'abbaye de Saint-Riquier à Centule et que,

---

lequel naquit en 735, et un peu avant Charlemagne, lequel naquit en 742.

1. *Filium eruditionis nostræ.* — *Lettre inédite d'Alcuin* citée par M. Pertz (*Hist. Mon. germ.*, II, 392).

2. Outre quelques lettres et un règlement liturgique, Angilbert a laissé en prose une relation des travaux qu'il fit exécuter dans son monastère de Saint-Riquier, et, comme œuvres poétiques, deux petits poëmes élégiaques et diverses inscriptions et épitaphes.

3. Voir la biographie de ce prélat architecte.

4. Des chroniques monastiques, rééditées plusieurs fois, font de Angilbert l'époux d'une des filles de Charlemagne, de BERTHE, dont la beauté est célébrée dans un des poëmes attribués, tantôt à Angilbert, tantôt à Alcuin.

en exécution d'un vœu fait pendant une maladie grave, il résolut, en 788, d'y prendre l'habit monastique.

Malgré de fréquents voyages à l'occasion de ses missions diplomatiques, Angilbert, devenu abbé de Saint-Riquier, s'adonna presque entièrement à la direction de cette abbaye dont il reconstruisit les bâtiments vers 796, métamorphosant « les anciennes constructions de bois en une merveille d'art et de splendeur[1]. »

Un texte d'Angilbert même, confirmé et éclairé par un précieux dessin tiré de la *Chronique manuscrite de Saint-Riquier* par Hariulfe[2], permet de restituer ce remarquable ensemble de constructions (aujourd'hui entièrement détruit) qui comprenait un cloître avec trois églises[3] consacrées dans

---

1. « Les plus habiles ouvriers furent conviés à mettre en œuvre le bois et la pierre, le verre et le métal et Charlemagne envoya de nombreux chariots à Rome, pour en rapporter des colonnes de marbre.... Le tombeau de saint Riquier situé dans le chœur de l'église principale était décoré d'ornements d'or et de pierres précieuses et les onze autels de cette église étaient pourvus d'*antipendium* (voiles d'autel) et travaillés en marbre, en or et en argent; le sol, pavé de mosaïques en marbre et en porphyre vert et rouge (dont on a retrouvé quelques fragments au siècle dernier), passait pour un chef-d'œuvre de l'art. Les quatre vers suivants, dus à Angilbert, étaient écrits en mosaïque sur le dallage :

> « *Hoc pavimentum humilis abbas componere feci*
> « *Angilbertus ego, ductus amore Dei,*
> « *Ut mihi post obitum sanctam donare quietem*
> « *Dignetur Christus, vita salusque mea.* »

Hagiogr. du dioc. d'Amiens, cité plus loin, p. 136 et suiv.

2. Ce dessin a été gravé dans plusieurs ouvrages et notamment dans l'*Architecture monastique* de ALBERT LENOIR, t. I, pl. 27.

3. « Le plan général nous offre un grand cloître triangulaire, avec un préau qu'arrose la rivière du Scardon; au nord, la principale église dédiée au Sauveur et à saint Riquier, au midi, l'église de la Vierge et des saints Apôtres; à l'orient, la petite église dédiée à saint Benoît et à tous les saints abbés. L'ensemble dénote une imitation de l'architecture romane et la connaissance des œuvres de Vitruve (ÉGINHARD, *Epist.* 30). Mais la pensée chrétienne se révèle dans cette forme triangulaire, dans ce nombre *trois* qui apparaît dans les églises, dans les oratoires (situés au haut des trois

le courant de l'année 798 et enrichies d'une bibliothèque et de dons considérables.

On ne saurait donc s'étonner de la place faite dans cet ouvrage à Angilbert qui, plus qu'aucun autre prélat de cette époque, s'adonna à l'architecture et qui, grâce à ses nombreux voyages en Italie, fit fleurir dans le nord de la France les traditions de l'art byzantin.

Bibliographie. — J. CORBLET, *Hagiographie du diocèse d'Amiens*, t. I, in-8°, Paris, Dumoulin, 1869.

———

ANNESSENS (J. A.).

Cet architecte, qui vivait à Bruxelles dans le dernier siècle, fut appelé en 1737 à Liége pour y restaurer une partie du *Palais des Princes-Évêques de cette ville*[1]. C'est à lui que l'on doit la façade de cet édifice sur la place Saint-Lambert. Cette façade, entièrement revêtue de pierres bleues, est « d'un bel effet par ses grandes dimensions et la simplicité de son

tours qui donnaient entrée dans le monastère et dédiés aux saints archanges)', etc. » C'est un hommage rendu aux mystères de la sainte Trinité, comme Angilbert (*Chron.* d'HARIULFE, lib. II, c. 8) nous l'apprend lui-même.

« La basilique principale, de forme rectangulaire, se composait d'une nef, de deux bas côtés percés de fenêtres cintrées, d'un chœur plus bas que la nef, et, aux extrémités, d'une tour ronde à toiture cylindrique, dont l'escalier était ménagé dans une tourelle... L'église Notre-Dame, construite sur les bords du Scardon, était flanquée d'une tour ronde, terminée par un campanile à trois étages et renfermait treize autels; un peu plus loin, s'élevait, en l'honneur de saint Benoît, une très-modeste église rectangulaire, ne contenant que trois autels et dont chaque flanc n'était percé que de trois fenêtres. — *Hagiogr.*, etc., citée plus haut.

1. Cet édifice, aujourd'hui le palais de justice et l'hôtel du gouvernement provincial de Liége, avait été incendié en 1734.

architecture. Elle se compose de deux étages de grandes et belles fenêtres à chambranle et d'un étage en attique, surmonté d'un entablement qui porte une balustrade. Le centre est décoré d'un riche avant-corps à deux ordres de colonnes et de pilastres accouplés, corinthiens et composites, terminé par un grand fronton cintré dans le tympan duquel étaient sculptées, avant 1793, les armes de l'évêché de Liége[1]. »

Annessens a donné aussi les dessins des deux remarquables fontaines de la cour de l'Hôtel-de-Ville de Bruxelles, sculptées par Kinder et Plumier, et représentant : « l'une, *un dieu marin*; l'autre, *deux dauphins jouant avec des tritons*[2]. »

———

ANTELAMI (BÉNEDETTO).

Vers la fin du douzième siècle, au moment où les républiques italiennes commencèrent à rivaliser par l'importance et la richesse de leurs monuments, « les consuls de Parme, « et peut-être aussi l'évêque, décidèrent que leur nouvelle « création (le Baptistère de Parme) serait en marbre véro- « nais[3] et confiée à Bénedetto Antelami, l'un des plus ha- « biles architectes de ce temps. C'est en 1196[4] que cette

1. A. G. B. SCHAYES, *Hist. de l'Archit. en Belgique*, in-12, 2e édit., n. gr., t. II.

2. Note due à l'obligeance de notre confrère M. LELIMAN.

3. L'édifice est, à la vérité, recouvert de marbre comme presque tous les édifices du nord de l'Italie à cette époque ; mais l'intérieur des murs est en briques ainsi que les remplissages des voûtes.

4. TICOZZI, dans son *Dictionnaire*, cite les deux vers latins suivants que l'on peut toujours lire sur le Baptistère de Parme :

Bis binis deemptis annis de mille ducentis
Incevit dictus opus hoc sculptor Benedictus.

« grande construction fut commencée et l'on baptisa pour
« la première fois en 1216[1].

.... « Antelami était très-probablement imbu des doc-
« trines symboliques qui influèrent si puissamment sur une
« grande partie des monuments du moyen âge. C'est au
« moins ce qu'il faut conclure à certains égards de la forme
« donnée par lui à son Baptistère et surtout des nombreux
« emblèmes qui devinrent le sujet des peintures et des
« sculptures qui le décorent[2].

.... « Antelami, bien voisin de la Lombardie, et, par con-
« séquent, exposé à subir l'influence du style qui y régnait
« alors, dut accepter en outre, comme les corporations
« d'artistes que le douzième siècle vit se former à Parme et
« dans beaucoup d'autres villes de l'Italie, une partie des
« traditions orientales que les croisés répandaient dans l'Oc-
« cident, et c'est, à n'en pas douter, à toutes ces circon-
« stances qu'il faut attribuer les diverses singularités que ce
« monument renferme. Il est toutefois une tendance, sen-
« sible surtout dans ce qui fut exécuté du temps de cet
« habile architecte, qui doit être particulièrement signalée ;
« c'est celle qui résulte de l'emploi de certains ordres,
« comme de l'emploi fréquent d'architraves et d'arcs en
« plein cintre. Si ce n'est pas là un retour à de meilleures
« règles, c'est au moins un effort qui dut être alors consi-

---

1. La construction, plusieurs fois interrompue par la guerre qui empê-
chait le transport du marbre de Vérone, ne fut terminée qu'en 1281.

2. Benedetto Antelami qui, dit Ticozzi, « précéda le restaurateur de
« la sculpture moderne, Nicolas de Pise, » était déjà connu comme
sculpteur de mérite avant d'entreprendre la construction du Baptistère.
Valéry (*Voyage en Italie*) cite de lui « une *déposition de croix*, bas-re-
« lief de marbre dans le mur à gauche du grand autel de la cathédrale de
« Parme, qui date de 1170 et est d'un travail précieux et primitif. » On
doit aussi à Antelami les douze figures du Baptistère représentant les mois
de l'année avec leurs attributs et deux autres figures, une jeune fille couronnée de fleurs, un grave vieillard vêtu d'une courte tunique et tenant
à la main un rouleau couvert de signes astronomiques, offrant comme
un emblème de la saison riante ou de la triste saison de notre vie.

« déré comme une singularité, et qui est, nous le répétons,
« l'œuvre exclusive d'Antelami[1]. »

Le Baptistère de Parme, sous le vocable habituel de *saint
Jean in Fonte*, a été plusieurs fois décrit et dessiné. Hope[2],
d'Agincourt[3], Wiebeking[4] et surtout Isabelle[5] lui ont consacré une place qui montre bien toute l'importance de l'œuvre
d'Antelami, et nous rappellerons seulement ici que cet édifice,
d'une hauteur d'environ trente-trois mètres, est octogone à
l'extérieur, a un porche plein cintre, magnifiquement sculpté,
au-dessus duquel quatre rangs de petits piliers isolés supportant des architraves unies, sont surmontés d'un cinquième
à arcs plein cintre. A chaque angle est une petite tourelle
de beaucoup postérieure à Antelami et couronnant de forts
piliers servant de contre-forts. L'intérieur a seize côtés avec
de profondes niches circulaires au rez-de-chaussée et des
galeries au-dessus. Les angles sont ornés de colonnes isolées, toutes de hauteur, de forme et de marbre différents,
et que continuent les seize nervures de la coupole, entre
lesquelles sont des lunettes ogivales. Partout des tableaux à
fresque, des mosaïques et des sculptures du plus haut intérêt pour l'histoire de l'art italien et de la foi chrétienne au
commencement du treizième siècle.

---

1. E. Isabelle, *les Édifices circulaires et les Dômes*, gr. in-fol., n. pl.,
Paris, Didot, MDCCCLV.

2. *Hist. de l'architecture*, trad. de l'anglais, par H. Baron, 2 in-8°, n.
pl., Paris, 1839. Voir pl. vii et p. 280.

3. *Hist. de l'Art par les Monuments*, 6 gr. in-fol., n. pl., Paris, 1823.
— Voir *Architecture*, pl. lxiii, nᵒˢ 24 et 25. — Voir aussi *Sculpture*.

4. *Édit. franç.*, déjà cité, t. III, p. 49, pl. xxvii, fig. 13 et 14.

5. Voir note 5, p. 112, pl. lviii.

ANTHÉMIUS DE TRALLES et les ISIDORE DE MILET.

Si l'on suit la marche générale de l'architecture, on rencontre un petit nombre d'édifices qui, résumant dans leur forme, leur construction et leur décoration, tous les progrès accomplis pendant la période qui a précédé leur érection, peuvent être considérés comme des types d'un art nouveau dont ils marquent comme le point de départ reconnu et dont, bien souvent aussi, ils restent un des lumineux sommets. L'*Église Sainte-Sophie de Constantinople* est un de ces rares édifices si intéressants à étudier à tous les points de vue et dont, grâce aux historiens byzantins[1], on peut facilement aujourd'hui reconstituer l'état primitif, au reste si peu altéré même après plus de treize siècles[2]. Ces auteurs grecs du bas-empire et leurs commentateurs[3] nous ont même conservé les noms des deux architectes qui furent chargés par Justinien de diriger les constructions de cette si remarquable église, véritable type de l'art byzantin, et dont la splendeur inouïe fit dire, le jour de sa dédicace, à l'empereur faisant allusion au temple de Jérusalem : « Νενίκηκά σε, Σαλομῶν, » *Je t'ai vaincu, Salomon*[4] !

1. Procope, *de Ædificiis Justiniani*, l. i ; Agathias, *Hist.*, l. v ; Paul le Silentiaire, *Descriptio S. Sophiæ* ; Codinus, *de Antiquitat. Cpolitanis.*

2. Du Cange place la dédicace définitive de l'église Sainte-Sophie en 559.

3. Nous avons emprunté la plus grande partie des renseignements qui suivent à la *Description latine de Sainte-Sophie* donnée par du Cange comme commentaire de celle de Paul le Silentiaire et éditée dans le *Corpus script. Hist. Byzant.*, in-8°, avec gr., Bonnæ, MDCCCXXXVII.

4. « Le temple terminé, on songea à le décorer avec magnificence. L'or et les mosaïques furent prodigués sur toutes les surfaces ; tous les murs étaient revêtus de marbres précieux ; les chapiteaux et les corniches furent dorés ; les voûtes des bas-côtés peintes à l'encaustique ; la coupole rehaussée d'une mosaïque dorée et coloriée ; en général, toutes les peintures étaient sur fond d'or...... — Il y avait à Sainte-Sophie, d'ailleurs, une

Anthémius de Tralles et Isidore de Milet, tels sont les maîtres à jamais illustres qui érigèrent Sainte-Sophie, et qui eurent ainsi l'honneur, — après avoir donné un modèle suivi pendant tant de siècles et encore de nos jours pour la construction des églises grecques, — de fournir le type constant des mosquées de l'islamisme. M. Beulé apprécie ainsi la grande place tenue par ces deux artistes dans l'histoire de l'art grec quand, faisant allusion à un autre architecte ionien de génie, Chersiphron, qui avait résumé avec éclat et succès, dans le *Temple de Diane à Éphèse*, les essais et les éléments de l'ordre ionique, il dit : « C'est ainsi que, sous Justinien, après la longue transformation de l'art en présence de besoins nouveaux, après de nombreux essais d'architecture religieuse, quand la basilique romaine, les bains romains , avaient été appropriés successivement au culte chrétien par impuissance de rien inventer, Anthémius et Isidore, des Ioniens (le rapprochement est singulier), bâtirent Sainte-Sophie, résumèrent tout le mouvement des siècles précédents; par une manifestation éclatante, par l'étendue et la richesse de l'édifice, autant que par leur propre génie, ils arrêtèrent le type de l'architecture byzantine, dont Sainte-Sophie resta dès lors le modèle. Mais, avant Sainte-Sophie, » ajoute M. Beulé, sans amoindrir mais en expliquant le talent d'Anthémius et d'Isidore, « il y avait eu un long et sérieux enfantement de l'art byzantin[1]. »

énorme profusion de vases précieux et de candélabres..... PAUL LE SILENTIAIRE dit (part. 2, v. 435) qu'il y avait dans cette église tant de lampes suspendues par des chaînes d'airain, et tant de candélabres, que ces lampes semblaient nager dans un océan de feu..... Pour donner une idée des dépenses, nous dirons que Justinien, qui voulait que cet édifice fût « le plus magnifique monument qu'on eût fait depuis la création », avait déjà payé 452 quintaux d'or, quand les murs ne s'élevaient encore qu'à un mètre au-dessus du sol. » — L. BATISSIER. *Elém. d'Arch. nation.*, in-12, n. gr., Paris, 1843, p. 370.

1. *Hist. de l'art grec avant Périclès*, in-12, Paris, 2ᵉ édit., 1870, p. 232.

C'est en l'an 532 que, en vue de la construction de la
nouvelle église, Justinien écrivit de toutes parts pour faire
rassembler dans toutes les provinces de son vaste empire des
ouvriers habiles[1] et des matériaux précieux[2] et, au bout de
plus de sept ans, en 540, furent commencés les travaux que
l'empereur suivit avec une telle ardeur que, vis-à-vis du
public, il pouvait en paraître le véritable fondateur[3].

Le nouvel édifice fut érigé sur l'emplacement d'une ancienne église datant de la fondation de Constantinople, et qui,
plusieurs fois reconstruite, avait été brûlée en 580, dans les
premières années mêmes du règne de Justinien[4]. Son nouvel

1. « Artifices coegit toto in orbe, » il rassembla des ouvriers dans toutes
les parties du monde. — Eusèbe, *De Vita Constantini*, l. iii, c. 31. —
« Les Architectes avaient sous leur direction cent maîtres maçons qui avaient
chacun cent ouvriers sous leurs ordres. Cinq mille ouvriers étaient distribués sur le côté droit, et cinq mille sur le côté gauche. Ils étaient payés
dès qu'ils avaient posé une pierre. » L. Batissier, ouvr. cité, n° 4, p. 369.

2. « Une dame romaine, veuve, du nom de Marcia, lui envoya de Rome, sur des radeaux, huit colonnes de porphyre d'Égypte, provenant du
temple du Soleil à Balbeck, bâti par Aurélien. » — Anonyme, l. iv. « Ce
sont ces colonnes qui supportent les quatre calottes sphériques en avant
et en arrière du grand dôme. Le préteur Constantin d'Ephèse lui en envoya huit autres de marbre vert tacheté de noir ; également extraordinaires de richesse et de grandeur et enlevées en Cyzique, en Troade, ou
dans les Cyclades et peut-être même à Athènes. » — Du Cange, ouvr.
cité plus haut, voir p. 69. Cedrenus dit, au sujet du maître-autel surmonté
d'un ciborium, qu'on y avait employé toutes sortes de bois, de métaux et
des pierres précieuses, enfin « tous les produits de la terre, de la mer et
de l'univers entier. »

3. Outre certaines légendes populaires à Constantinople sur la part
active que l'empereur, inspiré, dit-on, par un ange, prenait aux travaux
qu'il visitait le plus souvent sous un déguisement populaire, il avait fait
construire une galerie joignant le chantier de Sainte-Sophie à son palais,
et Procope rapporte (*De Ædif.* l. i, c. 1) diverses circonstances dans
lesquelles son habileté et ses conseils furent d'un grand secours aux architectes.

4. En 326, Constantin le Grand aurait, suivant la plupart des écrivains
byzantins, fondé à Constantinople la première église sous le vocable de
Sainte Sophie (τῇ Ἁγίᾳ Σοφίᾳ), ou, suivant Codinus, aurait consacré à ce
symbole de la religion chrétienne un temple païen de forme oblongue.

emplacement et le choix des matériaux employés à la construction témoignèrent au reste de la sollicitude de l'empereur[1].

Pour donner une idée de la disposition intérieure et caractéristique de Sainte-Sophie, nous citerons ici textuellement M. Ch. Texier[2] : « L'église, dit-il, est bâtie sur un plan carré, de *quatre-vingt-un mètres de long sur soixante-neuf de large;* au centre de ce carré s'élève la coupole, dont le diamètre (de *quarante mètres*) détermine la largeur de la nef. La coupole est supportée par quatre grands arcs, qui forment quatre pendentifs[3]; sur les deux arcs perpendiculaires à l'axe de la nef s'appuient deux voûtes hémisphériques qui donnent au plan de la nef une forme ovoïde : chacun de ces deux hémisphères est lui-même pénétré par deux hémis-

Mais, cette église étant devenue insuffisante ou ayant été ébranlée par les tremblements de terre, en 360, Constance, fils de Constantin, l'agrandit, la réédifia et en célébra avec pompe une nouvelle dédicace. En 404, sous le règne d'Arcadius, cet édifice, ou tout au moins son sanctuaire, fut incendié dans les troubles suscités par les Ariens contre saint Jean Chrysostome et, peu après, Théodose le Jeune le fit réparer et recouvrir d'une voûte demi-cylindrique. Mais, en 530, l'église Sainte-Sophie fut à nouveau entièrement consumée avec, dit Codinus, ses merveilleuses et admirables colonnes, dans la célèbre sédition appelée νιϰη (*victoire*), sédition qui mit à feu et à sang la plus grande partie de la ville et coûta la vie à 35 000 personnes. — D'après DU CANGE, *desc. citée*, voir p. 62.

1. « Quand on eut mis à découvert le terrain résistant sur lequel on devait asseoir le monument, le patriarche fit des prières pour que Dieu répandît ses bénédictions sur ces immenses travaux, et l'empereur, une truelle à la main, jeta lui-même le premier mortier dans les fondations. Le mortier était fait avec de l'eau d'orge, de la chaux et du ciment ; on le mêla avec de l'écorce de saule, et on fit une espèce de béton qui acquit la dureté du fer. C'est sur une couche de vingt pieds d'épaisseur de ce mélange que l'on éleva les premières fondations des piliers. Les murs furent construits en briques, mais on bâtit les piliers en grandes pierres calcaires, qui furent réliées par des crampons de fer, ainsi que les tables de marbre, dont tous les murs étaient décorés. »

2. *Revue franç.*, t. XI, p. 53 et 54.

3. Portion de voûte sphéroïdale rachetant le passage du plan carré à la coupole circulaire.

phères plus petits, soutenus par des colonnes. Cette super-
position de coupoles, dont les points d'appui ne sont pas
apparents, donne à tout l'ensemble une apparence de légèreté inimaginable[1].

« A l'extrémité orientale (car Sainte-Sophie est orientée[2]) se
trouvent l'apside et ses nombreuses dépendances. A droite et à
gauche de la grande nef, de spacieuses basses-nefs, véritables vestibules, séparées en travées par des colonnes[3], donnent accès à des escaliers conduisant aux tribunes, autrefois
réservées aux femmes, aux catéchumènes et à l'empereur et
sa cour. Ces diverses parties entourent le dôme et sont comprises dans un plan carré ; mais, à la partie occidentale de
l'édifice et comme dans son prolongement, se trouvent deux
parties caractéristiques de l'Église grecque, l'*exonarthex* et
l'*esonarthex*, grands vestibules juxtaposés, l'un intérieur,
l'autre extérieur et séparant le temple proprement dit de
l'*atrium* qui, à Sainte-Sophie, était une cour carrée entourée de portiques d'ordre ionique et pavée en marbre[4]. »

Malgré les innombrables précautions prises pour assurer
la stabilité de ce vaste édifice, les voûtes furent ébranlées
dans le tremblement de terre de 565, et une partie du dôme
s'écroula. L'empereur Justin II chargea alors de leur réfection Isidore le jeune, frère ou plutôt neveu du premier Isidore

1. « Quand il fut question de construire le dôme, l'empereur envoya
à Rhodes trois officiers de sa maison pour y surveiller la construction des
briquettes creuses dont on devait se servir. Ces briques, portant une inscription sacrée, étaient si légères que douze d'entre elles ne pesaient pas
plus qu'une brique ordinaire. »

2. Dans le rite grec, le chœur de l'église a toujours été tourné vers le
tombeau de Jésus-Christ à Jérusalem, de sorte que, à Sainte-Sophie, l'apside regarde l'orient et le mirhab que les musulmans y ont établi, pour
dire la prière, étant tourné vers le tombeau de Mahomet à la Mecque, se
trouve disposé sur le côté droit de cette apside.

3. Il y avait, y compris les huit données par Marcia, quarante colonnes au rez-de-chaussée et soixante à l'étage des tribunes, non compris
celles qui formaient à l'extérieur les portiques de l'atrium.

4. THÉOPHANES, p. 203 et CEDRENUS, p. 387 ; voir DU CANGE.

de Milet, lequel était mort ainsi qu'Anthémius de Tralles.
Ce nouvel architecte employa encore des briques de Rhodes
et prit des précautions incroyables pour assurer la siccité
du mortier et la facilité du décintrement. Cependant, par
mesure de prudence, il diminua la hauteur de la coupole et
lui donna cette forme surbaissée de beaucoup moins heureuse d'aspect que la forme primitive[1].

Agathias[2] nous a conservé, outre de précieux détails sur
cette reconstruction partielle de Sainte-Sophie par les soins
d'Isidore le jeune, de fort intéressantes données sur la famille
d'Anthémius de Tralles, dont les quatre frères, Métrodore,
Olympe, Dioscore et Alexandre se distinguèrent, le premier
à Constantinople, dans l'enseignement des sciences exactes,
le second à Tralles, où il était un jurisconsulte des plus
consultés, et les deux derniers, l'un à Tralles et l'autre à
Rome, où ils exercèrent la médecine. Mais Agathias nous apprend de plus qu'Anthémius eut, avant Salomon de Caus et
Papin, connaissance de la force motrice de la vapeur et que,
au sujet d'un procès qu'il avait perdu contre un de ses voisins, nommé Zénon, pour se venger de lui et le forcer à
quitter sa maison, il en ébranla les poutres principales à l'aide
de longs tuyaux qu'il vint leur juxtaposer, et dans lesquels
il fit circuler de la vapeur d'eau à haute pression. Anthémius était de plus écrivain et nul doute qu'une perte sé-
rieuse n'ait été celle de ses manuscrits, soit sur la construction, soit sur la mécanique. Seul, un fragment, renfermant
quatre problèmes de mécanique et de dioptrique nous reste
aujourd'hui[3] de cet auteur qui semble avoir possédé, sous
Justinien et au sixième siècle de notre ère, les nombreuses

1. De nombreuses modifications ont été apportées, tant à l'intérieur qu'à
l'extérieur de Sainte-Sophie aujourd'hui convertie en mosquée ; mais
nous les indiquerons sommairement dans la biographie de M. FOSSATI,
architecte tessinois qui fut chargé, en 1847, par le sultan Abdul-Medjid,
de diriger une restauration générale de la basilique de Justinien.

2. *Hist.*, liv. v, ch. 4.

3. Voir *Du miroir d'Archimède*, Paris, 1775, in-8°.

connaissances exigées par Vitruve du véritable architecte romain au siècle d'Auguste.

———

ANTIMACHIDES, ANTISTATES, CALÆSCHROS ET PORINOS.

Suivant Vitruve [1], ces quatre architectes « jetèrent les fondements du temple que Pisistrate faisait élever [2] à Jupiter olympien [3] à Athènes. A la mort de Pisistrate [4], les troubles qui survinrent dans la république, leur firent suspendre leurs travaux. »

Ce temple, tel que l'avaient conçu ces architectes, devait être un édifice d'ordre dorique (le seul usité en Grèce à cette époque), périptere et hexastyle [5], et se rapprochant du type resté si célèbre que nous offre à Athènes même le temple de Thésée construit près d'un siècle plus tard.

Antiochus Épiphane, roi de Syrie, recommença entièrement la construction du temple de Jupiter olympien [6], vers l'an 170 av. J.-C.; mais ce prince ne put l'achever et c'est l'empereur Adrien [7] qui eut cet honneur.

1. L. vii, *Præf.*

2. On place l'érection de ce temple dans le cours de la 55ᵉ Olympiade, vers l'an 560 av. J.-C.

3. Athènes avait déjà eu un *Temple de Jupiter* (sans doute au même emplacement) que les Athéniens disaient avoir été érigé par Deucalion. — Pausanias, *Att.*, xviii.

4. Pisistrate mourut en 527; mais son dernier fils Hippias ne fut expulsé qu'en 510, et Hipparque et Hippias avaient continué les travaux entrepris par leur père.

5. Le Parthénon, qui n'est également que périptère, passa un siècle plus tard pour une innovation d'Ictinus, parce qu'il était octastyle.

6. *Tite-Live*, l. xli, c. 20.

7. Voir la biographie de cet empereur-architecte, p. 54.

ANTIPHILOS, POTHÆOS ET MÉGACLÈS.

Pausanias nous apprend[1] qu'il y avait à Olympie, dans l'Altis, au nord du temple de Junon, une levée en pierre de tuf sur laquelle étaient des édifices nommés *trésors*, semblables à ceux que différents peuples grecs avaient élevés à Delphes en l'honneur d'Apollon[2].

Parmi ces trésors était celui dit des Carthaginois, renfermant une très-grande statue de Jupiter et trois cuirasses de lin; le tout avait été offert par Gélon et les Syracusains, lorsqu'ils eurent vaincu les Carthaginois sur terre et sur mer[3].

Pausanias ajoute que cet édifice était l'œuvre de trois artistes, Antiphilos, Pothæos et Mégaclès.

ANTISSIER (JEHAN).

Jehan Antissier, *juré du roi en l'office de maçonnerie*, fut, en 1619, commis avec son collègue, Claude Velfaux, l'architecte auquel est dû l'hôpital Saint-Louis encore exis-

1. *Élide*, ii, 19.

2. Il y a tout lieu de croire, connaissant la forme et la construction des édifices connus sous les noms de *Trésor d'Atrée* à Mycènes et de *Trésor de Mynias* à Orchomène, que les trésors de Delphes et par conséquent ceux de l'Altis ne différaient que par les dimensions des premiers qui existaient depuis une haute antiquité.

3. Ce passage de Pausanias ferait remonter les offrandes de Gélon et peut-être la construction de l'édifice qui les renfermait à la première partie du ve siècle av. J.-C., après que Gélon et Théron eurent vaincu à Himera les Carthaginois alliés des Perses.

tant, et deux bourgeois, Roland et Passart, afin d'apprécier les défectuosités reprochées par Augustin Guillain, maître des œuvres de la ville, à Marin de la Vallée, chargé de la construction du nouvel *Hôtel de Ville de Paris*. Au reste, en 1618, — à cette époque où nombre d'architectes, comme Marin de la Vallée, étaient à la fois architectes et entrepreneurs généraux, — Jehan Antissier avait été le compétiteur de Marin de la Vallée lors de l'adjudication des travaux de l'Hôtel de Ville et avait offert trente livres par toise des travaux que Marin de la Vallée s'engagea à exécuter pour environ vingt-huit livres.

Bibliographie. — Leroux de Lincy et V. Calliat, *Hist. de l'Hôtel de Ville de Paris*, in-4°, Paris, 1846.

ANTOINE COLAS[1].

Dans les comptes de la cathédrale de Troyes, depuis 1462 jusqu'en 1484, on voit allouer un salaire relativement considérable à Antoine Colas, *maçon de l'église et maistre des maçons de l'église et de l'ouvraige* (on dirait aujourd'hui architecte); lequel maître donna particulièrement ses soins à la réparation et à l'achèvement du portail du transsept septentrional de cette église, portail que l'on appela primitivement *beau portail* ou quelquefois *portail neuf*. C'est Antoine

---

1. Malgré l'existence, dans les comptes cités plus loin, d'un compte datant de l'année 1492-93 au nom de Oudart Colas, fils de maître Anthoine Colas et sculpteur auquel on devait l'ymage de l'archange saint Michel qui surmontait autrefois le portail principal de la cathédrale de Troyes, nous croyons, sur l'autorité de M. L. Pigeotte (ouvr. cité plus loin) et de M. Ad. Lance (*Dict. des arch. franç.*), devoir conserver à la lettre A le nom de Antoine Colas.

Colas qui eut l'idée de contrebuter l'ensemble de cette façade par de nouveaux contre-forts en dissimulant toutefois
ce travail parasite, nécessité par l'insuffisance des fondations
et aussi par le manque de résistance du sol, à l'aide de
riches sculptures décoratives.

Cependant, les travaux que dirigea Antoine Colas dans la
cathédrale de Troyes ne se bornèrent pas à la réfection de ce
portail, et on voit, par les dates des comptes auxquels nous
empruntons ces renseignements que, vers la même époque,
il reprit les travaux d'achèvement de la nef. C'est ainsi qu'il
faut attribuer à cet artiste la construction des deux derniers
piliers des collatéraux. Ces piliers, qui ont *quatre mètres de
diamètre*, sont ceux marqués 63 et 64 sur le plan de la cathédrale dressé et réduit par M. Boulanger, architecte diocésain, plan qui accompagne le travail de M. L. Pigeotte,
cité ci-dessous.

Ces deux piliers ne sont pas seulement remarquables par
leur grosseur, presque double de celle des piliers qui séparent de chaque côté les deux basses nefs collatérales — ce
qui semble bien indiquer que, dans le plan primitif, ils
étaient destinés à porter et à contrebuter les tours du portail
principal, — mais encore parce que, par les modifications
sensibles apportées dans leur ornementation, on reconnaît
bien, de la part d'Antoine Colas, une tentative de transition
entre le style ogival employé dans l'ensemble de la nef, et
le style plus élancé dans lequel, au siècle suivant, devait
être construit le portail principal.

Bibliographie. — Léon Pigeotte, *Étude sur la cathédrale
de Troyes*, in-8°, pl., Paris, Didron, 1870.

ANTOINE (JACQUES-DENIS).

L'architecture brilla en France, vers la fin du dernier
siècle, d'un incomparable éclat, et, parmi les maîtres auxquels est dû cet essor marqué de notre art français qui revê-
tit alors un caractère vraiment national, un des plus célèbres
comme artiste, en même temps qu'un des plus recomman-
dables comme homme et un de ceux dont la carrière peut
être donnée en exemple à tous, fut Jacques-Denis Antoine,
né à Paris, le 6 août 1733, et mort dans cette ville le 7 fruc-
tidor an ix (24 août 1801).

Quatremère de Quincy dit de lui qu'il « fut un des architectes du dix-huitième siècle qui contribuèrent par leurs leçons[1] et leurs ouvrages à ramener en France les saines maximes du bon goût et les errements de ce style pur et noble
dont l'antiquité nous a transmis les modèles[2]. » Loin de nous
la pensée d'essayer de diminuer ni même de discuter la por-
tée de cet éloge; mais ce qu'il faut y ajouter et ce qui doit
surtout frapper dans le talent de l'architecte Antoine, et dans
l'étude de son remarquable édifice, l'*Hôtel des Monnaies
de Paris*, c'est que l'imitation de l'architecture antique, —
dont Antoine n'avait pu encore s'inspirer directement en
Italie[3], — y est empreinte d'un profond sentiment des con-
venances architecturales, d'une grande science de la construction et d'une certaine sobriété dont, à cette époque, les
architectes Gabriel et Louis semblent seuls, autant que l'ar-

1. Malgré cette assertion d'un auteur autorisé, nous pensons qu'il faut
la prendre entièrement au figuré; car nous n'avons vu nulle part qu'Antoine ait formé aucun élève comme professeur.

2. *Biogr. des plus cél. Archit.* de 1050 à 1800, t. ii, in-8º, n. pl.,
Paris, Renouard, 1830.

3. J. Le Breton, sec. perpét. de la classe des Beaux-Arts de l'Institut,
Notice sur le C. Antoine, publiée dans les *Nouvelles des Arts*, par C. P.
Landon, t. iii, in-8º, n. pl., Paris, an xii (1803).

tiste qui nous occupe, avoir possédé en France l'admirable
et précieux secret. Jacques-Denis Antoine est donc un de
ceux qui ont marqué le plus haut leur place dans l'histoire
de notre art français moderne, et c'est à ce titre que nous
avons cru devoir joindre à cette notice son portrait[1] et une
vue de l'édifice qui restera son principal titre de gloire,
l'Hôtel des Monnaies, ou, comme on dit aujourd'hui, *la
Monnaie*[2].

Jean-Baptiste Antoine, son père, était un ouvrier menui-
sier qui, voulant faire de son fils un maçon, se préoccupa
assez peu de développer son goût pour l'architecture, et « le
fit étudier sous un des architectes du temps, qui avait la plus
faible réputation (et dont nous ignorons le nom). A vingt
ans, le jeune Antoine était entrepreneur de bâtiments, et il
acheta ensuite la charge d'*expert entrepreneur*[3], qui semblait être la dernière borne de sa carrière[4]. » Cette nouvelle
position, outre les relations administratives qu'elle lui donna,
le mit à même d'augmenter ses connaissances pratiques, d'en
étendre le cercle et de les perfectionner. Aussi bientôt eut-il
la réputation d'un constructeur habile. Mais cette situation
honorable ne pouvait suffire à son ambition, et, s'élevant
encore par son travail, nous dirons, avec Quatremère de

1. Gravé par M. Henri Grenaud, d'après celui de Trinquesse.

2. Gravé par M. Henri Grenaud, d'après une remarquable gravure
dessinée par Antoine lui-même et représentant, outre l'*Hôtel des Monnaies* tel qu'il l'avait conçu et tel qu'on le voit encore aujourd'hui, un projet
de décoration du mur du quai Conti dont l'arcade, les avant-corps et les
escaliers avec refends, bossages et balustrades, eussent été pour l'édifice
un soubassement digne de lui.

3. « En 1690, Louis XIV avait institué un certain nombre d'*experts-
jurés* pour chaque ville du royaume, et cinquante pour celle de Paris;
savoir vingt-cinq architectes et vingt-cinq entrepreneurs, maçons et charpentiers, qui seuls pouvaient être nommés d'office pour être arbitres dans
les contestations qui s'élevaient. Ces charges furent supprimées pendant
la Révolution en même temps que la vénalité des offices. » — A. Chéruel,
Dict. hist. des Institut. de la France, 2e édit., 1e partie, in-12, Paris,
L. Hachette, 1865.

4. J. Le Breton, ouvr. cité, p. 238, n° 3.

Quincy, par son propre génie, il se révéla, en 1788, par les plans de l'Hôtel des Monnaies.

« Des hommes d'une grande réputation, MM. Moreau, architecte de l'Hôtel de Ville; Boullée, de l'Académie d'architecture; Barreau, etc., avaient aussi présenté des projets pour le même monument : ceux d'Antoine l'emportèrent dans ce concours. L'exécution en fut commencée en 1768[1], et terminée en 1775[2]. »

Sauf quelques modifications de peu d'importance à l'intérieur des bâtiments sur le quai, sauf quelques aménagements et agrandissements dans les ateliers du fond de la cour principale et ceux sur la rue Guénégaud, la Monnaie de Paris[3] a conservé, dans son plan comme dans ses lignes de façade, dans sa décoration intérieure comme dans sa décoration extérieure, les grandes divisions et le puissant caractère architectural que lui a imprimés son auteur[4]. Tels le roi Louis XV en a approuvé les dessins en 1768, tels ils ont été exécutés

1. La médaille de C. N. Hoettiers fils, frappée en l'honneur de la pose de la première pierre de l'Hôtel des Monnaies et dont nous devons communication à M. V. Grisart, architecte du Gouvernement et petit-neveu d'Antoine, porte sur le côté droit la tête du souverain, avec ces mots : LUDOVICUS XV. REX CHRISTIANISSIMUS, auro argento, æri flando feriundo, et, sur le revers, la vue de l'édifice avec ces mots : Ædes ædificatæ mdcclxx. Cette première pierre fut posée le 30 mai 1771.

2. J. Le Breton, ouvr. cité.

3. En 1750, la Ville de Paris avait acquis, pour la somme de 160,000 livres, l'Hôtel de Conti pour y construire un Hôtel de Ville. Ce projet n'ayant pas été exécuté, on résolut d'y construire un Hôtel des Monnaies, afin de pouvoir démolir les vieux bâtiments menaçant ruine qui constituaient l'ancienne *Monnaie du Roi* établie depuis cinq siècles dans la rue de ce nom, de l'autre côté du Pont-Neuf. On avait d'abord songé à édifier le nouvel Hôtel sur la place de Louis XV alors en construction ; mais on y renonça après avoir dépensé plus de 50,000 livres dans des travaux de fondation. — Dulaure, *Hist. de Paris*, nouv. édit., in-8°, n. gr., t. iv, Paris, 1861.

4. Le plan de cet édifice se compose de plusieurs cours entourées de bâtiments ; mais dont une principale, qui a environ trente-cinq mètres de longueur sur trente mètres de largeur, se trouve dans l'axe de la façade sur le quai, est entourée d'une galerie couverte et offre, à son extrémité, un motif d'architecture formé de quatre colonnes doriques et servant d'entrée

et tels ils se voient encore aujourd'hui après un siècle
de distance, sans que, à l'aspect de cet édifice ou dans ses
dispositions intérieures, on reconnaisse le moindre changement apporté dans une pensée de consolidation ou même
d'amélioration.

« Antoine a aussi attaché son nom aux travaux exécutés
au Palais de Justice, à Paris, après l'incendie de 1776, et

à la grande salle du monnayage, une des plus intéressantes, avec ses dépendances, de ce vaste ensemble.

Toute la façade sur le quai est consacrée aux services administratifs,
au Cabinet de minéralogie, au Musée des médailles, monnaies et jetons
ainsi qu'à la collection complète de tous les coins et poinçons des pièces
frappées en France depuis François Ier. Celle en retour sur la rue Guénégaud et les autres dépendances sont affectées à la fabrication, à l'essayage
et à la vente des monnaies, médailles et matières monétaires.

La façade sur le quai, que donne notre gravure, est longue d'environ
cent vingt mètres et présente, en son milieu, un avant-corps peu saillant composé, au rez-de-chaussée, de cinq arcades, décoré de refends et
servant de soubassement à une ordonnance de six colonnes ioniques. Ces
colonnes, de la hauteur des deux étages, sont surmontées d'un puissant
entablement avec consoles et modillons qui règne sur toute cette façade
et sur les pavillons en retour. Elles supportent, au devant d'un attique
orné de guirlandes, six statues dues à Le Comte, Pigalle et Mouchi et
représentant la Paix, le Commerce, la Prudence, la Loi, la Force et
l'Abondance. A droite et à gauche de cet avant-corps, se trouvent deux
ailes dont l'imposante sobriété architecturale ajoute encore à l'effet du
motif central.

La façade sur la rue Guénégaud, comprise entre deux pavillons de la
hauteur de la façade principale, ne comporte entre ces pavillons qu'un
rez-de-chaussée orné de refends et un attique. Cependant la partie milieu
forme un léger avant-corps annonçant l'entrée principale des ateliers et
décoré par les quatre statues des Éléments, œuvres de Caffieri et Dupré.

A l'intérieur de l'édifice, il faut citer outre le grand vestibule d'entrée,
l'escalier principal aujourd'hui décoré d'un buste d'Antoine et, au premier étage, la magnifique salle avec voussure du *Cabinet de minéralogie*,
d'une admirable disposition et d'une riche ornementation, située derrière
l'avant-corps du milieu et dont la tribune, supportée par des colonnes
corinthiennes, servit autrefois, lors de la fondation, à assister aux Cours
de Métallurgie et de Minéralogie docismatique professés par le chimiste
Lesage auquel sont dus ce précieux cabinet scientifique et une partie de
l'installation primitive de la Monnaie. — DULAURE, ouvr. cité.

succéda, dans la direction de ces travaux, à Moreau, comme associé de Desmaisons [1]. Une note manuscrite, due à Callet père, alors un des inspecteurs chargés de la surveillance des travaux dont il s'agit, note citée par M. Ad. Lance [2], établit très-nettement la part de chacun des artistes qui furent successivement ou simultanément architectes du Palais à cette époque, et nous montre que l'on doit à Antoine la construction des escaliers ou grand perron sur la place (dans la Cour du Mai), la décoration des salles d'audience de l'ancienne Cour royale, ainsi que des travaux importants dans la partie du Palais affectée au greffe et le commencement des bâtiments sur la rue de la Barillerie, à droite et à gauche des pavillons de la Cour du Mai. « Dans le même temps, Antoine construisit au-dessus des voûtes de la grande salle dite des *Pas-Perdus*, bâtie par Salomon de Brosse, trois berceaux de voûte formant les galeries, dans lesquelles on renferme les vastes collections des registres du Parlement, les manuscrits précieux échappés aux incendies qui eurent précédemment lieu, et une partie des archives judiciaires [3]. Chargé de ce travail de construction, il fut le premier qui remit en usage un procédé des anciens, dans l'art d'alléger les massifs de maçonnerie. Il forma ces voûtes de briques creuses qui, liées par le mortier, ont l'avantage de réunir la solidité à la légèreté.

« Antoine eut, bientôt après, l'occasion d'introduire le premier à Paris une autre espèce de nouveauté qui, comme celle dont on vient de parler et comme beaucoup d'autres, n'eut de nouveau que sa grande antiquité. Je parle, dit Quatremère de Quincy [4], de l'ancien ordre dorique grec.

1. Voir pour les travaux du Palais à cette époque les biographies de COUTURE, MOREAU et DESMAISONS.

2. *Dict. des Archit. franç.*, t. I, p. 26.

3. Précieuses collections dont la destruction a alimenté le récent incendie de 1871 et entraîne aujourd'hui toute la réfection du comble de la salle de De Brosse.

4. Ouvr. cité, p. 238, n° 2.

« Antoine se trouvait chargé de construire un portail dans
la cour intérieure de l'Hospice de la Charité. Il imagina de
faire, pour ce frontispice, un essai de l'ordre dorique grec.
Les esquisses que David Le Roi venait aussi de communiquer
aux artistes sur les monuments d'Athènes, enhardirent notre
architecte, et bientôt on vit un portique de quatre colonnes,
sans bases, avec les principaux caractères de l'ordre antique
dans ses détails, dans ses cannelures, dans sa frise et dans
son fronton.... » Et Quatremère de Quincy ajoute que « ce petit
monument, le premier de style dorique grec exécuté à Paris,
est un des ouvrages [1] qui firent le plus remarquer alors le
talent d'Antoine par les artistes et les gens de goût...: » éloge
sur lequel nous nous garderons bien d'insister ; car si ces
tendances de retour à un style antique firent alors grand honneur à Antoine, il faut avouer que c'est surtout dans la Monnaie et dans les nombreux édifices que nous allons successivement énumérer, qu'il faut chercher les caractères du génie
personnel et le style bien plus français et dit Louis XVI, que
grec antique, qui marquent les œuvres d'Antoine, et qui mé-
ritent encore aujourd'hui notre étude et notre admiration,
après avoir eu une grande influence sur l'art français et
étranger à son époque.

« En 1786, associé à Jardin, il donna les plans d'une
nouvelle façade pour l'Hôtel de Ville de Cambrai [2], et, parmi
les autres travaux exécutés par Antoine ou sur ses dessins,
hors de Paris et même hors de France, il faut citer un palais
bâti à Salm-Kyrbourg pour le prince de ce nom [3] ; l'*Hôtel
des Monnaies* de Berne [4] et des projets d'Hôtel de Ville et

---

1. Nous n'avons pu retrouver trace de ce portique aujourd'hui détruit
avec l'ancienne chapelle auquel il était probablement attenant.

2. Les honoraires de ces deux artistes s'élevèrent, pour ce travail, à
seize cents florins. — A. LANCE, ouvr. cité.

3. *Notices* de LUSSAULT (in-8°, 1801) et de RENOU, citées par L. DUS-
SIEUX, *Les artistes franç., à l'étranger*, in-8°, Paris, 1856.

4. *Idem.* — Exécuté, de 1790 à 1793, par OSTERRIETH. — WIEBEKING.
Arch. civ., etc., déjà cité, t. V, p. 91.

d'arsenal pour la même ville ; l'*église des Filles-Sainte-Marie* à Nancy[1] ; l'*hôtel de Berwick* à Madrid, et une maison de plaisance, près de Londres, pour le comte de Findelater[2].

« Les édifices dont Antoine eut à diriger la construction à Paris sont encore en plus grand nombre. Outre la part qu'il dut prendre à la construction des anciens murs d'enceinte de Paris[3], on devait à cet artiste l'*hôtel de Jaucourt,* rue de Varennes; celui du comte de Maillebois, rue du Bac: un grand bâtiment pour les Feuillants, rue Saint-Honoré, près la rue de Castiglione[4]; la *Maison royale de santé pour les prêtres pauvres et infirmes*[5]; la *chapelle de la communion à Saint-Nicolas-des-Champs,* etc... »

Vers l'époque où Antoine s'occupait de ce dernier édifice, de grands travaux, et, parmi eux, la restauration ou peut-être même la reconstruction totale du bel escalier du prieuré royal de Saint-Martin-des-Champs, étaient en cours d'exécution et transformaient cette ancienne abbaye ; cependant, malgré une plaque commémorative[6] attribuant ce remarquable travail de construction à Antoine, nous croyons qu'il y a lieu d'élever quelques doutes à ce sujet[7].

---

1. Cette église, devenue la chapelle du Lycée, à Nancy, offre, avec un plan carré à l'intérieur, une coupole dont les vitraux servent à éclairer l'intérieur. — WIEBEKING, t. IV, p. 49.

2. RENOU, notice citée.

3. AD. LANCE, ouvr. cité, p. 28.

4. Ces édifices sont aujourd'hui presque entièrement détruits.

5. Sise route d'Orléans et aujourd'hui comprise dans Paris.

6. Lors de la brillante restauration que fit M. L. VAUDOYER de cette partie des bâtiments du Conservatoire des Arts-et-Métiers, il fit disposer l'inscription suivante dans la voussure du plafond de cet escalier :

CET ESCALIER CONSTRUIT EN 1786

SUR LES DESSINS DE M. ANTOINE, ARCHITECTE,

A ÉTÉ RESTAURÉ ET DÉCORÉ

DE 1860 A 1862.

7. En effet, un dessin de l'époque, daté de 1786, et dont nous de-

Jacques-Denis Antoine, qui appartenait depuis longtemps à l'ancienne *Académie* d'architecture, fut élu, en 1799 (moins de quatre ans après la première organisation de l'*Institut*, membre de la troisième classe, celle consacrée à la littérature et aux beaux-arts. Il y remplaça Boullée, sur lequel il l'avait autrefois emporté dans le concours des projets pour la construction de l'Hôtel des Monnaies et eut, après sa mort, pour successeur Heurtier[1].

Nous ne pouvons malheureusement que renvoyer aux *Éloges* d'Antoine[2] ceux de nos lecteurs qui voudraient connaître plusieurs traits de désintéressement ou quelques vives anecdotes qui montrent bien le caractère élevé en même temps que la bonhomie enjouée de cet architecte; mais nous terminerons en disant que Jacques-Denis Antoine, dont toute la haute position était le fruit de courageux efforts personnels, sut, au milieu d'une époque agitée, atteindre au bonheur qu'il devait autant à la noblesse de ses sentiments qu'à son goût de plus en plus vif et éclairé pour une profession dans laquelle il laissa un nom à jamais illustre.

ANTOLINI (GIOVANNI).

Né en 1755, cet architecte qui mourut en 1841, n'a pas, malgré sa longue existence, laissé d'édifices importants; mais son nom est resté célèbre dans l'Italie septentrionale

vons communication à Frère Arcadius, attribue cet escalier ou plutôt sa reconstruction à Soufflot le Romain.

1. *Dict. de l'Acad. des Beaux-Arts*, in-4°, n. pl., t. I, Paris, Didot, 1858.

2. Consulter, en dehors des ouvrages biographiques courants, toutes les notices citées dans les notes précédentes.

par les leçons d'architecture qu'il y professa et surtout par ses ouvrages du plus grand intérêt pour les architectes et pour les archéologues qui les consultent encore fréquemment.

Il y a même une des œuvres de Giovanni Antolini qui était destinée à rappeler la gloire des campagnes de l'armée française en Italie ; mais qui, restée à l'état de projet, fut seulement éditée sous le titre de *Forum Buonaparte* ou monument élevé à la gloire de Napoléon.

Les autres publications importantes de Giovanni Antolini, sont : 1° *l'Ordine dorico ossia il Tempio d'Ercole nella citta di Cora*, Rome, 1785, in-fol. 2° *Il Tempio di Minerva in Assisi*, confrontata colla tavola del ANDREA PALLADIO, in-4°, Milan, 1804. 3° *Idea elementari d'architettura civile* per le Scuole del disegno, Bologne, 1813, in-fol., 24 pl. 4° *Osservazioni ed Aggiunte ai principi di architettura civile* di F. MILIZIA, Venezia, 1817. 5° *De Rovine di Velleja*, Milan, 1819, grand in-fol.

Ce dernier ouvrage de G. Antolini est peut-être celui qui eut le plus de retentissement ; car, depuis sa publication, il a été souvent consulté et les fouilles continuées de loin en loin à Velleja, ont non-seulement contribué à la formation du remarquable Musée lapidaire de Parme, mais encore ont fait de cette ville antique, enfouie obscurément par l'ébranlement d'une montagne, comme le Pompéi de l'Italie du nord.

ANTONIN.

Pausanias[1] nous a conservé le nom d'un sénateur romain nommé Antonin, son contemporain[2], et qui, dit-il, « a de-« puis peu orné l'enceinte sacrée (d'Épidaure) de divers « édifices qui sont : *le bain d'Esculape, le temple des Dieux* « *qu'on nomme Épidotes*[3], *celui d'Hygiée*[4], *ceux d'Esculape* « *et d'Apollon* surnommés *Égyptiens.* Le toit du portique « qui porte le nom de Cotys[5] était tombé, et le reste de l'é-« difice qui est en briques crues s'en allait en ruines, c'est « aussi Antonin qui l'a fait rétablir. Enfin, les Épidauriens « qui habitent les environs du temple, étaient très-malheu-« reux : nul abri où leurs femmes pussent accoucher; leurs « malades allaient mourir en plein air; il y remédia en fai-« sant bâtir un édifice où l'on porte les femmes en couche « et les moribonds. Les montagnes qui dominent le bois « sont le Tithium et le Cynortium. On voit sur ce dernier « le temple d'Apollon Maléate, qui est un des anciens édi-« fices du pays, mais tout ce qui l'entoure est l'ouvrage « d'Antonin, ainsi que le réservoir où se rassemblent les « eaux du ciel[6]. »

Ainsi, Bain, Hôpital, Réservoir, Portique et Temples, la ville d'Épidaure dut la construction ou la restauration de ces édifices à Antonin dont, grâce à Pausanias, le nom a traversé les siècles.

1. L. ii (*Corinthie*), c. 27.
2. Pausanias nous apprend (l. v, c. 1) qu'il travaillait à son ouvrage, l'an 174 ap. J.-C.
3. Génies du Sommeil.
4. Déesse de la Santé.
5. Nom d'un roi de Thrace ou peut-être d'une déesse (la Cotyto de l'Attique) présidant aux plaisirs infâmes.
6. Trad. CLAVIER, in-8, Paris, 1814.

ANTONIO DI GIORGIO.

A la fois ingénieur et architecte, Antonio di Giorgio da Settignano vivait au milieu du quinzième siècle. Il avait bâti dans la campagne de Florence, au delà de la porte Pinti, l'*Église du couvent des Jésuates*[1] où se voyaient de belles peintures du Pérugin et autres grands maîtres italiens.

Appelé à Naples par le roi Ferranti, Antonio di Giorgio jouissait d'un tel crédit[2] auprès de ce prince que, « non-seulement il avait la direction de tous les édifices du royaume[3], mais encore celle de toutes les affaires les plus importantes de l'État[4]. »

1. Cette église avait quarante brasses (environ quatre-vingts pieds) de longueur sur vingt brasses (environ quarante pieds) de largeur. A son extrémité une estrade portait le maître-autel et, au milieu même de l'église, un mur de séparation, percé d'une seule porte, la divisait en deux parties (disposition conventuelle assez fréquente). Au-dessus de l'entrée principale s'élevait une tribune servant de second chœur aux religieux et le portail en pierre richement sculptée, était précédé d'un portique qui s'étendait sur des colonnes jusqu'à la porte d'entrée du couvent. L'importance de cet édifice était telle que Vasari qui le vit démolir a cru devoir lui consacrer une description assez étendue.

2. On cite, comme preuve curieuse de la haute position occupée à Naples par Antonio di Giorgio, que ses obsèques y furent vraiment royales et que vingt couples de pleureurs l'accompagnèrent à sa dernière demeure.

3. C'est à ce titre que nous voyons Antonio di Giorgio faire venir à Naples plusieurs grands artistes du Nord de l'Italie et développer ainsi de son vivant, dans ce pays, les tendances de l'École florentine.

4. *Vasari français*, déjà cité.

ANTONISZOON (ANTONIS).

L'historien Schotanus rapporte, dans sa description de la province de Frise (Beschryving van Friesland, p. 205), qu'en 1544, fût bâtie, à Dronrÿp près Leeuwarden, *la tour dite de Saint-Salvius,* par les soins de l'architecte Antonis Antoniszoon.

Cette tour, une des dernières érigées dans les Pays-Bas sous l'influence du style d'architecture du moyen âge, existe encore ; mais elle a beaucoup souffert des ravages du temps et mériterait, par le grand intérêt archéologique qu'elle présente, une prompte et complète restauration.

Bibliographie. — Notice due à l'obligeance de notre confrère et ami M. J. H. LELIMAN.

APOLLODORE. DE DAMAS.

Parmi les époques de l'antiquité romaine les plus abondantes en édifices remarquables, celle dite l'*ère des Antonins* fut une des plus favorisées et en même temps celle où le génie grec exerça sur l'architecture romaine une influence des plus incontestables et brilla, pour ainsi dire, d'un suprême éclat avant d'entrer dans une phase de rapide décadence. Apollodore *Damascène* ou, comme il est le plus habituellement désigné, Apollodore de Damas, ainsi surnommé de la ville de Damas où il naquit vers l'an 60 ap. J.-C. (comme autrefois Chersiphron et plus tard Anthémius de Tralles et les Isidore de Milet durent le jour à cette partie

de l'Asie Mineure soumise depuis Alexandre à la double influence de la Grèce et de l'Orient) ; Apollodore fut le plus
célèbre des architectes de cette période pendant laquelle l'art
gréco-romain, se développant au milieu d'une sécurité et
d'une prospérité presque jusqu'alors sans exemple, se manifesta par des œuvres d'une ampleur et d'une richesse extraordinaires et réalisa, sur toute la surface de l'empire d'Auguste et de Trajan, de gigantesques monuments dont, outre
les descriptions des auteurs anciens et de leurs commentateurs modernes, quelques beaux exemples et de nombreuses
ruines attestent encore la magnificence.

Apollodore de Damas fut l'architecte favori de l'empereur
Trajan et comme le surintendant général des travaux exécutés,
non-seulement à Rome et en Italie, mais encore sur toute l'étendue de l'empire romain par les ordres de ce prince que
Pline le Jeune[1], Aurélius Victor[2], Eutrope[3] et Ammien Marcellin[4] nous montrent *élevant, comme par enchantement,
des édifices par toute la terre (orbem terrarum ædificans)*.

On ne saurait au juste préciser quelle est la part qui doit
revenir comme architecte, et dans le sens absolu de ce mot,
à Apollodore au sujet des immenses travaux accomplis pendant le règne de Trajan et même sous celui d'Adrien[5] successeur de ce prince ; cependant tous les auteurs, et parmi les modernes, Quatremère de Quincy[6], Canina[7], Nagler[8], Brunn[9] et

1. *Panegyric.*, 51. — 2. *Epitome*, 41.

3. *Epitome*, l. VIII, c. 4. — 4. *Hist. rerum gestarum*, l. XXVII, c. 3.

5. SPARTIANUS (*Adr.*, 18) nous apprend que ce prince chargea Apollodore, entre autres travaux, de faire une statue qu'il destinait à la Lune
et qui fut semblable à celle dite autrefois *le Colosse*, dédiée primitivement
à Néron et depuis consacrée par Adrien au Soleil.

6. *Encycl. méth.*, Architecture, t. I, p. 56, Apollodore.

7. *L'architettura Romana*, Roma, in-f., 1840. *Storia dell' arte*, c. IV,
p 113 et suiv.

8. *Neues allgemeines Künstler-Lexicon*, déjà cité ; t. I, p. 143, Apollodorus.

9. *Geschichte der Griechischen Künstler*, Stuttgart, 1859, t. II, c. 10,
p. 338, Apollodoros.

Ch. Gourlier[1] s'accordent pour reconnaître que c'est à cet architecte célèbre et fécond que l'on doit l'érection du *forum de Trajan*[2], ce rare exemple (unique dans l'univers) d'un ensemble de constructions antiques exécutées et achevées sans interruption[3], existant encore en grande partie vers l'an 600 ap. J.-C. et comprenant, outre la *colonne Trajane*[4] et l'*arc*

1. *Nouv. biog. gén.* Didot, t. ii, col. 892, Apollodore.

2. Les forums étaient, à Rome comme dans tout l'empire romain, tant avant qu'après Trajan, des places publiques entourées d'édifices publics et de portiques, décorées de monuments commémoratifs, et destinées aux assemblées politiques ainsi qu'au règlement des affaires judiciaires et commerciales. Suivant Pausanias (l. v, c. 12), les édifices entourant le forum de Trajan étaient couverts d'une toiture formée de tuiles de bronze.

3. Guadet, mémoire manuscrit joint, en 1867, à l'*Étude de Restauration du Forum de Trajan* (*Bibl. de l'École des Beaux-Arts*). Dans ce travail, notre confrère fixe, d'après Nibby, Nardini, Canina, etc., l'achèvement de ce forum vers l'an 113 ap. J.-C.

4. Cette colonne s'élève encore, presque intacte, premier exemple connu, — au moins dans de telles proportions, — de cette sorte de monuments honorifiques, imités depuis, dans l'antiquité, à Rome, à Alexandrie, à Constantinople, etc., et, dans les temps modernes, à Londres, à Boulogne, à Paris, à Saint-Pétersbourg, à Washington, à Bruxelles, etc. L'inscription suivante est placée sur la face principale du piédestal :

SENATVS. POPVLVSQVE ROMANVS
IMP. CAESARI. DIVI. NERVAE. F. NERVAE
TRAIANO. AVG. GERM. DACICO. PONTIF.
MAXIMO. TRIB. POT. XVII. IMP. VI. COS. VI. P. P.
AD. DECLARANDVM QVANTAE. ALTITUDINIS
MONS. ET. LOCVS. TANTIS. OPERIBVS
SIT. EGESTVS.

Elle fait connaître que cette colonne fut érigée par le sénat et le peuple romain en l'honneur des victoires remportées par Trajan sur les Daces, ainsi que pour indiquer la hauteur de la colline (environ 140 à 144 pieds), qui existait antérieurement dans cette partie de Rome et qu'il avait fallu niveler pour édifier le Forum de Trajan.

D'après Eutrope et Cassiodore, cette colonne, autrefois surmontée de la statue de Trajan, servit de sépulture à cet empereur, et, de style dorique et toute de marbre blanc avec un escalier intérieur qui perme d'accéder à son faîte, elle est surtout admirable par la spirale de bas-reliefs qui la décorent et parmi lesquels se voient environ deux mille

de Trajan[1], *la basilique Ulpienne*[2], deux bibliothèques[3] (l'une

cinq cents personnages sans compter les chevaux, les armes, les machines de guerre, les insignes et les travaux militaires, les trophées, etc., précieux documents sans pareils pour l'étude de l'antiquité romaine.

Plusieurs auteurs, entre autres l'Espagnol ALFONSO CIACONO et l'Italien FRANCISCUS GORI ont, aux deux derniers siècles, signalé dans leurs descriptions latines de la colonne Trajane parues, la première à Rome en 1683 et la seconde à Amsterdam en 1752, un personnage qui, figuré sous les numéros 99, 102 et 112, des dessins de FABRETTI et de MORELLIO, est traité par eux de *archifaber, architectus, miles fabrilibus operibus præfectus* et qui pourrait bien être Apollodore lui-même; car nous savons par PROCOPE (*de Ædif. Justin.*, l. IV, c. 6) que cet architecte accompagna Trajan dans ses campagnes aux bords du Danube. Ajoutons que l'illustre Percier a, en 1788, fait de l'étude de cette colonne monumentale, le sujet de neuf dessins de son envoi comme pensionnaire de l'Académie de France à Rome et que, depuis ce maître, de nombreux architectes français en ont étudié les principales parties ou d'intéressants fragments. (Voir *Bibl. de l'École des Beaux-Arts*.)

1. Cet arc, un de ceux élevés en l'honneur de ce prince (voir plus loin, n° 2, p. 254), existait à l'entrée du forum qui porte son nom; mais il fut détruit lors des invasions des Barbares. Cependant de remarquables bas-reliefs, dignes par leur style d'être comparés à ceux de la colonne Trajane, et représentant les victoires de Trajan sur Décébale, une allocution, un sacrifice (*suovetaurilia*), etc., ainsi que sept des statues des prisonniers daces qui en décoraient l'attique, en avaient été enlevés et appartiennent encore aujourd'hui (croient de nombreux archéologues) à l'arc élevé au pied du mont Palatin, en l'honneur de Constantin, et après la victoire de ce prince sur Maxence en 312 ap. J.-C.

2. On voit encore des restes considérables de cet édifice, autrefois divisé intérieurement en cinq nefs et dont le nom dérive de *Ulpius*, l'un des noms de Trajan. Les médailles de ce prince nous montrent, dans plusieurs de leurs revers, cette basilique comme ayant extérieurement deux étages, dont celui supérieur, décoré de cariatides ou de statues de grandes proportions, était surmonté de bas-reliefs. La mention *Basilica Ulpia*, inscrite sous cette représentation, ne laisse aucun doute sur l'édifice dont CANINA (*Arch. Romana*, déjà citée) et MM. LESUEUR, PR. MOREY et GUADET (voir *Bibl. de l'École des Beaux-Arts*) ont tenté la restauration.

3. Ces bibliothèques qui, probablement, ne formaient qu'un seul édifice comprenant deux grandes salles symétriques, étaient imitées de celle que Domitien avait fait construire sur le mont Palatin et décorées avec ce grand luxe qui caractérisait alors les bibliothèques publiques des Romains. Elles furent dépouillées de leurs richesses littéraires sous Dioclétien.

grecque et l'autre latine), un *temple de Trajan*[1], la *statue équestre de ce prince*[2], de vastes portiques, et enfin, à chaque extrémité, des parties d'enceinte circulaire, ces dernières longtemps connues à Rome des savants et encore aujourd'hui désignées par les *cicerone* sous l'appellation de *Bains de Paul-Émile*[3].

Ces travaux considérables, dans lesquels la sculpture jouait un grand rôle (car même dans quelques-uns elle tenait la place la plus importante), permettent de croire qu'Apollodore de Damas, — comme beaucoup d'architectes illustres de l'ancienne Grèce et même de la Renaissance italienne, — excellait à la fois à un titre égal dans la sculpture et dans l'architecture, ce qui, au reste, est, ainsi que ses aptitudes d'auteur sur l'art militaire, attesté implicitement par les écrivains anciens : pour nous, nous nous bornerons à énumérer rapidement les nombreux travaux qui, en dehors du forum de Trajan, sont, par tous les biographes, attribués à l'artiste qui nous occupe. C'est ainsi que l'on cite :

1° A Rome, un *gymnase*, un *odéon*[4], des *thermes*[5] et les

1. Ce temple octastyle, qui doit être celui mentionné par SPARTIEN, dans sa Vie d'*Adrien*, c. 18, fut érigé peu après la mort de Trajan et peut-être faut-il en attribuer la construction à DETRIANUS, un des architectes d'Adrien.

2. Située entre la colonne Trajane et le temple de Trajan, cette statue fit l'admiration de l'empereur Constance, lors de son entrée à Rome deux siècles plus tard, et, d'après AMMIEN MARCELLIN (l. XVI, c. 10), convenant de son impuissance à rien créer de pareil (au forum de Trajan), Constance dit « qu'il voulait du moins élever un cheval à l'imitation de celui de la statue équestre de Trajan. »

3. Hémicycles décorés de pilastres avec frontons circulaires et aigus alternés.

4. Édifices tout à fait inspirés des programmes grecs et qu'Adrien devait imiter quelques années plus tard dans la villa qui porte son nom. (Voir plus haut ADRIEN.)

5. Autrefois situés sur le mont Esquilin, derrière ceux de Titus et de Néron. GOURLIER dit que « ce sont ceux dont les restes subsistaient encore du temps de Palladio qui en a donné le plan en les attribuant à Néron. » — D'autres Thermes, dits *Suranæ*, furent construits

agrandissements du *Circus maximus* (le grand Cirque) auquel, dit Pline le Jeune[1], il ajouta cinq mille places;

2° A Bénévent et à Ancône, les *deux* beaux *arcs de triomphe*, qu'on y admire encore et peut-être le *pont* et le *port de Trajan*[2] dans cette dernière ville;

3° Enfin, en dehors de grands travaux d'utilité publique, tels que chemins et aqueducs, et aussi de sa participation reconnue comme ingénieur militaire pendant les campagnes de Trajan[3] qu'il devait immortaliser, c'est à Apollodore que fut dû le *pont colossal* que cet empereur fit jeter sur le Danube et dont les vestiges causent encore l'étonnement des visiteurs[4].

par ordre de Trajan, en mémoire de son ami Sulpicius Sura, dans le voisinage du Mont Aventin. — N. Theil, *Dict.*, trad. du Dr Smith, voir Roma.

1. *Panégyr.*, c. li.

2. L'*arc de Bénévent* (*porta aurea* ou *porta romana*) très-bien conservé, est remarquable par ses bas-reliefs représentant la guerre sur le Danube et l'apothéose de Trajan. L'*arc d'Ancône*, quoique dépouillé par les Barbares de ses statues, trophées et autres ornements de bronze, a conservé ses inscriptions en l'honneur de Trajan, de Plotine, son épouse et de Marciana, sa sœur. Il est élevé à l'extrémité du port conduisant au pont, et sur le haut soubassement que forme le môle de ce port, dont l'agrandissement était dû à Trajan.

3. En effet, dans la préface du *Traité* que, plus tard, Apollodore, exilé par Adrien, écrivit par ordre de ce prince, *sur les machines de guerre* (πολιορκητικά), Apollodore « s'adresse à Adrien, en même temps qu'aux ouvriers qu'il avait instruits et regrette les temps heureux où il avait sous les yeux tant d'hommes et de machines de guerre. » Ch. Gourlier, déjà cité.

4. Ce pont, figuré sur de nombreuses médailles de Trajan, « fut construit dans la Basse-Hongrie, près de Zeverino, où ce fleuve est le plus étroit. On voit encore les vestiges des piles. Si le Danube est resserré en cet endroit, il y est, en même temps, si rapide et si profond, qu'il fallut jeter une quantité prodigieuse de pierres pour former, jusqu'à la hauteur de l'eau, les massifs des piles. Elles étaient au nombre de vingt, et l'on comptait vingt et une arches. Chaque pile avait soixante pieds de large et cent cinquante de haut; elles étaient à cent soixante-dix pieds les unes des autres.... » Q. de Quincy déjà cité. — Il est plus probable que ce pont, destiné à favoriser des opérations militaires et érigé en

Apollodore termina malheureusement sa vie ; d'abord exilé de la cour d'Adrien et ensuite disgracié par ce prince, il fut mis à mort par son ordre sous prétexte, rapporte Dion Cassius[1], « qu'il avait commis quelque crime, mais, en réalité, parce qu'un jour que Trajan lui donnait des instructions pour ses travaux, Apollodore avait répondu à une observation déplacée d'Adrien : « Va-t-en peindre tes citrouilles ; car, pour ceci, tu n'y entends rien. » Or, dans ce moment, Adrien tirait vanité de cette sorte de peinture. Lorsqu'il fut devenu empereur, il en garda ressentiment et ne supporta pas la liberté de parole de l'architecte. Il lui envoya, pour lui montrer qu'on pouvait faire de grandes choses sans lui, le plan du *Temple de Vénus et Rome*[2], en lui demandant s'il était bien conçu ; Apollodore répondit que le Temple aurait dû être construit sur une hauteur et l'emplacement creusé en dessous, afin de le mettre, par cette élévation, mieux en vue sur la voie sacrée et de loger des machines dans la cavité, de façon à les assembler sans qu'on les aperçût et à les amener insensiblement à l'amphithéâtre[3] ; quant aux statues, qu'elles étaient trop grandes pour les proportions de l'édifice : « car, ajouta-t-il, en supposant que les déesses veuillent se lever et sortir, elles ne le pourront pas. » Cette réponse sans détours courrouça le prince et lui causa une vive douleur d'être tombé dans une faute qui ne se pouvait corriger[4] ; il ne contint ni son ressentiment ni sa peine, et fit mourir Apollodore.... »

Les nombreuses citations, faites du talent de cet artiste dans les auteurs anciens et répétées à l'envi par les écrivains

grande hâte, devait avoir des arches construites en charpente, ce que semblent au reste indiquer ses représentations numismatiques.

1. *Hist. Romaine* (l. LXIX, c. 4), trad. E. GROS et V. BOISSÉE. T. IX, p. 471-473.

2. Voir *L'Empereur-Architecte Adrien*, par CH. LUCAS, in-8°, Paris, 1869, p. 9.

3. Il s'agit ici de l'amphithéâtre Flavien (*le Colisée*).

4. Consulter à ce sujet de très-judicieuses observations de GOURLIER.

modernes, ainsi que l'importance des œuvres qu'on rattache
à son nom, montrent bien la grande place qu'Apollodore de
Damas tient dans l'histoire d'une des plus belles périodes de
l'art gréco-romain ; mais un dernier fait, semblant confirmer
ce que nous disions plus haut[1] sur sa présence dans le bas-
relief de la colonne Trajane, est peut-être plus significatif
encore pour mettre le comble à la réputation de ce maître.
Deux bustes antiques de marbre blanc ont conservé jusqu'à
nos jours les traits d'Apollodore : l'un se trouve à Munich
(salle des Romains, n° 213)[2], mais malheureusement le nez
en est moderne ; l'autre, presque en tout semblable, mais
classé à tort sous une appellation différente, se voit à Rome,
au Musée du Capitole, et tous deux témoignent ainsi, près
de dix-huit siècles plus tard, combien fut apprécié de son
vivant l'illustre architecte de l'empereur Trajan.

APULEIUS.

Parmi les nombreux vestiges de son antique splendeur
qu'a conservés la ville de Tarragone, autrefois le centre de la
puissance romaine dans la péninsule ibérique, il faut citer
les ruines, aujourd'hui tout à fait éparses sur le sol, d'un
temple érigé en l'honneur de Diane-Mère. Cet édifice semble
par le caractère des fragments qui en subsistent, remonter à
la plus belle époque de l'art romain et être contemporain du
séjour d'Octave-Auguste à Tarragone. Une inscription, citée
par Bermudez[3] et souvent commentée, apprend, chose bien

---

1. Voir plus haut, n° 4, p. 251-52.
2. NAGLER, déjà cité, voir n° 8, p. 250.
3. *Noticias de los arquitectos*, etc., t. I, p. 236.

rare dans les habitudes romaines, que l'architecte de ce monument fut Apuleius[1], dont le nom, quoique latin, indique
une origine évidemment grecque. Malheureusement l'absence
de fouilles suffisantes n'ont pas permis jusqu'à présent de
restituer les anciens édifices romains détruits à Tarragone.

ARASSE (JACQUES), ASSELIN (JEHAN) et CAQUETON (LOUIS).

Divers registres d'archives consultés par **M.** Leroux de
Lincy pour sa remarquable *Histoire de l'Hôtel de Ville de
Paris*[2] indiquent que plusieurs architectes[3] furent à la fois
chargés des travaux de cet édifice, dans la première moitié
du seizième siècle[4] : aussi et malgré la direction supérieure
accordée à l'Italien Dominico Boccador[5], dit *Cortone*, ces re-

1.   TEMPLVM
                          DIANAE. MATRI
                                D. D
                     APVLEIVS, ARCHITECTVS
                            SVBSTRVXIT

2. Leroux de Lincy et V. Calliat, *Hist. de l'Hôtel de Ville de Paris*,
in-4°, Paris, 1846.

3. « Cent ouvriers, en y comprenant *les architectes.* »

4. La première pierre du nouvel édifice avait été posée en grande
pompe le 15 juillet 1533; mais des travaux préalables avaient été commencés dès 1529.

5. Deux faits consignés dans les auteurs cités plus bas, n° 2, p. 258,
tendent à montrer, à défaut de l'égalité de traitement, au moins une quasi-
égalité de position entre Dominique de Cortone et ses quatre collaborateurs;
ainsi : « ... Ce même jour, le prévôt des marchands remontrait à maître
Pierre Sambiches, à Jacques Arasse, à Jehan Asselin, à Loys Caqueton et
à Dominique de Cortone, qu'il était nécessaire de hâter les travaux; qu'une
surveillance plus active devait être faite sur les ouvriers; que tous les cinq

gistres nous font-ils connaître plusieurs maîtres de l'œuvre, véritables inspecteurs des travaux, tels que « Jehan Asselin, maître des œuvres de la ville, commis à l'intendance de la charpente et qui recevait soixante-quinze livres par an, et Pierre Sambiches[1], maçon, conducteur des travaux au prix de vingt-cinq sous par jour. Les registres désignent encore Jacques Arasse et Louis Caqueton, comme étant chargés de la direction du monument avec Dominique de Cortone, mais sans faire connaître leur position[2]. »

« Dans un compte de dépenses faites pour l'entretien des fortifications de Paris pendant l'année 1531[3], on retrouve plusieurs de ces noms. Louis Caqueton est commis à la direction des ouvriers, « tant maçons, tailleurs de pierres « comme pionniers, maneuvres et autres gens y besongnant; » il recevait pour ses gages et salaires soixante livres tournois par année. Jacques Arasse était chargé de la superintendance ou intendance générale de tous les ouvrages de maçonnerie et touchait par an cent cinquante livres tournois[4]. »

ensemble ne devaient pas s'en aller dîner; mais que chacun à leur tour ils devaient rester pour avoir l'œil sur les ouvriers. » — *Reg. de l'Hôtel de Ville.* — *Arch. du Roy.*, H, 1779, fol. 138, r°. — Appendice 1, n° 7.

« .... Au mois d'avril 1535, des discussions qui s'élevèrent entre ces cinq maîtres-ès-œuvres, semblent avoir ralenti les travaux. Quatre conseillers de ville, MM. Luillier, Viole, de Marle et Larcher furent adjoints au prévôt des marchands et aux échevins pour terminer ce différend. » — *Reg. de l'Hôtel de Ville.* — *Arch. du Roy.*, H, 1779, fol. 150, v°. — *App.* 1, n° 7.

1. Voir la vie de cet artiste dans l'article consacré aux Chambiges.

2. Sauval, *Antiq. de Paris*, t. II, p. 483. — *Reg. orig. de l'Hôtel de Ville.* — *Arch. du Roy.*, H, 1779, fol. 138, r°. — *App.* 1, n° 7.

3. *Bibl. roy.*, *ms* n° S. F. 1138.

4. Leroux de Lincy, ouvr. cité, p. 214.

ARCHER (THOMAS).

Trop sévèrement critiqué par Horace Walpole[1] et loué avec quelque excès par Colen Campbell[2], Thomas Archer, qui occupait en Angleterre, au commencement du dix-huitième siècle, la charge d'*intendant des menus-plaisirs* du roi George Ier, doit compter au nombre des architectes qui se distinguèrent par leurs compositions peut-être maniérées, mais empreintes d'une certaine ampleur, et rappelant, après celles de Vanbrugh, les traditions du grand art de la Renaissance italienne.

On doit à Thomas Archer, outre la *résidence d'Hethrop*, un *temple* à Wrest et l'*Église Saint-Jean de Westminster*, dont Walpole cite ironiquement les quatre beffrois comme le chef-d'œuvre de cet artiste, plusieurs édifices encore aujourd'hui existants, au sujet desquels un juste retour du goût anglais a rendu justice à Archer et que Campbell a décrits ou tout au moins publiés dans son *Vitruvius Britannicus*.

Le premier de ces édifices est l'*Église de Saint-Philippe* à Birmingham[3] dont la construction remonte à l'année 1710; viennent ensuite *Burlington-House* à Piccadilly; un *Pavillon de plaisance* pour le duc de Kent[4] dans le comté de Bedford

1. *Anecdotes of painting in England* by M. G. VERTUE et M. H. WALPOLE, 5 vol. in-12, 3ᵉ édit., t. IV, London, MDCCLXXVI.

2. *Vitruvius Britannicus*, 3 vol. demi-fol.

3. Cet édifice a environ quarante-cinq mètres de longueur sur un peu plus de vingt en largeur. Cinq piliers carrés divisent ses trois nefs en six travées, et la nef principale est terminée par une apside cintrée avec niche rectangulaire. Du côté de l'entrée, un porche allongé entre deux salles rondes est surmonté d'une tour carrée, décorée de pilastres corinthiens et couverte d'un dôme octogone avec lanterne ajourée par des colonnettes. L'ordre du rez-de-chaussée est le dorique romain avec triglyphes.

4. Ce pavillon consiste en une salle circulaire d'environ douze mètres de diamètre avec, à l'intérieur, trois exèdres et trois salles rectangu-

et une *Villa* construite pour M. Cary à Roehampton dans le comté de Surrey. Cette dernière habitation, malgré l'excessive recherche qui caractérise son plan dans lequel les lignes courbes ne sont pas ménagées, se recommande cependant par l'heureuse disposition de ses dépendances et l'habile aménagement du Pavillon principal; mais la façade sur la cour d'honneur, ornée de refends et de balustres, est déparée par un fronton triangulaire coupé du plus fâcheux effet.

En revanche, les agrandissements que Thomas Archer apporta pour le comte d'Orkney à sa *résidence de Cliefden*[1] dans le comté de Buckingham, rallièrent à cette époque tous les suffrages. On remarqua surtout les vastes corridors voûtés de la façade septentrionale, véritables portiques formés de colonnes ioniques et qui servent à joindre les offices au corps de logis principal; ainsi que la noble et grandiose décoration des appartements somptueusement meublés des deuxième et troisième étages.

Thomas Archer mourut en 1743, laissant une fortune de cent mille livres sterling à son neveu, membre du Parlement pour le comté de Warwick.

Bibliographie. — Notice complétée par notre honoré confrère M. Donaldson.

laires alternés et petits escaliers à la rencontre de ces pièces. Un dôme avec lanterne couvre la salle centrale, de petits dômes indiquent les six petits escaliers ou cabinets des angles, et des frontons décorés de vases s'élèvent au-dessus des salles rectangulaires, dont celle servant de vestibule d'entrée est ornée d'un ordre ionique. Cet ensemble rappelle les rotondes de la renaissance italienne.

1. Cette somptueuse habitation, fondée peu auparavant par le duc de Buckingham, offre, entre autres agréments, une terrasse de près de *cent cinquante mètres* de long, avec perrons circulaires et une curieuse grotte ornée de nombreuses salles voûtées.

ARCHILOQUE.

Les travaux de reconstruction de l'*Érechthéion* d'Athènes[1], commencés vers la fin du cinquième siècle av. J.-C., avaient été interrompus lorsque, vers l'année 409, « une commission fut nommée par le peuple pour lui rendre compte de l'état du monument, de ce qui était déjà construit et de ce qui restait encore à construire.…

« Immédiatement l'on se mit à l'œuvre pour terminer l'édifice, et l'architecte, chargé de cette entreprise, s'appelait Archiloque[2]. »

Il était Athénien, du dême d'Agryles, et une inscription, véritable livre de comptes, trouvée en 1836 dans la Pinacothèque, à Athènes, nous montre que cet artiste avait sous ses ordres plus de soixante sculpteurs ou tailleurs de pierre dont les honoraires, ainsi que les siens, sont fixés par cette inscription.

Archiloque touchait trente-six drachmes[3] (probablement par prytanie), tandis que les sculpteurs les mieux payés n'en touchaient que vingt[4].

La nature des travaux dirigés par Archiloque semble, toujours d'après cette inscription, avoir consisté en travaux de sculpture et de peinture plutôt qu'en travaux de construction proprement dits, et c'est par conséquent à cet artiste que l'on peut faire honneur de l'éclat de la décoration et du charme des proportions qui, suivant M. Beulé[5], sont infinis dans l'Érechthéion.

1. Cet édifice, renfermant le plus ancien sanctuaire d'Athènes, avait été fondé par Érechthée et brûlé, sinon entièrement détruit, par les Perses.

2. BEULÉ, *Acropole d'Athènes*, 2ᵉ édit., p. 385.

3. *Environ trente-trois francs.*

4. *Environ dix-huit francs.*

5. *Acropole d'Athènes*, 2ᵉ édit., p. 364.

Bibliographie. — *Catalogue des artistes de l'antiquité*, par M. LE COMTE DE CLARAC, 3ᵉ partie, in-12. RANGABÉ, *Antiquités helléniques*, 2 vol. gr. in-8, Athènes.

ARDEMANS (D. TEODORO).

Teodoro Ardemans naquit à Madrid en 1664. Son père, d'origine allemande, servait dans les gardes du corps où le fils commença sa carrière. Mais ce dernier, ayant étudié les mathématiques et l'architecture au collège impérial des Jésuites et la peinture sous la direction de Claude Coello, quitta le service militaire pour obéir à sa double vocation pour l'architecture et pour la peinture, et obtint au concours, en 1689, la place de *maestro mayor de obras* (grand-maître des œuvres, architecte en chef) de la cathédrale de Grenade, édifice où il put donner carrière à son double talent de peintre et d'architecte. Teodoro Ardemans revint, en 1691, à Madrid où il suppléa dans ses fonctions l'architecte de la ville jusqu'à la mort de ce dernier et lui succéda en 1700. Mais, dès 1694, après la mort de Donoso, le chapitre de Tolède avait nommé Ardemans architecte en chef des travaux de la cathédrale de cette ville et, en 1702, le roi Philippe V l'appela à remplacer D. Josef del Olmo comme *Grand-Maître des Œuvres royales* aux honoraires annuels de quatre cents ducats[1]. Plus tard, en 1704, à la mort de D. Ign. Ruiz de la Iglesia, Teodoro Ardemans fut nommé *peintre de la chambre de Sa Majesté*[2].

1. Le ducat d'or représentait en Espagne un peu plus de onze francs de notre monnaie, soit environ *quatre mille cinq cents francs* pour quatre cents ducats. Au reste, Ardemans ne toucha d'honoraires que comme architecte et n'en reçut pas comme *peintre de la chambre de Sa Majesté*.

2. BERMUDEZ a consacré un long article à *D. Teodoro Ardemans* dans son *Dictionnaire des peintres et sculpteurs espagnols*.

Comme architecte des palais royaux, Ardemans eut à diriger la reprise des travaux du *Palais d'Aranjuez* qui avaient été suspendus depuis Philippe II, et, en respectant avec soin les plans primitifs de Juan de Herrera, il fit exécuter par D. Juan de Echave les façades extérieures et intérieures du côté de l'Orient. En outre, malgré un incendie arrivé sous Charles II dans le vieux palais de Valsain [1] non loin de Ségovie, ce séjour plaisait beaucoup à Philippe V à cause de ses frais ombrages et ce prince y passait souvent tout l'été; aussi en 1718, il acheta aux moines du Parral *la grange de Saint Ildefonse*, peu distante de Valsain, pour y faire construire une résidence royale qui s'appelle encore aujourd'hui *la Granja*, et Ardemans eut à disposer de grands bâtiments au nord et au midi de la partie existante, ainsi qu'une chapelle [2]; mais le désir du roi de conserver cette *grange* enleva aux plans d'Ardemans toute régularité dans la disposition des bâtiments et, de plus, les façades et l'ornementation de la chapelle se ressentent du mauvais goût qui exerçait à cette époque une si fâcheuse influence sur une partie des œuvres de ses contemporains.

Ardemans avait été plus heureux dans les dessins du tombeau de la première femme de Philippe V, Marie-Louise-

1. Commencé sous Charles-Quint et agrandi sous Philippe II par les architectes Luis et Gaspard de Vega, mais aujourd'hui tout à fait ruiné et inhabité.

2. De nombreux artistes français, tels que Dumandre, Pitué (les sculpteurs du tombeau de Philippe V) pour les sculptures; Marchand et Boutelou, pour les jardins; Firmin et Thierry, pour les fontaines; firent des jardins de *la Granja*, son principal ornement. « Fidèle imitateur du roi « son aïeul, Philippe V voulut rendre ce lieu montueux, escarpé, stérile, « inhabité, inhabitable, un lieu de délices, comme Louis XIV l'avait fait « de Versailles. Le palais n'a rien de magnifique à l'extérieur; mais il a « une belle façade sur les jardins; elle est formée par huit colonnes de « l'ordre composite, accostées de chaque côté de pilastres et de demi-« colonnes; elles sont surmontées d'un attique avec quatre cariatides et « deux médaillons : le tout est terminé par une balustrade ornée de « quelques trophées. » — A. de Laborde, *Itin. descr. de l'Espagne*, déjà cité.

Gabrielle de Savoie, tombeau érigé en 1714 dans l'église de l'Incarnation de Madrid ; dans ceux du tombeau des infants Don Louis de Bourbon et Doña Maria-Adélaïde de Savoie, érigé en 1712 dans l'église de Saint-Jérome et enfin dans le *Monument à la mémoire de Louis XIV* construit en 1716 dans l'église de l'Incarnation, et dans son projet d'église à construire à Madrid sous le vocable de Saint-Millan.

Quoique jeune encore, cet architecte fut, vers cette époque, mis par des attaques de goutte dans l'impossibilité de dessiner, et dut appeler au secours de ses mains paralysées son élève D. Francisco Ortega, qui l'aida à dessiner le retable de jaspe et bronze de l'église Saint-Ildefonse, et le même qui succéda plus tard au fameux Churriguera, dans l'emploi de dessinateur des travaux royaux.

Teodoro Ardemans mourut en 1726 à Madrid, où, suivant ses dernières volontés, il fut enterré dans l'église des Capucins au Prado. Il avait écrit et publié deux ouvrages : le premier, paru en 1719, est une annotation et un développement du *Traité* de Juan Torija *sur les Ordonnances relatives* aux constructions de Madrid, Tolède et Séville, et le second, qui date de 1723, traite des *Mouvements de terrain* et du *Cours souterrain des eaux.*

Bibliographie. — Bermudez (Juan A. C.), *Noticias de los arquitectos*, etc. ; déjà cité, t. iv.

ARFE (henrique, antonio et juan de).

Bermudez consacre tout un long chapitre de ses *Noticias de los arquitectos*[1], etc., à la famille des Arfe, célèbres archi-

1. T. iii, cap. xli, p. 97.

tectes et sculpteurs en or et en argent du seizième siècle. Ils étaient, dit-il, d'origine allemande, et on peut présumer que le roi Philippe Ier le Beau avait fait venir le premier, Henrique de Arfe, de ses provinces flamandes.

Ces trois artistes, Henrique, Antonio, son fils et Juan, petit-fils d'Henrique, exécutèrent pour un grand nombre d'églises d'Espagne, ces merveilleuses *custodes* ou tabernacles d'argent, recouverts de dorure, ornés d'innombrables statues, parfois éblouissants de pierres précieuses, et qui prouvent, par l'agencement de leurs parties, le charme de leur décoration et le fini de leur exécution, outre de grandes aptitudes de composition architecturale, l'habileté de main d'un sculpteur consommé et une parfaite connaissance des données spéciales de l'orfévrerie. Aussi la grande place tenue dans l'art espagnol et même l'influence architectonique, exercée par cet ensemble de petits édifices en métaux précieux, dont quelques-uns atteignent des proportions extraordinaires rarement réalisés depuis en ce genre, nous font rappeler ici les principaux ouvrages des Arfe.

Henrique, rapporte son petit-fils Juan dans ses *Varia commensuracion*[1],« atteignit bien près de la perfection dans les œuvres admirables qu'il fit pour l'Espagne, ainsi qu'on peut le voir dans les custodes de Léon[2], de Tolède[3], de

1. Traité imprimé pour la première fois à Séville en 1585, terminé en 1589, dédié à D. Pedro Giron, duc d'Osuna, vice-roi de Naples, et que nous analysons plus loin d'après Bermudez, qui en possédait un exemplaire de l'édition originale signé de Juan de Arfe sur la première feuille.

2. Ce beau travail d'orfévrerie en argent repoussé, orné de statuettes d'apôtres et des saints patrons de la ville et de la cathédrale, se trouve dans une niche ménagée au milieu du soubassement du retable principal, au fond du sanctuaire de la cathédrale. — (GERMOND DE LAVIGNE, *Itin. de l'Espagne*.) Cette custode fut terminée par Antonio de Arfe, qui en dessina les supports.

3. Conservée dans un petit cabinet attenant à la sacristie de la cathédrale, cette remarquable œuvre d'orfévrerie a une hauteur totale de plus de *quatre mètres*. Elle est en argent doré, d'un poids considérable (plus de *deux cents kilogrammes*) et enrichie de nombreux diamants et d'émaux

Cordoue [1], de Sahagun et dans beaucoup d'autres répandues par toute l'Espagne et qui font non-seulement le plus grand honneur à son talent, mais encore produisent un effet presque indescriptible; » louanges souvent reproduites en prose et en vers par les auteurs espagnols.

Antoine, fils d'Henrique, imbu des tendances de la Renaissance italienne, introduisit dans ces œuvres gigantesques d'orfévrerie les principes de l'architecture antique, ainsi que le faisaient, à son époque, dans leurs édifices, Alonso de Covarrubias [2] et Diego de Siloe. Il rompit le premier avec le style traditionnel adopté pour ce genre d'ouvrages et, entre autres travaux, exécuta dans un sentiment architectonique différent de celui de son père les custodes de Santiago [3] et de Medina de Rioseco [4].

Mais le plus célèbre des Arfe fut Juan de Arfe Villafañe, né dans la ville de Léon, vers 1535, élève de son père et de son aïeul, et qui poussa fort loin l'étude du latin et des mathématiques. Bermudez dit de ce troisième des Arfe qu'il devint l'un des hommes les plus méritants de sa patrie, à

des plus précieux. Elle se compose de trois corps ou étages en retraite qui lui donnent ainsi une forme pyramidale et elle ne fut terminée que par Juan de Arfe. Toutes les parties de cet immense assemblage de plaques de métal sont reliées ensemble par *quatre-vingt mille* viroles, et il y a tout un livre de prescriptions à suivre pour les démonter et les remonter lors des sorties annuelles des processions de la Féte-Dieu.

1. Henrique de Arfe y travaillait en 1513.

2. Voir, p. 161, la biographie de cet artiste, à laquelle nous aurons, dans l'index, à ajouter quelques faits intéressants tant sur ses œuvres que sur l'influence qu'elles exercèrent alors en Espagne.

3. Cette custode, conservée dans la cathédrale, est d'or et d'argent, et toute ciselée et repoussée dans le style un peu spécial à la renaissance espagnole et dit *plateresque*. Ce mot (en espagnol *plateresco*) désigne l'ornementation de fantaisie appliquée avec trop de profusion à l'architecture et, dérivé de *plata*, argent, *platero*, orfévre, montre bien toute l'influence des œuvres d'orfévrerie des Arfe et de quelques-uns de leurs émules ou de leurs élèves sur l'architecture espagnole de cette époque.

4. Conservée dans la sacristie de l'église Santa-Maria et toute d'argent massif.

l'enseignement et à l'embellissement de laquelle il contribua puissamment par ses écrits et par ses œuvres.

Parmi les livres qu'il fit paraître, celui qui mérite la première place et que nous citions plus haut sous le titre de *Varia commensuracion* est une sorte de traité des proportions à l'usage des sculpteurs et des architectes, renfermant des préceptes en vers endécasyllabes, avec consonnances alternées et de la forme des *octavas reales;* des développements en prose, et de nombreuses gravures sur bois dessinées et gravées par lui. Juan de Arfe résume dans un prologue les études nécessaires au sculpteur et à l'architecte et celles qui peuvent servir à perfectionner leurs connaissances. Cet ouvrage est divisé en quatre livres : le premier traite de la géométrie descriptive avec les éléments de la perspective ; le second, des proportions du corps humain et de son anatomie ; le troisième, du règne animal et le quatrième des proportions et des ornements qu'il convient d'appliquer à chacun des cinq ordres d'architecture employés par les anciens[1], ainsi que des proportions et du caractère qu'il faut réserver aux œuvres d'orfévrerie dans les églises.

Les autres traités de Juan de Arfe sont relatifs à l'essayage des métaux et, de plus, son œuvre comme graveur est assez considérable ; mais, en dehors de son livre, *Varia commensuracion*, elle se rapporte à l'art héraldique.

Comme architecte et comme sculpteur en or et en argent, Juan de Arfe est l'auteur de nombreuses custodes du travail le plus remarquable et dont les principales sont celles des cathédrales d'Avila[2], d'Osma[3], de Valladolid[4], de Burgos, de

---

1. Cette dernière partie, résumée avec une rare conscience, fait mention d'un certain nombre de monuments de l'art romain qui subsistent encore en Espagne et qu'il lui avait été donné de voir et de dessiner.

2. Terminée en 1570.

3. Décrite par Gil Gonzalez, *Teatro ecclésiastico de la iglesia de Osma*.

4. Terminé en 1590, ce tabernacle en argent, du poids de plus de

Lugo[1] et enfin celle de la cathédrale de Séville[2] qui est la plus célèbre de toutes. Cet ouvrage d'architecture en métal précieux, d'un poids considérable et d'une richesse inouïe, a quatre étages de chaque presque un mètre de hauteur; le premier, d'ordre ionique, renfermant une statue de la Vierge; le second, d'ordre corinthien, abritant un ostensoir couvert de pierreries, et le troisième et le quatrième, d'ordre composite, avec l'Agneau sans tache reposant sur le livre aux sept sceaux et, au-dessus, une statuette de la Foi[3].

Juan de Arfe, qu'il faut considérer comme le Benvenuto Cellini de l'Espagne, fut appelé vers la fin de sa carrière à la Cour de Madrid où une cédule royale de 1596 le chargea d'aider Pompeyo Leoni pour l'achèvement des statues de bronze destinées au tombeau de Philippe II dans une chapelle de l'Escurial, ainsi que de travailler aux nombreux reliquaires de l'église et à différentes pièces d'orfévrerie pour le roi; mais ces dernières dans un sentiment d'ornementation toute profane[4].

La dernière œuvre connue de ce grand artiste est la custode de l'église Saint-Martin de Madrid exécutée vers l'année 1600, époque après laquelle on suppose que Juan de Arfe Villafañe

soixante *kilogrammes* et d'une hauteur de *deux mètres*, a pour sujet principal *Adam et Ève dans le paradis terrestre*.

1. Gracieuse custode en argent à deux étages, le premier orné de douze colonnes doriques et le second orné de huit colonnes ioniques, avec une élégante coupole surmontée d'une croix.

2. Juan de Arfe eut pour collaborateur, dans la composition de cette œuvre brillante, le chanoine Francisco Pacheco, poëte latin d'une grande valeur et qui lui indiqua les sujets innombrables des statues, des bas-reliefs et des ornements qui décorent les piédestaux, les niches et le couronnement. — Rodrig. Caro, *Antigüed. de Sevilla* et Morgad, *Histor. id.*

3. Décrite dans le traité des proportions de Arfe, cette custode, terminée en 1586, a été publiée à part, l'année suivante, dans un opuscule introuvable et qui, dédié à l'illustre chapitre de la cathédrale de Séville, n'existe même plus dans sa bibliothèque.

4. Parmi ces ouvrages on cite une fontaine et son bassin en argent avec incrustations d'or représentant, pour la fontaine : Jupiter avec son aigle et les quatre éléments; et, pour le bassin : Orphée, Pallas et Bacchus.

vint à mourir, honoré entre tous et ayant encore ajouté au
nom célèbre qu'il tenait de son père et de son aïeul.

Bibliographie. — Notice complétée par notre honoré confrère D. Eugenio de la Camara.

ARGÉLIUS.

Cet architecte, cité par Vitruve (liv. vii, *Præf.*), vivait au
milieu du cinquième siècle av. J.-C. Il érigea à Tralles,
alors une des villes grecques les plus florissantes de l'Asie
Mineure, un temple d'ordonnance ionique consacré à Esculape et qui devait être le plus considérable de cette cité ; car,
à en juger par les serpents qui se voient sur les médailles de
Tralles, Esculape était le dieu protecteur de la ville.

Argélius donna la description de ce temple, qui existait
encore à l'époque où écrivait Vitruve, dans un traité, cité
par ce dernier, mais malheureusement perdu, sur les *Proportions de l'ordre corinthien.*

ARIRAM.

Un des plus anciens architectes de l'Allemagne qui nous
soit connu, est un religieux du monastère de Saint-Emmeran
de Ratisbonne, nommé Ariram et qui, à la fois architecte et
sculpteur, fut employé, vers la fin du neuvième siècle, avec
un de ses frères en religion du nom d'Alfred, à la construction du *Palais impérial de Ratisbonne.* Cet édifice, dont

aujourd'hui quelques vestiges subsistent seuls, était construit dans le style massif de l'architecture lombarde, et fut
ruiné en 911 par les Huns.

La chronique qui nous a conservé le nom de Ariram,
ajoute que ce moine était « *plus qu'aucun autre de son siècle
ingénieux dans la pratique des beaux-arts,* » et c'est ce qui
nous fait donner ici un souvenir à cet ancien maître de l'art
allemand primitif.

ARLER (HEINRICH ET PETER).

Les biographes[1] presque unanimes pour faire naître le
second de ces architectes, Peter Arler, à Bologne, en 1333,
disent qu'il était fils de maître Heinrich Arler von Gmünd,
architecte originaire de la Souabe, lequel, appelé en Italie
au commencement du quatorzième siècle, y aurait vu ses
noms modifiés en ceux de Enrico da Gamondia ou Zamo-
dia. Cette assertion semble douteuse. En effet, ils ajoutent
(attribution que le patriotisme italien repousse quoique probablement à tort, vu le style de l'édifice[2]), que cet Henri de
Gamond aurait fourni, vers 1388 (c'est-à-dire vers l'âge de
soixante-quinze ans, s'il était le père de Peter Arler), le plan
primitif de la cathédrale de Milan[3].

---

1. WIEBEKING, *Arch. civ.*, déjà cité, t. V, p. 48; NAGLER, *Künstler-
Lexicon*, déjà cité, t. I, p. 162, etc.

2. Cependant, parmi les témoignages d'auteurs italiens qui reconnais-
sent à la cathédrale de Milan un fondateur étranger, il faut citer CESARE
CESARIANO, le célèbre traducteur de Vitruve, qui, parlant de cette cathédrale, à la continuation de laquelle il fut employé, dit qu'elle fut construite
more germanico. CICOGNARA (*Storia di scultura*, vol. II, p. 180) inclinait
vers cette opinion quand il dit : « *Si sara dunque probabilmente chiamato
dall'estero il construttore nuovo tempio di Milano.* » H. GALLY KNIGHT, *the
eccles. archit. of Italy*, Londres, 1843, in-fol., t. II.

3. On sait, au reste, que Jean Galeas Visconti, premier duc de Milan et

Quoi qu'il en soit, nous ne nous occuperons ici que des œuvres de Peter Arler; car nous ne savons de certain sur Heinrich qu'une seule chose : c'est qu'il fut appelé — ainsi que de nombreux artistes venus de France et d'Allemagne[1] — à diriger les travaux de la cathédrale de Milan, lors du commencement de cet édifice, c'est-à-dire vers la fin du quatorzième siècle.

Peter Arler fut, au moins à Prague, le principal architecte employé par l'empereur d'Allemagne, Charles IV, qui était roi de Bohême et qui, on le sait, fit construire de nombreux monuments dans sa capitale : aussi, d'après Wiebeking, doit-on à Arler plusieurs édifices tant dans cette ville que dans d'autres localités de la Bohême. Il est seulement difficile de discerner la part qu'il faut attribuer à un architecte français, Mathieu (les Allemands l'appellent Mathias), originaire d'Arras[2], dans ces édifices construits dans le style ogival et en partie imités des monuments érigés à la même époque dans le nord-ouest de l'Allemagne et de la France.

Les principales œuvres de Peter Arler sont, à Prague : outre sa participation aux travaux de la *Cathédrale*[3], l'*Église* dite *Allerheiligen* ou *de tous les Saints*, l'*Église de Carlshof*[4]

---

auquel cette cathédrale doit sa fondation, fut si peu satisfait du plan primitif que, les travaux commencés depuis un an, il les fit bouleverser de fond en comble, afin de recommencer l'édifice sur un plan plus grandiose.

1. Nous citerons, tant dans le cours des biographies que dans l'index, les noms de tous les architectes que l'on croit avoir concouru à la construction de la Cathédrale de Milan.

2. On sait, en effet, que Mathieu d'Arras fut appelé en 1344 en Bohême par le roi Jean de Luxembourg et qu'il y séjourna jusqu'à sa mort arrivée en 1356. — Voir la biographie de cet artiste.

3. Peter Arler succéda, en 1356, à Mathieu d'Arras comme architecte de la cathédrale de Prague et termina le chœur de cette église en 1386.

4. Cette église, que Wiebeking trouve très-remarquable et qui, dit-il, « *peut servir de modèle pour de petits temples*, forme un octogone d'un diamètre de soixante-douze pieds. Les murs d'enceinte n'ont que trois pieds et demi d'épaisseur, et chacun des six piliers boutants qui supportent la

ou *de la Cour de Charles* et le *Carlsbrücke* ou *Kœnigs-brücke, Pont de Charles* ou *Pont du Roi*[1] sur la Moldau.

Arler construisit encore une *église* à Collin[2] et termina, après la mort de Mathieu d'Arras, le *château royal* de Carls-tein[3] ainsi que les *églises* ou *chapelles de l'Assomption de la Vierge,* de *Sainte-Catherine* et de *Sainte-Croix* renfermées dans son enceinte.

On croit que Peter Arler mourut en 1386, avant même, comme nous l'indiquions plus haut, l'époque où on pense que son père Heinrich aurait été appelé à diriger les travaux de la cathédrale de Milan.

coupole est de trois pieds dix pouces de grosseur sur neuf pieds et demi de longueur. Le chœur, situé vers l'Orient, a trente-six pieds six pouces de long sur vingt-neuf pieds de large. Les orgues sont placées à l'Occident et, en arrière, est le campanile. Au commencement (c'est-à-dire lors de sa construction par Arler), cette église était surmontée par trois coupoles, sur lesquelles on éleva dans la suite trois tourelles, dont celle du milieu s'élève à cent treize pieds au-dessus du pavé de l'église.... La voûte de la coupole centrale est d'un diamètre de soixante-douze pieds et d'une élévation de plus de soixante pieds... Le grès dur et la brique sont employés dans la construction et le style général est caractérisé par l'arc aigu des fenêtres et des nervures des voûtes. »

1. Commencé en 1358 et terminé seulement en 1503, ce pont, qui remplace un ancien pont de bois détruit en 1342 et joue un grand rôle dans les légendes de la Bohême, a *quatre cent quatre-vingt-sept mètres* de long, *dix mètres* de large et *treize mètres* de hauteur au-dessus de la Moldau. Il repose sur *dix-sept* piles de *neuf mètres* d'épaisseur. — AD. JOANNE, *Itin. de l'Allemagne du Sud.*

2. Village appelé en allemand *Neu Kolin* et situé à trois lieues de Prague.

3. Ce château est la forteresse féodale la plus remarquable de la Bohême et, servant autrefois de résidence à ses souverains, il renfermait leurs trésors et les joyaux de leur couronne.

ARMAND (ALFRED).

M. Alfred Armand, né en 1805 et aujourd'hui entièrement retiré de la pratique active de l'architecture, mais adonné à d'intéressantes études relatives à l'histoire générale des beaux-arts, est un des architectes français contemporains qui ont eu à diriger les travaux les plus importants et qui, associés dès leur début aux grandes entreprises des chemins de fer et à celles de puissantes Compagnies financières, ont pu compter par sommes considérables l'argent mis à leur disposition dans les édifices qu'ils ont fait ériger[1] et pour l'exécution desquels ils ont dû s'entourer de nombreux collaborateurs[2].

Élève de Provost et de Achille Leclerc, puis entré à l'École des Beaux-Arts en 1827 et ayant exposé au *Salon de* 1835 une aquarelle représentant une *vue de la galerie de Henri II au château de Fontainebleau*, M. Armand fut nommé archi-

1. Les frais de construction et de décoration de l'*Hôtel du Louvre* et du *Grand Hôtel* ont seuls entraîné une dépense totale de *quinze millions* et l'on ne peut estimer à une somme moindre celle des maisons particulières érigées à Paris par M. Armand. En outre, les grands travaux que cet architecte eut à faire exécuter pour les *Compagnies des chemins de fer de l'Ouest et du Nord* atteignirent une somme plus considérable encore.

2. Quoique quelques-uns de ces artistes, tels que MM. CRÉPINET, CRÉTIN et MORTIER aient leur place assurée dans le corps même de cet ouvrage, nous devons citer ici MM. ANTOINE, dessinateur et inspecteur des travaux de la *gare d'Amiens*; CRÉPINET, chef du bureau des dessins et inspecteur des travaux du Grand-Hôtel; CRÉTIN, conducteur principal des travaux des *chemins de fer de Saint-Germain et Versailles*; DABLIN, dessinateur et inspecteur des travaux de la *gare de Saint-Quentin*; HENRI DUBOIS, chef du bureau des *chemins de fer du Nord* et de l'*Hôtel du Louvre*; LAYRIX, architecte-adjoint de la *gare de Saint-Germain* et de la magnifique *Galerie de Fêtes* de l'*Hôtel Pozzo di Borgo* (galerie construite par MM. Armand et Layrix, vers 1840, pour agrandir cet hôtel situé rue de l'Université); MORTIER, chef du bureau des dessins et inspecteur en chef des travaux de la *gare Saint-Lazare* à Paris, etc.

18

tecte des lignes de la *Compagnie des chemins de fer de Saint-Germain et Versailles* (rive droite) et eut à construire, de 1835 à 1845, les gares de Versailles, de Saint-Cloud, de Saint-Germain et la gare de Paris, tant dans sa partie sur la rue Saint-Lazare renfermant une cour trapézoïdale ouverte que dans la partie en retour sur la rue d'Amsterdam.

Lorsque, en 1845, à la suite de justes réclamations formulées par la Société centrale des architectes, le ministère des travaux publics adjoignit des architectes aux ingénieurs pour l'exécution de tous les travaux d'art des lignes des chemins de fer entreprises sous le régime de la loi spéciale de 1842, M. Armand fut appelé à diriger toutes les constructions que fit exécuter, en dehors de Paris, la *Compagnie des chemins de fer du Nord*, et, de 1846 à 1851, il construisit pour cette Compagnie de nombreuses gares dans les départements et, parmi elles, celles d'Amiens, d'Arras, de Lille, de Calais, de Saint-Quentin et de Douai, ainsi que les vastes gares et ateliers de La Chapelle Saint-Denis. C'est à la fin de ces travaux que, en 1847, M. Armand fut nommé *chevalier de la Légion d'honneur.*

Cet architecte eut ensuite à agrandir la partie de la gare qu'il avait construite rue Saint-Lazare pour les chemins fer de l'Ouest[1], ce qu'il fit de 1851 à 1853, et, dès cette époque, faisant partie du groupe d'architectes remarquables attachés à la *Compagnie Immobilière* et occupés par cette Société financière à édifier les constructions en bordure sur la rue de Rivoli prolongée en face le Louvre[2], c'est à lui que l'on dut, de 1854 à 1855, plusieurs maisons situées rue de Rivoli

---

1. C'est de cette époque que datent les grandes *couvertures métalliques* dues à M. Flachat, chef du service des ingénieurs; couvertures qui présentaient alors un grand intérêt par la combinaison des formes et une certaine hardiesse d'exécution.

2. Les quatre premiers artistes associés à ces grands travaux furent MM. Armand, Hittorff, Pellechet et Rohault de Fleury (voir les biographies de ces trois architectes).

et rue de Marengo et le *Grand Hôtel du Louvre*[1], hôtel dont l'importance et le comfortable aménagement étaient alors sans précédent en France.

Les directeurs du *Crédit Mobilier*, MM. Péreire, demandèrent ensuite à M. Armand de construire leur habitation privée, vaste et riche hôtel situé à Paris, rue du Faubourg Saint-Honoré, n° 35. Enfin, après la construction, en collaboration avec M. Pellechet père, de quatre considérables maisons situées à Paris boulevard des Capucines et rue Halévy, M. Armand fit ériger, en 1862, le *Grand-Hôtel*[2],

1. Outre la rapidité extraordinaire avec laquelle furent conduits jour et nuit les travaux de cet hôtel et les fort intéressantes applications alors nouvelles en France pour ce genre d'édifice de l'électricité à l'horlogerie ainsi qu'à la sonnerie intérieure des appartements, il faut mentionner la cour centrale (la première couverte à Paris dans ces dimensions), cour décorée d'arcades au rez-de-chaussée avec, au-dessus, dans la hauteur de deux étages, des colonnes corinthiennes engagées, et, en attique, des cariatides ou des pilastres ; sur la droite de cette cour, large perron conduisant à une grande salle de lecture et à la vaste galerie très-richement ornée qui sert de salle à manger principale en même temps que de salle de fêtes.

2. Le terrain occupé par le *Grand-Hôtel* offre en plan un triangle presque parfait d'environ *cent trente-cinq mètres* à la base (côté du boulevard) sur *cent dix mètres* de hauteur et une superficie de près de *huit mille mètres*. La façade principale offre, dans sa partie centrale, des arcades avec, au-dessus, des colonnes corinthiennes engagées et, en attique, des groupes d'enfants formant cariatides. A l'intérieur, quatre cours, dont la *cour d'honneur*, de forme carrée et ayant plus de *cinq cents mètres superficiels*, est couverte et rappelle par sa décoration la façade principale ainsi que la cour de l'Hôtel du Louvre. En face l'entrée principale et après la traversée de cette cour d'honneur, un perron avec terrasse donne accès, à droite et à gauche, à de grands escaliers desservant les principaux services de l'hôtel et, en face, à la *salle de lecture* qui sert elle-même de vestibule à la *salle à manger*, immense pièce de forme demi-circulaire, de plus de *quatre cents mètres superficiels* sur *quinze mètres* de hauteur et dont deux étages de baies cintrées, séparées par des colonnes corinthiennes engagées et surmontées d'œils de bœuf encadrés dans les voussures du plafond, forment la décoration latérale. Dans le plafond, autour d'une grande rosace elliptique vitrée, se trouvent de puissants appareils de ventilation. Au Grand-Hôtel comme à l'Hôtel du Louvre et surtout dans l'habitation con-

situé boulevard des Capucines, édifice qui est sans contredit et son œuvre la plus remarquable et le plus important de beaucoup des établissements de même nature qui existent en France.

A la suite de ce dernier travail, M. Armand fut nommé *officier de la Légion d'honneur*. Il avait, de plus, en 1852, appartenu à la *Commission de contrôle des travaux pour la réunion du Louvre aux Tuileries*, commission qui eut surtout pour objet l'organisation de ces grands travaux, et, membre fondateur depuis 1841 de la *Société centrale des Architectes*, M. Armand fut nommé, en 1855, membre honoraire et correspondant de l'*Institut Royal des Architectes Britanniques*.

ARNAL (D. JUAN PEDRO).

Cet architecte, un des plus érudits de son temps, naquit à Madrid le 19 décembre 1735 de parents français. Son père était alors orfévre de la Cour d'Espagne et envoya Juan Pedro à Toulouse pour y étudier les beaux-arts.

Ce dernier obtint rapidement à l'Académie de Toulouse sept prix en architecture, en perspective et en dessin et, de retour à Madrid, il prit part aux concours de première classe de l'Académie royale de San-Fernando dans lesquels il remporta, en 1763, le second prix d'architecture.

Considéré à cette époque comme un des meilleurs élèves

struite pour MM. Péreire, de véritables artistes, peintres et statuaires, ont été chargés des grandes parties de décoration extérieure et intérieure, telles que cariatides, encadrements de baies et de plafonds, motifs d'ornementation diverse, etc.— D'après un *Recueil d'autographies du Grand-Hôtel*, in-fol., Paris, déposé à la *Bibl. de la Soc. centrale des architectes*.

de cette Académie, il fut placé sous la direction de D. Josef Hermosilla pour dessiner les antiquités arabes de Grenade et de Cordoue et, au retour de cette mission, il fut, en 1767, nommé membre de mérite de l'Académie de San-Fernando.

Bientôt vice-directeur de la section d'architecture de cette Académie, en 1774, il en fut, douze ans plus tard, nommé directeur, place qu'il occupa fort utilement pour les élèves jusqu'en 1801, année où il devint directeur-général de cette même Académie de San-Fernando sous les auspices de laquelle il avait terminé ses études et dont il dota, vers cette époque, la bibliothèque de remarquables ouvrages français.

En 1780, le roi avait chargé D. Pedro Arnal de suivre les fouilles entreprises à Rielves, près de Tolède, où l'on avait découvert de beaux fragments de mosaïques antiques. D. Pedro Arnal fit à cette occasion quinze remarquables planches de dessins, gravés et enluminés depuis, et qui font partie actuellement de la chalcographie de Madrid.

En 1784, il avait été nommé architecte de l'imprimerie royale et il fit de grandes constructions dans l'intérieur de cet établissement; mais l'édifice le plus important dû au talent de D. Pedro Arnal est l'*ancien Hôtel des Postes* de Madrid, situé sur la Puerta del Sol et occupé aujourd'hui par le Ministère de *la Gobernacion*.

D. Juan Pedro Arnal mourut à Madrid le 14 mars 1805, favorisant par son testament les artistes qui désireraient acquérir une partie de sa belle et importante bibliothèque.

Il fut, comme il est dit plus haut, un des professeurs les plus instruits de son temps; aussi bien versé dans la partie scientifique et pratique de l'architecture que dans la partie historique de cet art; car il se tenait au courant, comme l'a prouvé sa bibliothèque, de tout ce qui se publiait en France sur les beaux-arts.

Il avait en outre un goût tout particulier pour dessiner et graver à l'eau-forte des ornements d'architecture, des mausolées, des meubles, etc., goût qu'il avait acquis à Toulouse dans ses premières années et qui s'écartait du genre plus grave et plus sobre des anciens maîtres.

Ces mêmes tendances se manifestèrent dans les œuvres d'architecture qu'il dessina ou qu'il fit exécuter, telles que les décorations des théâtres de Madrid pour les fêtes qui célébrèrent la naissance des infants ; celle de la façade de l'Académie de San-Fernando pour le couronnement du roi Charles IV ; celle de la grande chapelle de la cathédrale de Jaën ; la porte d'entrée et les aménagements intérieurs du palais du duc d'Albe ; le maître-autel de l'église Sainte-Barbara à Madrid, et le tombeau dans lequel fut placé le corps de sainte Marianne ; d'autres autels pour des églises de Madrid et pour la chapelle du grand collége d'Oviedo à Salamanque et enfin un somptueux obélisque qu'il dessina pour la ville de San Lucar de Barrameda, mais qui ne fut pas exécuté.

Bibliographie. — BERMUDEZ (JUAN A. C.), *Noticias de los arquitectos*, etc., déjà cité, t. IV.

ARNOLD ET JOHANN.

Le successeur immédiat de maître Gerhard dans la direction des travaux de la cathédrale de Cologne et le second architecte de cet édifice fut Arnold, qui eut l'honneur de continuer la construction de la cathédrale depuis 1295, année de la mort de Gerhard, jusqu'à la sienne qui eut lieu en 1301.

Arnold eut pour successeur le dernier de ses cinq fils, nommé Johann, qui, ainsi que son père, s'efforça d'observer le plan primitif de maître Gerhard et qui est cité, dans divers documents de l'époque et jusqu'en 1330, comme architecte de la cathédrale de Cologne (*magister operis ma-joris ecclesie* et *magister operis seu fabrice dicte ecclesie colon.*, etc.).

Un de ces documents nous apprend que Johann avait cessé de vivre en 1332.

Bibliographie. — *Nachrichten Kölnischer Künstler*, von J. J. MERLO, in-8°, Cologne, 1850.

ARNOLFO.

Une grande incertitude a régné, presque jusqu'à nos jours, sur le véritable nom de l'auteur du plan de l'admirable cathédrale actuelle de Florence[1], l'église *Santa-Maria del Fiore* (Sainte-Marie-des-Fleurs)[2]. Une erreur, longtemps accréditée et confirmée par Vasari lui-même[3], fait de Arnolfo cité dans les vers gravées à Sainte-Marie-des-Fleurs, en l'honneur de la pose de la première pierre de cette église[4],

1. La cathédrale actuelle de Florence s'élève sur l'emplacement de l'antique Champ de Mars des peuples Étrusques et a remplacé une église de *Santa-Reparata*, érigée vers la fin du septième siècle et qui avait elle-même succédé à un sanctuaire primitif de *Santo-Salvatore*.

2. Plusieurs versions existent sur l'origine du nom de cette basilique qui, placée sous le vocable de la Vierge, devrait son surnom *del Fiore* aux armes de Florence, un lys de gueules sur champ d'argent.

3. *Vasari français*, t. I, p. 61 et 62.

4. Voici ces vers, écrits en latin du treizième siècle et gravés sur un pilier du côté du campanile :

> Annis millenis centubis otto nogenis
> Venit legatus Roma bonitate dotatus
> Qui lapidem fixit fundo simul et benedixit
> Presule Francisco gestanti pontificatum
> Istud ab Arnulfo templum fuit edificatum

un Arnolfo di Lapo, fils de Maestro Jacopo, dit Lapo, ce dernier, tudesque de nation, élève de Nicolas de Pise, auteur de l'Église Saint-François à Assise et devenu architecte de la république de Florence[1]. Les auteurs modernes, au contraire, et, parmi eux, G. Ricci[2], Cicognara[3], Nagler[4], Gailhabaud[5], Gally Knight[6], Du Pays[7], etc., disent que ce n'est pas à Arnolfo di Lapo, que fut donné l'honneur d'élever la cathédrale de Florence, que cependant c'est bien à un Arnolfo, il est vrai, mais qu'il ne se nommait pas Lapo ou di Lapo, mais bien Arnolfo di Cambio de Colle in Valdelsa[8]; car dans la lettre d'appointements d'Arnolfo comme architecte du dôme ou cathédrale, il est appelé : « *Arnolfus de Colle fil. quondam Cambii*[9] : seulement Arnolfo et Lapo étaient (*bensi amendue*) tous deux élèves de Nicolas de Pise et travaillèrent ensemble chez les Pisans; mais le premier n'avait que faire avec le second, sinon d'avoir un maître commun[10]. » C'est donc à Arnolfo, fils de Cambio, né à Colle que doit revenir l'honneur d'avoir tracé le plan et, sauf le Campanile dû à Giotto et la coupole,

> Hoc opus insigne decorans Florentia digne
> Regine Celi construxit mente fideli
> Qua tu Virgo pia semper defende Maria.

1. Voir la biographie de cet artiste au mot Jacopo.
2. *Guido di Firenze*, etc., vol. I, in-12, n. gr., Firenze, MDCCCXX.
3. *Storia della Scultura*, t. III, in-8, Prato, MDCCCXXIII.
4. *Neues Allgemeines Künstler-Lexicon*, in-8, t. I, nouv. édit., Munich.
5. *Monuments anciens et modernes*, t. III, in-4, n. pl., Paris.
6. *The ecclesiastical architecture of Italy*, in-fol., London, 1843.
7. *Itin. de l'Italie*, t. I (Italie du Nord), in-12, 5ᵉ édit. Paris, 1868.
8. Ville industrieuse de Toscane, située dans la vallée de l'Elsa et où Valery (*Voy. en Italie*, t. III, p. 291) a encore vu, après 1830, la *tour d'Arnolfo*, construite par cet architecte et portant son nom, mais abandonnée depuis par ses descendants pour cause d'insalubrité.
9. Richa, *delle Chiese di Firenze*, t. VI, p. 17.
10. Cicognara, ouvr. cité, t. III, c. IV, p. 240.

œuvre de Brunelleschi[1], d'avoir dirigé la plus grande partie
de la construction de Sainte-Marie-des-Fleurs.

Suivant Vasari[2], Arnolfo naquit en 1232 et mourut en
1300 ; mais il est plus probable de croire, avec d'autres
auteurs et surtout d'après l'état d'avancement que tous recon-
naissent aux travaux de la cathédrale de Florence, lors de
la mort d'Arnolfo[3], que cet artiste vécut plus tard et peut-
être jusqu'en 1310.

Avant d'être chargé de la construction de Sainte-Marie-
des-Fleurs, il s'était déjà fait connaître par de remarquables
œuvres comme architecte et comme sculpteur. Dans le *tombeau du cardinal de Braye* à San-Domenico d'Orvieto, il se
montra de plus à la fois peintre, sculpteur et architecte, et,
en 1285, ainsi que le prouve une inscription de l'époque[4],
Arnolfo avait construit et orné d'une foule d'admirables
figures la *Tribune* de marbre de Saint-Paul-hors-les-murs à
Rome ; enfin il avait sculpté sur la façade de la cathédrale
d'Orvieto les bas-reliefs de la *Résurrection du Monde* souvent attribués à Nicolas de Pise. Les œuvres d'Arnolfo
comme architecte étaient également considérables : en 1284,
c'est sur ses dessins qu'avait été reconstruite l'enceinte forti-
fiée de Florence et qu'avait été commencée, dans cette ville,
la *place d'Or-San-Michele* ornée de pilastres et de portiques
en briques, avec un bâtiment à usage de *Halle aux grains*

1. Voir la biographie de ces deux artistes.

2. Voir plus haut, p. 279, n° 3.

3. Sauf la coupole projetée également par lui mais dans des dimensions moindres, il est vrai, le projet d'Arnolfo ne put subir que des modifications légères ; car, quand il mourut, une grande partie du revêtement
en marbre avait été exécutée et il avait bandé trois des grands arcs qui
soutiennent la coupole. Or si l'on se reporte à la date de la pose de la
première pierre, qui eut lieu en 1298 (voir plus haut, p. 279, n° 4), il
est difficile et même impossible de croire que de tels travaux aient pu être
conduits aussi rapidement.

4. † *Hoc opus fecit Arnolfus cum suo socio Petro* (probablement Pierre
de Capoue).

    † *anno milleno centum bis et octuageno quinto*, etc.

(*horreum*) plus tard converti en église[1]. En outre, cet architecte jouissait déjà d'une grande influence ; car c'est sur son conseil que, après l'écroulement du *Poggio de Magnoli*[2], il fut rendu un décret défendant de jamais bâtir en cet endroit, attendu la dégradation constante opérée par l'eau sur les rochers formant la base de la colline.

On lui doit aussi, en 1285 « les *loge* et *place dei Priori*, ainsi que les trois chapelles de l'*Abbaye de Florence*[3] fondée par le comte Ugo. Il agrandit l'église et le chœur et commença sur l'ordre du cardinal Giovanni degli Orsini, légat du pape, le clocher qui fut dès lors beaucoup admiré[4]. L'*église de Santa-Croce*[5] des Frères Mineurs fut également commencée l'an 1294[6] sur les dessins d'Arnolfo qui est aussi l'auteur des premiers cloîtres de cette église. Peu de temps après il nettoya l'extérieur de *San-Giovanni*[7] qui était défiguré par l'incrustation d'un grand nombre de tombeaux de marbre et de pierre, qu'il fit placer derrière le campanile, sur la façade de la maison canoniale, près de l'oratoire de San-Zanobi. Puis il procéda au revêtement en marbre noir de Prato qui décore aujourd'hui les huit faces du monument. L'année suivante, les Florentins le chargèrent d'établir des marchés dans le Valdarno, au-dessus du château de San-Giovanni ; et il s'acquitta si bien de tous ces différents travaux, qu'ils le créèrent citoyen de leur ville[8]. »

1. Taddeo Gaddi refit plus tard, sans altérer le plan primitif d'Arnolfo, les piliers des portiques en remplaçant la brique par la pierre.

2. Le mot *poggio* indique en italien une colline et parfois, par extension, une partie élevée formant terrasse et ornée de constructions.

3. La *Badia* ou abbaye de l'ordre de Saint-Benoît située près de la place de la Signoria et rebâtie en 1625.

4. Ce clocher, détruit dans une émeute, fut reconstruit en 1330.

5. Cet édifice, appelé à juste titre, dit Valery, le Panthéon de Florence, a plus de *cent seize mètres* de longueur sur près de *trente-neuf mètres* de largeur.

6. Le P. Richa prétend (t. III), d'après l'histoire manuscrite de Bernardo Davarzato, qu'elle fut commencée dès l'an 1292.

7. *San-Giovanni Battista* (le baptistère de Florence).

8. Vasari français voir *Arnolfo di Lapo*, t. I, p. 63 et 64.

Vasari semble dire en revanche, dans sa biographie de Michelozzo Michelozzi[1], qu'Arnolfo fut moins heureux dans les travaux qu'il fit exécuter pour le *Palais de la Seigneurie* (ex-palais ducal) qu'il commença en 1284, en imitant le plan que Jacopo dit Lapo avait fait pour le château des comtes de Poppi, dans le Casentino. Le palais de Florence, dit Vasari, aurait été commencé « sur un plan vicieux et irrégulier avec des colonnes de différents diamètres, des arcades de différentes grandeurs, des escaliers incommodes et des appartements mal disposés; » mais c'est sans raison que la plupart de ces défauts sont reprochés à notre artiste, car il ne put donner au palais la symétrie qu'il eût désiré y apporter, ayant été empêché de l'étendre sur l'emplacement des maisons (rasées pour cause de trahison) de la famille gibeline des Uberti et ayant été contraint de renfermer dans l'enceinte des constructions nouvelles plusieurs maisons des Foraboschi. Il faut même reconnaître que la tour, haute de quatre-vingt-quatorze mètres et commencée mais non achevée par Arnolfo, décèle une réelle hardiesse et lui fait grand honneur.

On sait que c'est en 1296 que les Florentins chargèrent, par un remarquable décret digne de cette illustre république, « Arnolfo, maître en chef (*capo maestro*) des travaux de Florence, de faire le modèle ou dessin de la reconstruction de Santa-Reparata (l'ancienne cathédrale devenue Sainte-Marie-des-Fleurs) avec la plus haute et la plus somptueuse magnificence et de telle sorte que l'industrie humaine ne puisse inventer aucune œuvre plus belle et plus grande.... » On sait aussi que, deux ans plus tard, les fondations de l'église étaient achevées et que, jusqu'à l'époque de sa mort, Arnolfo ne cessa de donner ses soins à la construction de ce vaste édifice[2] qui, par la noble simplicité de

---

1. T. II, p. 263.

2. Les dimensions de Sainte-Marie-des-Fleurs sont en longueur de *cent cinquante-trois mètres*, et en largeur aux transsepts, de *cent dix mè-*

son plan[1], ses proportions imposantes, la beauté de certaines
de ses parties et l'admirable coupole que Brunelleschi put
asseoir sur les fondations inébranlables dues à Arnolfo, est
resté l'un des types des grands sanctuaires érigés depuis par

tres. La largeur totale des *trois nefs* est de *quarante mètres*, la hauteur de
la nef principale est de *cinquante mètres* et celle des basses-nefs, de *trente-
deux mètres*. La superficie totale dépasse *seize mille mètres*.

1. Le plan de *Sainte-Marie-des-Fleurs*, tel qu'il a été conçu et
exécuté par Arnolfo, présente l'image d'une croix latine dont l'apside et
les transsepts, de forme pentagonale, constituent les trois bras supérieurs.
L'église est orientée et le grand bras ou partie inférieure de la croix est
divisé en trois nefs, composées chacune de quatre travées. Ces dernières
sont séparées entre elles par six piliers d'une grande légèreté, couronnés
de chapitaux ornés de feuillages rustiques et sur lesquels retombent les
nervures ogivales des voûtes. La rencontre de cette partie antérieure avec
les transsepts et l'apside forme une grande salle offrant en plan un octogone
régulier, grâce aux puissants pans coupés, véritables contre-forts intérieurs
et extérieurs, qui supportent la coupole de Brunelleschi. Cette coupole avait
été prévue, il est vrai, mais dans des dimensions moindres par Arnolfo;
cependant il faut avouer que la stabilité de l'œuvre qui servit de base à
celle de Brunelleschi — stabilité si remarquable et qui ne s'est pas
démentie un instant — est une grande preuve de l'excellence du système
de construction qu'avait adopté Arnolfo et qui permettait à cet artiste de
s'écrier, en s'adressant à son monument : « Je t'ai préservé des tremblements de terre, *Dieu te préserve de la foudre.* » Dans les pans coupés
situés en avant de la partie qui constitue le *dôme* proprement dit, se
trouvent des passages continuant les basses-nefs, et, dans ceux à l'opposé,
deux sacristies de forme rectangulaire. Cinq petites chapelles presque carrées répondent intérieurement aux cinq pans extérieurs des transsepts et de
l'apside.

Arnolfo avait commencé l'érection d'une façade principale qui fut plus
tard détruite par Giotto et qui, malgré de nombreux essais modernes et un
concours récent, est encore à l'état de projet. Trois portes principales,
situées en avant des nefs, et quatre portes latérales, deux dans chacune
des basses-nefs, donnent accès dans l'église.

A l'extérieur et sauf la façade, Sainte-Marie-des-Fleurs offre sur toute
la surface de ses murs un revêtement de marbres blancs, rouges, verts et
noirs, venus de différentes carrières de Toscane et dont, avant de mourir,
Arnolfo avait pu diriger l'exécution que fit achever Giotto. La plupart
des fenêtres, de forme ogivale et comprises à l'extérieur dans des motifs
d'architecture composés de piliers et d'arcs cintrés, ont, ainsi que les portes, des encadrements d'une grande richesse sculpturale. Quant à l'inté-

la foi chrétienne en Occident et a conservé le nom de son premier auteur Arnolfo, comme celui d'un des plus grands maîtres de l'architecture et l'un de ses premiers initiateurs dans la voie de la renaissance italienne. Nous reviendrons au reste, dans la biographie de Brunelleschi, sur la grande influence exercée sur l'art contemporain par l'église Sainte-Marie-des-Fleurs et nous donnerons, avec le portrait de ce dernier artiste, une vue de cet imposant édifice dont les grandes dispositions sont l'œuvre éternelle d'Arnolfo.

Bibliographie. — VASARI FRANÇAIS, voir *Arnolfo di Lapo.*

ARNULPHE DE BINCHE.

L'église paroissiale de *Notre-Dame de Pamele*[1] à Audenaerde (Belgique), commencée en 1235 et terminée en 1239, offre un des exemples les plus intéressants du style de transition de l'architecture romane à l'architecture ogivale qui existe en Belgique et est un des monuments les plus précieux de ce pays, non-seulement par son caractère architectonique, mais encore parce qu'elle nous révèle, par une inscription lapidaire du temps, posée au chevet du chœur[2], l'exis-

rieur de Sainte-Marie-des-Fleurs, malgré certaine nudité, il constitue, par les belles mosaïques, les autels en marbre et les admirables tombeaux que renferme cette église, un véritable sanctuaire digne de la splendeur de Florence au quatorzième siècle.

1. Cet édifice fut fondé par Arnould, sire d'Audenaerde, et terminé par sa veuve Alix.

2. ANNO DN Mᵒ CCXXX : IIII : IIII :
ID. MARTII : INCEPTA : FUIT :
ECCLESIA : ISTA : A MAGRO :
ARNᵤₗPʰ : DE BINCHO.

tence du plus ancien architecte belge qui nous soit connu[1] :
Maître Arnulphe de Binche[2].

Quoique des reconstructions du seizième siècle aient
altéré le transsept et le collatéral de droite de l'église Notre-
Dame de Pamele, cet édifice montre bien, par la simplicité
de son plan en forme de croix latine, par la tour octogonale
qui s'élève au-dessus de la croisée, par les colonnes cylin-
driques de ses nefs, par les triples ouvertures lancéolées qui
éclairent le pourtour de son chœur et de ses bas-côtés, enfin
par son portail à pignon aigu, mais percé à chaque étage
d'une seule baie ogivale, tous les éléments du style de transition des anciens Pays-Bas réunis dans un ensemble auquel
maître Arnulphe a su donner d'heureuses proportions et
une grande harmonie.

Bibliographie. — A. G. B. Schayes, *Hist. de l'Architecture en Belgique*, in-12, n. gr., Bruxelles, 1852, t. II.

ARONJO (adamo).

La cathédrale de Trente (Tyrol), dont le chœur et les transsepts datent de 1048, fut considérablement agrandie en 1212
sous la direction de l'architecte Adamo Aronjo qui donna le
plan de la nef principale et des deux basses-nefs latérales
dépourvues primitivement de toute chapelle.

1. « Les *Annales de l'Abbaye de Rolduc*, écrites au douzième siècle et
publiées par M. de Reiffenberg, font, il est vrai, mention d'un prêtre du
Tournaisis, nommé Albert, qui donna, au onzième siècle, le plan de plusieurs oratoires en bois et en pierre, mais de peu d'importance. » —
Schayes, *Hist. de l'Architecture en Belgique*, cité plus loin.

2. *Binche* est une petite ville ancienne de la Belgique, située non loin
de la frontière française, à quelques lieues d'Erquelines.

Douze forts piliers, avec quatre grandes colonnes engagées sur leurs faces principales et quatre plus petites sur
leurs angles, divisent ces nefs en sept travées, dont la face
tant intérieure qu'extérieure des murs a été singulièrement
modifiée depuis Adamo Aronjo.

Bibliographie. — Wiebeking, édit. franç., déjà cité.

ARROYO (josef de).

Parmi les architectes espagnols de la fin du dix-septième
siècle, Josef de Arroyo, qui était à la fois architecte et ingénieur hydrographe, donna, pendant plus de trente années,
de nombreuses preuves de ses connaissances variées dans la
Nouvelle-Castille. En 1664, il construisit, sur l'ordre du
Conseil des Finances, l'*Hôtel des Monnaies* de Cuença, dont
malheureusement Luis de Arriaga termina quelques années
plus tard la façade en s'inspirant du style déplorable qui
régnait alors en Espagne.

Mais le principal titre de gloire de Arroyo fut d'avoir été
appelé en 1682, par le Conseil de Madrid, pour rectifier le
tracé du *Pont de Tolède* sur le Manzanarès, pont recommandable par ses neuf arches élégantes et simples, plus tard
surmontées d'un parapet surchargé d'ornements d'un goût
douteux. Josef de Arroyo améliora beaucoup les fondations
de ce pont, ainsi qu'on peut le voir dans un long document
reproduit par Bermudez[1] et qui montre cet architecte encore
occupé à ce travail en 1690. Enfin, en 1693, il fut employé
avec Gaspar Romo aux travaux du canal ou rivière artificielle
de Jarama près Aranjuez.

---

1. *Noticias de los arquitectos*, déjà cité, t. IV, p. 185-87.

ARRUDA (FRANÇOIS, JACQUES ET MICHEL DE).

De nombreux documents officiels, concernant trois archi·
tectes du nom de *Arruda,* et se rapportant à la première
moitié du seizième siècle, sont analysés dans le *Dictionnaire
historico-artistique* du Portugal[1].

Le plus ancien de ces actes est un *alvara* ou ordonnance
royale de 1510, nommant Jacques de Arruda, *maître des
travaux* du chœur et de la sacristie d'un couvent. Peu après,
le même artiste reçut du roi Emmanuel le Fortuné, une
patente de *Mesureur (Medidor) des travaux du royaume,* et,
en 1514, une lettre de Jacques de Arruda, adressée au même
prince, est relative aux ouvrages du château d'Amazor que
dirigeait alors cet artiste.

Jacques de Arruda reçut ensuite mission de tracer les plans
et de diriger les travaux de tous les édifices que faisait
construire ou restaurer le roi Emmanuel dans l'Alemtejo[2],
et fut enfin nommé maître des travaux du *Palais d'Evora,*
en 1525, sous le règne du roi Jean III. Il mourut en 1531.

Quoique nous ne connaissions pas les liens de parenté qui
pouvaient unir Jacques de Arruda à François, nous voyons
que ce dernier lui succéda dans une grande partie de ses fonctions, et que, après avoir dirigé la construction du *boulevard
de Rastello* à Belem[3], de tailleur de pierres, devenu *maître
des œuvres* du district d'Alemtejo et du palais de la ville d'E·
vora, il obtint, en 1531, la patente de *mesureur des ouvrages
du royaume,* ainsi que des murs, monastères et églises, après
la mort de Jacques de Arruda.

1. Cte A. RACZYNSKI, in-8°, Paris, Renouard, 1847.

2. Une des sept anciennes provinces continentales du Portugal, située
au sud du Tage.

3. Quai de grande dimension pour la construction du parapet duquel
François de Arruda reçut sept cent soixante-cinq pierres taillées.

François de Arruda occupa une grande position à la cour du roi Jean III et en reçut, outre le titre de *chevalier de l'ordre du Christ*, deux pensions, l'une de 16,000 reis et l'autre de 10,000 reis[1] (cette dernière pour les réparations de l'aqueduc d'Evora)[2], ainsi que diverses prérogatives honorifiques.

Le troisième architecte de ce nom, Michel de Arruda, nous est connu comme *architecte militaire, maître des œuvres de fortifications du royaume de Portugal*. En 1541, il se rendit à Ceuta, avec Benedict de Ravenne, pour fortifier cette place. Le roi Jean III l'envoya ensuite, en 1546, à Mozambique, pour y construire une forteresse ; puis, en 1549, en Afrique, où il construisit le *fort de Seinal* pour la défense d'Alcacer.

Une lettre de l'infant D. Louis relative à ces derniers travaux cite Michel de Arruda comme un des grands ingénieurs militaires de son époque. Il mourut en 1565 à Lisbonne.

ARTIGA (D. FRANCISCO DE).

Né à Huesca d'une famille noble, D. Francisco de Artiga qui vivait à la fin du dix-septième siècle, fut un architecte d'un rare mérite, bien qu'il ait consacré une grande partie de ses études à la culture de l'éloquence, de la poésie, de la gravure et de la numismatique[3].

1. Environ quatre-vingts francs et cinquante francs de notre monnaie, mais représentant une valeur beaucoup plus considérable au milieu du seizième siècle.

2. Aqueduc de *quatre kilomètres* de longueur, surnommé *de prata* (d'argent), à cause de la limpidité des eaux qu'il conduit et toujours en usage, quoique sa construction, œuvre des Romains, passe pour être due à Sertorius.

3. On possède, entre autres productions littéraires de cet artiste, un

Outre des traités de fortifications et de mathématiques restés manuscrits dans le couvent des Carmes déchaussés de Huesca, c'est à de Artiga que l'on doit la construction de l'*Université* de cette ville, édifice d'une architecture simple et grandiose, prouvant chez son auteur de sérieux principes plutôt qu'une certaine facilité d'imitation[1].

Un autre travail de la plus grande utilité et qui fit honneur à de Artiga en montrant sa science profonde du calcul, est le mur colossal qui, sous le nom de *Pantano de Arguis*, forme, à quelques lieues de Huesca, une retenue des eaux de l'Isuela servant à alimenter la ville.

C'est au reste dans les études scientifiques que de Artiga obtint le plus de succès et, lors de sa mort arrivée en 1711, son testament permit de fonder une *chaire de mathématiques* à l'Université de sa ville natale.

Bibliographie. — BERMUDEZ (JUAN A. C.), *Noticias de los arquitectos*, etc., déjà cité, t. IV.

---

traité d'*Éloquence espagnole* et une comédie; mais cette dernière est médiocre, malgré d'assez heureux passages. De Artiga a, de plus, gravé sur bois la perspective de l'*Université de Huesca*, citée plus loin, et les planches d'un ouvrage de numismatique imprimé en 1681.

1. Cet édifice, qui dénote une certaine originalité, offre en plan un octogone avec une cour intérieure de même forme, entourée de portiques avec arcades retombant sur des colonnes et sous lesquelles s'ouvrent les différentes salles de cours. La façade principale est décorée de deux ordres de huit colonnes, doriques au rez-de-chaussée, ioniques au premier étage, et elle est surmontée d'un grand fronton triangulaire, le tout d'un assez heureux effet.

ASCONDO (FR. JUAN).

Parmi les architectes distingués que virent naître les provinces basques espagnoles, on comptait au dernier siècle Francisco Ascondo, moine bénédictin, appelé en religion Fr. Juan. Cet artiste, qui naquit en 1705 à Jurreta, district de Durango, nous est signalé comme habile architecte à partir de son entrée, en 1731, au monastère royal de San-Benito de Valladolid[1], et les nombreuses œuvres dont il dirigea l'exécution, ainsi que son réel talent, lui valurent une grande réputation, non-seulement dans son ordre, mais encore dans toute la Castille.

Il conçut et fit exécuter les églises du bourg de *Saint-Roman de Hornija*, de *Villardefrades*, du *Prieuré de Santa-Maria de Duero* près de Tudèle, ainsi que des bâtiments considérables dans le *monastère de Fromesta* et dans celui des religieuses de *S. Pedro de las Dueñas* près de Sahagun[2], enfin la résidence de la *Grange de Fuentes* et celle du vicomte de Valoria à Valladolid. Mais l'œuvre qui lui fit le plus d'honneur fut, dans son monastère même, deux galeries du grand cloître qu'il fit ériger en imitation de celles construites au XVIe siècle sur les dessins de Juan de Herrera ou de Juan de Ribero Rada, auquel elles sont quelquefois attribuées[3]. Ces galeries valu-

---

1. Comme nous le verrons dans la vie de Fr. Pedro Martinez (voir n° 3) et pour nombre d'autres architectes revêtant l'habit religieux dit *lego* (laïc), la règle conventuelle n'apportait aucun obstacle à la pratique de l'architecture, et les richesses accumulées dans les communautés offraient même de grandes ressources au talent des artistes pris dans leur sein.

2. C'était à Sahagun que se tenait autrefois le chapitre général de la congrégation espagnole de l'ordre de Saint-Benoît, et l'église de cette ville a conservé le remarquable tombeau du roi de Léon, Alphonse VI.

3. Ascondo ou Fr. Juan semble avoir succédé, dans les travaux de ce monastère, à un autre bénédictin, lui aussi architecte de talent, Fr. Pedro Martinez, qui y fit exécuter un escalier remarquable par sa construction sur des arcs portés par des colonnes.

rent à Ascondo les éloges de l'illustre D. Ventura Rodriguez, alors directeur de la *Section d'architecture de l'Académie royale de San-Fernando*. La dernière œuvre de cet architecte fut, dans le même monastère, une autre galerie exposée, au midi, près de la rivière du Esgueva, et l'arrière-chœur de l'église dont il modifia le chœur principal avec grande habileté.

Ascondo mourut en 1781, à l'âge de soixante-seize ans.

Bibliographie. — BERMUDEZ (JUAN A. C.), *Noticias de los arquitectos*, etc., déjà cité, t. IV.

ASHPITEL (ARTHUR).

Dans une remarquable étude présentée à l'Institut royal des Architectes britanniques[1], sur la vie et les œuvres de feu Arthur Ashpitel, ancien vice-président de cet Institut, l'honorable M. Wyatt Papworth, son collègue et son ami, expose que Ashpitel, sans avoir rencontré, dans sa carrière cependant si bien remplie, les occasions d'occuper dans l'art la place d'un Cockerell ou d'un Barry, ou même sans avoir pu atteindre dans les lettres la position d'un Müller ou d'un Bünsen, laissa néanmoins d'utiles et nombreux travaux qui, grâce à l'union toujours intime de sa plume et de son crayon, servent au développement de l'éducation des architectes contemporains, leur facilitent l'intelligence des monuments de l'antiquité et du moyen âge, et fournissent enfin de précieux documents à l'histoire et à la théorie de notre art.

1. ROYAL INSTITUTE OF BRITISH ARCHITECTS, *Sessional papers*, 1868-69, n° 11, p 164, in-4°, London.

Arthur Ashpitel, né en 1807 à Hackney, était l'aîné des
six enfants de William Hurst Ashpitel, de Clapton, un architecte de quelque distinction [1], ancien élève et principal aide
de Daniel Asher Alexander, ce dernier habile constructeur.

Arthur Ashpitel montra bientôt de vives dispositions pour
le dessin et de non moins grandes pour les lettres dont il
prit le goût à l'école si renommée du Dr Burnett. Mais, à
peine âgé de treize ans, il fit une chute grave dont il se ressentit toute sa vie. Pendant la maladie qu'elle occasionna
et qui dura plusieurs années, il étudia l'architecture, la
chimie, l'art héraldique, la musique et l'hébreu, et, en
1824, parurent ses premiers essais précurseurs d'une grande
quantité d'œuvres littéraires que nous devons passer sous
silence ici. Cependant on verra avec intérêt qu'Arthur
Ashpitel, outre ses connaissances en hébreu, traduisait le
grec avec facilité, savait le latin et parlait le français et
l'italien.

Il commença la pratique de l'architecture vers sa tren-
tième année en assistant son père dans un certain nombre
de petites maisons que celui-ci fit construire sur ses terres
et pour lesquelles Arthur Ashpitel fit directement l'achat
des matériaux et dont il surveilla assidûment l'emploi.
C'est même à la suite de ce travail que, en 1843, il s'établit
enfin comme inspecteur de travaux et architecte à Londres.

Les constructions que cet artiste fit ériger depuis
cette époque et pendant une dizaine d'années seulement
sont des plus nombreuses et quelques-unes d'entre elles
mériteraient plus que la rapide énumération que nous som-

1. W. H. Ashpitel suivit comme inspecteur, pour son maître Alexander,
les travaux des *Docks de Londres* ; puis, en la même qualité, pour John
Rennie, ceux de *Kennet et Avon Canal*, et ensuite le percement du *tunnel
de Bath*, travail alors peu habituel. Enfin, il dessina quelques églises et
autres édifices sous la direction du célèbre architecte James Savage ;
mais bientôt, abandonnant encore jeune la pratique de l'architecture,
W. H. Ashpitel donna tous ses soins jusqu'à sa mort, arrivée en 1852, à
l'amélioration de ses propriétés de Clapton.

mes forcé de restreindre ici aux plus importantes, tant à cause de la variété de leurs programmes que de certaines recherches ingénieuses dans les procédés de construction ou dans les aménagements intérieurs. Citons, en grande partie d'après le *Builder*[1], les églises de *Saint-Barnabé* à Homerton[2] et de *Saint-Jean* à Blackeath[3]; le *monument en l'honneur de Wellington* près de London-Bridge[4]; deux fontaines monumentales pour l'Exposition universelle de 1851; des établissements de bains et lavoirs à Lambeth[5], Maidstone, Kidderminster, Bilston, etc., des groupes de maisons d'artisans[6]; d'importants agrandissements apportés à l'*Asile des Orphe-*

1. N° du 30 juin 1869, xxvii° vol.

2. Cette église, construite de 1847 à 1852 et dont la dépense s'éleva à cent cinquante mille francs, est conçue dans le style ogival anglais de la fin du treizième siècle et fut une des premières éclairées au gaz. Ashpitel en fit une aquarelle qu'il publia peu après son achèvement.

3. Construite en 1852 et du coût de deux cent mille francs.

4. Ce *Testimonial* était une croix élevée et conçue dans le style ogival anglais dit perpendiculaire. Démolie quelques années plus tard parce qu'elle faisait obstacle à la grande circulation de ce quartier, le couronnement en fut transporté dans la baie pittoresque de Swanage, sur la côte de Dorset, où il fut érigé sur un soubassement de sept mètres de hauteur.

5. Arthur Ashpitel avait fait une étude spéciale de ce genre d'établissements, érigés souvent dans un but philanthropique et dont un acte du Parlement, sanctionné en 1846, encourageait la construction. Il avait même publié à ce sujet une notice illustrée des plus complètes, intitulée « *Observations on Baths and Washhouses*, » qui fut consultée avec fruit lorsque en France, en 1851, un décret du gouvernement ouvrit un crédit de cinq cent mille francs pour favoriser ce genre de constructions populaires. L'établissement de Lambeth réalisait, au point de vue de la construction et de la disposition des bâtiments, d'importantes améliorations primitivement tentées en Amérique et dont une des principales, l'adjonction d'un groupe scolaire aux bains et lavoirs, mérite d'être signalée. — Voir dans le *Builder*, vol. xi, p. 628, le plan général et la vue intérieure de cet édifice.

6. Genre de constructions qui a reçu un bien plus grand développement en Angleterre qu'en aucun autre pays et dont les aménagements sont des plus curieux à étudier.

lins de Clapton [1], à l'*Hôpital ophthalmique* et à l'*Infirmerie de Kent* (tous deux à Maidstone), et enfin des ponts, des villas, des boutiques à Maidstone et à Londres, dans lesquelles fut vulgarisé l'emploi de la charpente de fer, et de nombreuses restaurations souvent considérables d'édifices publics ou privés.

Pendant cette période, le nom de Arthur Ashpitel se trouva en outre signalé à l'attention des économistes, des constructeurs, des architectes et des archéologues par de nombreux envois aux expositions [2], par d'importants mémoires traitant les sujets les plus variés et par ses savantes études sur les cathédrales anglaises [3].

Mais la santé de cet artiste faiblissant et la mort de son père étant survenue en 1852, Ashpitel, après avoir généreusement réglé les intérêts des siens, partit à la fin de 1853 pour un long voyage sur le continent et particulièrement en Italie, accompagnant feu David Roberts, membre de l'Académie royale des Beaux-Arts de Londres. Tous deux séjournèrent assez longtemps à Rome où Ashpitel se lia intimement

---

1. Établissement commencé en 1823 par MM. Goldring et Inman, et qui fut augmenté en 1852 par l'adjonction de grands dortoirs et d'une nouvelle infirmerie.

2. En 1850, Ashpitel exposa un remarquable dessin, sorte de frontispice dans lequel il rassembla, à une même échelle, les principales œuvres de Palladio; l'année suivante, un projet de reconstruction du pont de Blackfriars, dans lequel on remarque une vue de la partie orientale de Saint-Paul, l'obélisque offert à la nation anglaise par le pacha d'Égypte et une curieuse réunion de boutiques sur les côtés du pont; de nombreuses reproductions de ses œuvres récemment exécutées, etc.

3. Parmi ces études, intitulées *Antiquities in the architecture of some of the English Cathedrals* et en grande partie publiées par le journal de l'*Association des Archéologues britanniques* (*British archæological association*), fondée en 1845 et dont Ashpitel fut nommé presque aussitôt membre, il faut citer, outre des recherches spéciales sur les différentes parties des églises et des remarques critiques sur les styles d'architecture saxon et normand, ses descriptions historiques des cathédrales de Chester, Worcester, Manchester, Lincoln, Rochester, etc., et des abbayes de Repton (dans le comté de Derby), de Newstead, etc.

avec le chevalier Canina, plus tard son hôte en Angleterre,
et il entreprit sur ses conseils de très-sérieuses études sur la
Rome antique, études qui l'amenèrent à mettre au jour une
très-remarquable vue de *Rome as it was* ou Rome ancienne,
telle qu'elle était au temps de sa plus grande splendeur sous
le règne des Antonins[1]; travail complété peu après par une
vue de *Rome as it is* ou Rome moderne; deux magnifiques
dessins chromolithographiés depuis par les frères Kell[2] et
réduits par eux pour les mémoires de l'Institut royal des
Architectes britanniques; mais dont, par son testament,
Ashpitel laissa la propriété au musée de South-Kensington.

Vers la fin de sa vie, Arthur Ashpitel ne reprit plus la
pratique de sa profession et s'adonna entièrement aux études
théoriques et archéologiques; on lui doit dans ce genre une
nouvelle édition du *Traité de Charpenterie de Nicholson* et
même un *Traité d'Architecture*[3] auquel il remit plusieurs
fois la main et dont les premiers éléments sont puisés dans
les articles sur l'architecture et les arts de construction parus
quelques années plutôt dans l'*Encyclopédie britannique*.

1. Une description de Ashpitel accompagne ces deux dessins et ren-
voie, comme dans les fameux plans de Rome à l'époque des Antonins et
au siècle d'Auguste, dus à MM. Huyot et Léveil, aux sources des restitu-
tions proposées, sources parmi lesquelles il faut citer en première ligne le
Monument d'Ancyre (édité tout récemment à nouveau par MM. G. Perrot
et E. Guillaume), l'*Ordo romanus*, l'*Anonymus Einsiedlensis*, le traité de
Varro sur la langue latine, les *marbres Capitolins* et, enfin, les *médailles
impériales*, cette dernière source d'investigations si heureusement mise à
profit par M. le professeur Donaldson.

2. London, 1866, gr.-in.

3. *Treatise on architecture; including the arts of construction, Building,
Stonemasonry, Arch, Carpentry, Roof, Joinery, and strength of materials.*
Edited by M. Arthur Ashpitel, F. S. A. : Ad. et Ch. Black, Edin-
burgh 1867. Ouvrage analysé dans le numéro du *Builder* du 8 juin
1867, où on signale à l'attention ses observations sur l'architecture
française moderne, un glossaire des termes de l'architecture du moyen
âge et où, enfin, on le recommande, par les données pratiques et les
ingénieuses recherches qu'il renferme, comme un excellent ouvrage à
donner en prix dans les Sociétés d'architecture et les collèges.

Cet artiste, aussi érudit que dévoué aux grands intérêts de son art, porta toujours une grande sollicitude à l'*Institut royal des Architectes* dont il fut élu vice-président en 1862 et où il créa des examens de perfectionnement dont son savoir étendu le fit un des plus précieux juges.

Sur la fin de ses jours, il voulait même fonder un prix à cet Institut, fondation accomplie après sa mort survenue en 1869, par ses héritiers ; mais ce dernier trait n'était pas nécessaire pour que M. Wyatt Papworth, son collègue, terminât la notice nécrologique à laquelle nous avons emprunté beaucoup de ces notes, en disant : *We have no one ready to take his place amongst us*, « nous n'avons aucun de nous prêt à prendre sa place, » éloge bien mérité et bien digne d'un tel travailleur.

ASHTON (HENRY).

Né à Londres en 1801, cet artiste, qui vient de mourir dans cette ville au mois de mars 1872, fut attaché, dès sa jeunesse, au cabinet de sir Robert Smirke, membre de l'Académie royale, et, lorsqu'il quitta ce premier maître, ce fut pour collaborer aux travaux considérables que dirigeait, au château de Windsor, sir Jeffry Wyatville, lui aussi membre de l'Académie royale. M. Henry Ashton ne se sépara de sir Jeffry qu'à la mort de ce dernier et fut alors chargé, par S. M. la reine Victoria, de l'érection de *dépendances royales* à Windsor[1] et à Frogmore[2], en achèvement des constructions commencées par son prédécesseur.

1. Parmi ces dépendances, construites sous le règne de Guillaume IV et terminées sous celui de la reine Victoria, les *écuries royales* de Windsor, situées à l'ouest de la longue allée du grand parc, ont coûté près de deux *millions de francs*.

2. *Frogmore-lodge* est une dépendance de Windsor dont il n'est séparé

Dessinateur doué à la fois d'une grande originalité et d'une rare élégance[1], M. Ashton prit part à plusieurs concours publics importants, parmi lesquels il faut citer ceux ouverts à Londres pour la construction du *Palais du Parlement*, du *Monument de Nelson*, de la *nouvelle Galerie nationale* et du *bâtiment à consacrer à l'Exposition universelle de 1851* ; et, dans chacune de ces luttes artistiques, les dessins de M. Ashton furent vivement appréciés. Le dernier roi de Hollande, Guillaume II, lui demanda même un projet pour le *Nouveau Palais*, qu'il fit ériger en style gothique à la Haye, et, dans son propre pays, Henry Ashton eut de nombreuses occasions de montrer toute sa science professionnelle ainsi que la fertilité de son imagination dans les belles demeures qu'il éleva pour ses riches clients, presque tous membres de la haute aristocratie anglaise.

Il faut remarquer, parmi les édifices privés dus à Henry Ashton, la construction importante élevée à l'un des angles de Victoria-Street et destinée au siége de *Westminster Improvement Commission;* vaste ensemble dans lequel il s'efforça, l'un des premiers à Londres et en imitation des tendances françaises et écossaises, de disposer une longue enfilade d'appartements de plain-pied offrant à l'architecte une plus grande étendue de façade à décorer dans le même sentiment architectural et aussi une meilleure proportion en largeur et en hauteur, que ne la peuvent offrir les habitations si resserrées destinées à Londres à abriter la vie comfortable d'une seule famille anglaise.

Henry Ashton, reçu membre de l'*Institut royal des architectes britanniques* en 1844, avait été plusieurs fois élu membre du conseil et vice-président de cette Société, et c'est

que par la route de Londres ; les travaux qu'y fit exécuter M. Henry Ashton étaient relatifs à l'installation du service de vénerie.

1. .M. Ashton s'était même adonné à la peinture et ses nombreux amis ont pu apprécier tout le charme des compositions peintes retraçant les souvenirs de ses voyages à l'étranger.

au discours qui y fut prononcé par M. Thomas Henry Wyatt,
comme président, le 4 novembre 1872 [1] que nous avons emprunté les principales données de cette notice.

ASSAR-EFFENDI.

L'empire Turc compte un très-petit nombre d'architectes
et presque tous appartiennent au rit grec ou au rit arménien;
cependant, lorsque, en 1855, *el Koubbet-es-Sakrah* (la Coupole du Rocher), reconnue généralement comme la grande
mosquée élevée, en 636, par le calife Omar sur l'emplacement du Temple de Jérusalem, eut besoin de travaux importants de consolidation et aussi de restauration dans sa décoration intérieure, le fanatisme musulman qui règne à Jérusalem ne permettant pas de les confier à un artiste autre que
musulman, le sultan Abdul-Medjid envoya de Constantinople un de ses architectes nommé Assar-Effendi, qui fit exécuter ces divers travaux et fournit plusieurs fois son précieux
concours aux artistes et aux archéologues qui ont relevé
dans ces derniers temps l'aire et les substructions du temple
de Salomon.

Bibliographie. — *Le temple de Salomon à Jérusalem*, par
Mgr Bartolini, trad. de M. Materne (*Revue de l'art chrétien*,
in-8°, n. gr., Paris, 1870-71).

1. Royal Institute of British Architects ; *Opening address* (Session
1871-72).

ASSCHE (SIMON VAN).

La *Halle aux draps de Gand*, construite en 1424[1], à côté du beffroi, est un monument d'une médiocre étendue ; mais dont la façade, d'un dessin gracieux, appartient au style ogival secondaire des Pays-Bas. L'architecte de ce bâtiment, dont le nom est donné dans les additions à l'ouvrage de Schayes[2], s'appelait Simon van Assche.

Cette façade, la dernière remarquable érigée en Belgique dans le style ogival pour un édifice de ce genre, présente, au-dessus d'un rez de-chaussée à baies cintrées, deux étages de fenêtres ogivales et un haut pignon aigu, à droite et à gauche duquel s'élèvent deux tourelles octogonales en encorbellement d'un joli effet.

« Pendant plus de deux siècles, un escalier à double rampe, comme celui de la Halle d'Ypres, donnait accès à cet édifice et se trouve figuré en 1641 dans une gravure de la *Flandria Illustrata*[3]. »

ATHÉNÉE ET CLÉODAMUS.

Ces deux architectes, nés à Byzance au commencement du troisième siècle ap. J.-C., à l'époque où Alexandre Sévère

1. Cet édifice, qui remplaça à cette époque une halle plus ancienne érigée à quelque distance, dut autrefois sa conservation à la cession qui en fut faite, dès 1613, à la *Gilde*, ou *Serment de Saint-Michel*, dite *des Escrimeurs*, laquelle en fit sa salle d'armes.

2. *Hist. de l'Architecture en Belgique*, in-12, Bruxelles, 1852, t. II, p. 685.

3. *Idem.*

tentait d'arrêter la décadence de l'architecture romaine, furent surtout employés, sous le règne de l'empereur Gallien, vers l'an 260, à des travaux de fortification et de défense de villes, et on attribue même à Athénée un *Traité sur les machines de guerre* [1]. Trebellius Pollion nous apprend de plus que Gallien s'occupa beaucoup de constructions et se reposait sur Athénée et Cléodamus des travaux qu'il faisait faire [2] : malheureusement un seul des édifices érigés sous le règne de Gallien, et non le plus important [3], est venu jusqu'à nous et subsiste encore à Rome où, connu sous le nom d'*arc de Gallien* [4], il ne se recommande guère que par sa solidité.

1. Raoul Rochette, *Nouv. Lettre à M. Schorn*, in-8, Paris, 1832, p. 234.

2. *Duo Gallieni* (Hist. Aug.) c. xiii.

3. Trébellien Pollion rapporte (*idem*, c. xviii), d'après un journal de la vie de Gallien dû à Palfurius Sura, de nombreux détails sur la statue plus grande que le *colosse* que cet empereur avait commencé à faire ériger à Rome en son honneur, ainsi que sur ses projets « de prolongation du portique flaminien jusqu'au pont Milvius en donnant à ce portique quatre rangs de colonnes et même cinq, si l'on en croit quelques auteurs; de sorte que le premier rang aurait eu des pilastres, et, sur le devant, des colonnes avec des statues; le second, le troisième et les suivants, des colonnes rangées quatre à quatre » (trad. Nisard), disposition peu ordinaire dans les portiques construits à l'époque d'Auguste et même à celle des Antonins.

4. Cet arc, appelé aujourd'hui l'*arc de Saint-Vit* (parce qu'il est contigu à l'église de ce saint), « offre un bien triste témoignage des malheurs du temps où il fut bâti. Marcus Aurelius Victor le fit ériger en l'honneur de Gallien et de Salonine, son épouse (ainsi que le montre son inscription encore existante). La construction est de pierre travertine. Il en reste encore l'arc du milieu. Pietro Santo Bartoli, dans le dessin qu'il en a fait, accompagne le grand *arc* de deux autres plus petits, mais fermés dans le bas par le soubassement continu des pilastres; ce qui indique qu'on ne passait pas sous ces *arcs*, et qu'on les avait destinés à recevoir des statues ou des trophées. » Q. de Quincy, *Encycl. Méth.*, Architecture, *Arc*, t. I, p. 92.

AUBERT (JEAN).

Cet architecte, qui obtint le titre de *Contrôleur des bâti-ments du roi*[1] *et de ceux de M. le duc de Bourbon*[2], était « *dessinateur du cabinet du roi* et fut admis à l'Académie d'architecture[3] le 22 janvier 1720. Il construisit au château de Chantilly le bâtiment destiné au logement des gentilshom-mes ainsi que les grandes écuries[4], et, en 1738, fut chargé du contrôle des bâtiments de Saint-Germain en Laye, en remplacement de Lassurance l'aîné[5]. »

Le nom de Jean Aubert reste de plus associé à celui des plus célèbres architectes du siècle dernier par le concours qu'apporta Aubert aux travaux de quelques grands hôtels, en partie encore existants à Paris, tels que l'*Hôtel du Maine*[6], l'*Hôtel de Beauvais*[7] et le *Palais Bourbon*, dont il conduisit les travaux d'aménagement et de décoration sous les ordres de Jacques-Jules Gabriel.

1. Titre porté sous l'ancienne monarchie par plusieurs des maîtres de l'architecture française.

2. *Voy. pitt. de Paris*, par M. D. (ARGENVILLE), 2ᵉ édit., in-12, Paris, MDCCLII.

3. Composée, depuis les lettres patentes de 1717, de vingt-quatre architectes divisés en deux classes. (*Dict. de l'Acad. des beaux-arts*, déjà cité, t. I, Paris, 1858.)

4. Ce vaste ensemble de constructions, commencé en 1719 et terminé en 1735, comprend un manége couvert, et offre une façade de plus de *cent quatre-vingts mètres.*

5. A. LANCE, *Dict. des archit. franç.*, déjà cité, AUBERT (JEAN).

6. Hôtel élevé rue de Varenne, et commencé par ROBERT DE COTTE.

7. Celui de la rue de Tournon, commencé par LASSURANCE (l'aîné).

AUBRY (claude-guillot).

Né en 1703, à Chevillon en Champagne, Claude-Guillot Aubry, nous apprend l'auteur dramatique Sedaine[1], fut reçu membre de l'Académie d'architecture en 1737[2].

Plusieurs remarquables hôtels, aujourd'hui démolis ou tout au moins transformés, furent dus à cet artiste qui construisit ou agrandit à Paris, entre autres bâtiments importants, l'*Hôtel de Villeroy*[3], l'*Hôtel de Conti*[4], et l'*Hôtel de Lassay*[5], plus tard enclavé dans les terrains et les constructions du Palais Bourbon.

Aubry éleva aussi deux fontaines publiques dans les environs de Paris, l'une à Arnouville et l'autre à Gonesse. Cet artiste mourut en 1771[6].

1. *Éloge d'Aubry*, que prononça Sedaine nommé, en 1768, *secrétaire perpétuel de l'Académie d'architecture*, par le marquis de Marigny, alors *surintendant des bâtiments du roi.*

2. *Voir* Aubert (Jean) n° 3, p. 302. De nouvelles lettres patentes, datées de 1728 (*Dict. de l'Acad. des beaux-arts*, déjà cité), avaient élevé le nombre des membres de l'Académie d'architecture à trente-deux.

3. Situé rue de Varenne entre les hôtels de Rohan-Chabot et de Clermont.

4. Hurtaut et Magny (*Dict. hist. de la ville de Paris*, in-8, t. iii, *Hôtels*, Paris, mdcclxxix), placent cet hôtel rue Saint-Dominique-Saint-Germain. Il avait été commencé par François Mansard.

5. Cette résidence, dit D. (Argenville, *Voy. pitt. de Paris*, déjà cité, p. 362), « est en petit ce que le palais Bourbon est en grand. Sa situation est plus heureuse, et la décoration de ses appartements plus recherchée. » — Il était très-visité au milieu du dernier siècle pour la remarquable galerie de tableaux formée par feu le marquis de Lassay et renfermant le magnifique portrait de Charles Ier, par Van Dyck, plusieurs toiles du Poussin, de Rembrandt, etc.

6. A. Lance, *Dict. des archit. franç.*, déjà cité, Aubry.

AUSTIN DE BORDEUSE.

Un des plus grands et peut-être le plus riche monument du monde entier, mais certainement « le plus beau monument de l'Indoustan, écrit M. H. Stockler, est sans contredit le *Tadj-Mahel*[1], superbe mausolée élevé près d'Agra, et construit par les ordres de l'empereur du Mogol (Djihangire) à la mémoire de sa reine de beauté, Noor-Jehan, qu'on appelait la *Lumière du monde*[2]. » L'auteur de cet édifice érigé pendant la première moitié du dix-septième siècle, fut Austin de Bordeuse, un architecte français, dessinateur d'un grand talent, qui sut faire une œuvre « unique dans le monde par sa beauté et d'un style des plus remarquables, mauresque très-pur et très-orné[3]. »

1. Cet édifice occupe le côté nord d'un vaste quadrangle et domine la Jumna dans les eaux de laquelle il se mire. Un mur de grès rouge, très-élevé, ferme les trois autres côtés. On pénètre dans cette enceinte par une porte magnifique, placée au sud, juste en face de la tombe. A l'est et à l'ouest, on voit d'admirables mosquées identiquement semblables, dont la façade est tournée vers le centre du quadrangle. Celle de gauche est la seule qui, orientée vers la tombe du prophète, soit consacrée au culte, l'autre n'a été érigée que pour la symétrie. Le quadrangle a plus de *trois cents mètres* de l'est à l'ouest, et plus de *cent mètres* du nord au sud. Quant au mausolée, il est, ainsi que le piédestal sur lequel il est placé, la terrasse et les minarets, du marbre blanc le plus pur, incrusté de pierres précieuses. Les murs de grès rouge, sont surmontés de coupoles et ornés de pilastres également en marbre blanc. L'intérieur des mosquées et des appartements, le côté des murs qui regarde le monument, sont couverts de marbre blanc (qu'il a fallu faire venir d'une distance de plus de cent lieues), ou d'une composition pierreuse qui imite le marbre; à l'extérieur, le grès rouge ressemble à de la brique. — Ce monument a été gravé (mais à très-petite échelle) dans l'UNIVERS PITTORESQUE, *Inde*, pl. 51, in-8, Paris, F. Didot.

2. D'après STOCKLER, L. DUSSIEUX, p. 200.

3. PRINCE A. SOLTIKOFF, *Voyage dans l'Inde*, t. I, cité par F. DE LANOYE, *l'Inde contemporaine*, in-12, Paris 1858, Hachette.

Nous ne possédons malheureusement aucun détail biographique sur cet artiste si ce n'est que le souverain musulman avait en lui la plus entière confiance et mit à sa disposition (comme au reste le témoigne la richesse de son œuvre) les ressources de toute nature les plus fabuleuses. En effet, Tavernier[1] qui vit construire ce mausolée sans pareil, rapporte que, *pendant vingt-deux années, vingt mille hommes y travaillèrent et qu'il coûta quatre-vingts millions de francs.*

Bibliographie. — L. DUSSIEUX, *les Artistes français à l'étranger*, in-8, Paris, 1856.

AUVRAY (GUSTAVE).

Né à Laize-la-Ville (Calvados), en 1823, M. Gustave Auvray vint faire ses études d'architecture à Paris, dans l'atelier de M. Léon Vaudoyer, et, entré à l'École des beaux-arts en 1842, il fut reçu élève de première classe en 1846. Les connaissances qu'il acquit et développa auprès de ce maître éminent, mirent M. Gustave Auvray à même d'être nommé, en 1852, architecte adjoint de la ville de Caen, et de participer utilement, dès cette époque, à d'intéressants travaux, tant sous la direction de M. Ruprich-Robert, architecte diocésain, chargé par le gouvernement de la restauration de l'*église de la Sainte-Trinite de Caen*[2], que sous la direction de M. Guy qui, comme architecte en chef de la ville, eut à apporter de considérables agrandissements aux salles de réunions publiques et à celles de la bibliothèque et du Musée renfermées dans les bâtiments de l'Hôtel de Ville.

1. *Les six Voyages de J. B. Tavernier*, *qu'il a faits en Turquie*, *en Perse et aux Indes*, etc., 1676-77, Paris, 2 vol. in-4, fig., t. III.
2. Église de l'ancienne *Abbaye-aux-Dames* de Caen.

En 1861, M. Auvray, qui fut appelé à succéder à M. Guy comme architecte en chef de la Ville, termina ces derniers travaux, et, depuis cette époque, eut à en exécuter directement quelques-uns d'une réelle importance et dont les intéressants programmes et l'heureuse direction réclament quelques instants notre attention.

Un incendie ayant détruit, en 1862, une partie des *serres du jardin botanique* de Caen, M. Auvray les fit réédifier presque en totalité sur un nouveau plan[1], et y ajouta un pavillon d'habitation pour la direction de l'établissement. De 1864 à 1866, il construisit une grande *École d'équitation et de dressage*[2], dont le manége couvert, un des plus importants de France, ne compte pas moins de *cinquante mètres de longueur* sur *dix-sept mètres de largeur*, en œuvre.

Parmi les travaux en cours d'exécution, il nous faut citer un *séminaire à Villiers-le-Sec*[3] (Calvados), une grande chapelle[4] pour les religieuses de la Miséricorde à Caen et les travaux de restauration de l'*église Saint-Pierre*, aujourd'hui dégagée à grands frais des constructions qui l'entouraient, et préservée des eaux stagnantes qui donnaient à son apside du seizième siècle un caractère si pittoresque.

Mais l'édifice le plus important dû à M. Auvray est l'ensemble de vastes bâtiments qu'il érigea, de 1861 à 1865, pour

---

1. Parmi les constructions neuves, il faut citer une vaste *serre tempérée* au-dessus de laquelle sont disposées une galerie botanique et une salle de cours.

2. Cette école comprend des boxes et des écuries pour quatre-vingts chevaux; des remises, des selleries et une maréchalerie; un grand manége couvert; des pavillons d'habitation pour le directeur, les piqueurs de selle et d'attelage et les entraîneurs; des logements pour les palefreniers, etc., une salle d'attente et des bureaux, enfin une salle d'hippiatrique. Les bâtiments, qui ont coûté plus de *trois cent mille francs*, sont groupés autour d'une vaste cour principale qui sert de manége découvert pour l'attelage des voitures.

3. Cet établissement est disposé pour contenir quatre cents élèves.

4. Le gros œuvre de cette chapelle (étudié dans le style roman de transition) est aujourd'hui achevé.

les *Bains et Lavoirs publics de la Ville*[1], établissement double que l'on rencontre fréquemment dans les villes de l'Angleterre et de l'Amérique, mais dont la France compte trop
peu d'exemples et n'en offre aucun jusqu'ici digne de rivaliser avec celui construit à Caen, par M. Auvray.

La *Revue de l'architecture et des travaux publics* a publié
les divers plans et details de ce remarquable édifice, dans
lequel d'heureuses dispositions générales sont à noter à côté
d'aménagements bien entendus et d'élégantes masses architectoniques qui font grand honneur au talent de M. Auvray.

1. « Cet édifice comprend trois services principaux, distincts, pour le
blanchissage, disposés dans des bâtiments agglomérés, et deux autres
services séparés, comprenant un établissement de bains payants et des
bains et lavoirs pour les pauvres.

Les trois services principaux sont *la buanderie centrale, les buanderies
des grandes lessives particulières* et *les buanderies des petites lessives particulières;* ces deux derniers services permettant aux blanchisseurs et aux
particuliers de blanchir eux-mêmes leur linge comme il leur convient.
Ces trois services, quoique très-distincts, sont reliés entre eux par des
vestibules et des galeries, à cause des exigences qui leur sont communes;
ainsi les séchoirs à air chaud, le monte-charge, les pièces de dépôt du
linge mouillé, les bureaux des billets, la salle de vente des cristaux de
soude, savons, etc.; les chaudières, les machines à vapeur et les deux pom-
pes, le dépôt des cuviers, tricycles, etc.; ont été placés au centre des trois
services, de façon que leurs abords en soient faciles et qu'ils ne nuisent en
rien à la circulation générale.

Les bains payants sont composés au rez-de-chaussée d'une salle d'attente,
d'un bureau, de dépôt de linge, de cabinets de bains pour les hommes,
de deux pièces, l'une pour le lit de repos et l'hydrothérapie, et au premier étage, de cabinets de bains pour les dames et d'une chambre avec
cabinet pour le baigneur.

Les bains et lavoirs des pauvres ont une salle principale contenant bassins, fourneau avec cuvier, etc.; plus un séchoir à air chaud, une chambre pour la surveillante, un logement de concierge et un champ d'éten-
dage situé près des bâtiments.

L'installation et la fourniture du matériel de ces établissements ont été
dirigées par M. Lepainteur, alors ingénieur hydraulique de la ville de
Caen et ont porté la dépense totale à près de *huit cent mille francs.* —
D'après M. Ruprich-Robert, *Revue de l'Arch. et des Trav. publ.,* in-4°.
t. xxvii, Paris, Morel, 1869.

AVILER (CHARLES, AUGUSTIN D').

Quoique ayant laissé peu d'œuvres appréciées à leur véritable valeur par notre génération, Charles Augustin d'Aviler exerça une grande influence sur l'architecture française du dernier siècle par la publication de son *Cours d'architecture*[1] dont certaines parties sont encore aujourd'hui consultées avec fruit. C'est même à la juste notoriété que s'acquit d'Aviler, comme auteur de ce traité, que nous devons attribuer le silence de ses biographes sur les édifices dus à son talent; en effet, Mariette, qui, dans la réédition qu'il fit en 1760 des œuvres de d'Aviler, nous a laissé une vie de cet architecte dont les biographes modernes se sont inspirés, se borne presque à dire, au sujet des monuments dont d'Aviler fut l'auteur : « Je n'entrerai pas dans le détail de tous les différents ouvrages qu'il fit en Languedoc, et particulièrement à Béziers, à Carcassonne, à Nîmes, à Montpellier et à Toulouse.... » Néanmoins les renseignements biographiques que nous a conservés Mariette sur d'Aviler sont précieux par leur authenticité et nous ont servi de base pour cette notice.

Né à Paris, en 1653, d'une famille originaire de Lorraine,

---

1. Cet ouvrage a eu de nombreuses éditions, depuis la première qui parut en 1691, jusqu'à celle qui passe pour la meilleure de toutes et qui fut éditée par PIERRE-JEAN MARIETTE, en 1760, sous le titre de *Cours d'architecture, qui comprend les ordres de Vignole, etc..., et tout ce qui regarde l'art de bastir*, par LE SIEUR C. A. D'AVILER, nouv. édit., in-4, pl., Paris, MDCCLX. Outre l'*Avis*, la *Préface*, les *Vies de Vignole et d'Aviler*, cet ouvrage comprend des chapitres consacrés aux *cinq ordres*, aux *portes* et *fenêtres*, aux *niches des cheminées*, à la *distribution des plans* et à la *décoration des façades*, aux escaliers, à la *charpenterie*, à la *décoration des jardins*, à la *matière* et à la *construction des édifices*, etc., plus, des *Remarques sur quelques bâtiments de Vignole*, des *Observations sur la Vie et les Ouvrages de Michel-Ange*, dont le portrait se trouve même gravé par d'Aviler lui-même, et enfin une étude des *Ornements qui entrent dans la décoration des édifices*.

d'Aviler se sentit de bonne heure une réelle vocation pour l'art dont il devait plus tard essayer de coordonner les règles et fit de brillantes études, qui attirèrent sur lui l'attention de ses professeurs. Aussi fut-il envoyé, à l'âge de vingt ans, à l'Académie de France à Rome — création alors récente, fondée en 1666 par le roi Louis XIV sur les conseils de Colbert, et destinée à fortifier par l'étude des chefs-d'œuvre de l'antiquité et de ceux de la Renaissance italienne, les jeunes artistes français, que distinguaient d'heureuses dispositions et de précoces succès dans les concours de l'Académie à Paris.

D'Aviler s'embarqua donc vers la fin de l'année 1674 avec Antoine Desgodets, plus tard connu par ses relevés d'édifices antiques, et l'illustre antiquaire Jean Foy Vaillant ; mais, pris par des corsaires algériens, tous trois furent faits esclaves et d'Aviler, conduit en Tunisie, y resta seize mois avant de pouvoir se rendre à Rome. Mariette possédait même un dessin original de d'Aviler, représentant le plan et l'élévation d'une *Mosquée* qu'il aurait construite pendant sa captivité à Tunis dans la grande rue qui conduit au Babaluc, et dont, ajoute Mariette, l'architecture est de fort bon goût.

Après cinq années passées à Rome dans l'étude des monuments de l'antiquité, d'Aviler revint à Paris où son talent de dessinateur le fit attacher au *Bureau d'architecture* par Jules Hardouin Mansard, surintendant des bâtiments du roi, et il put ainsi acquérir, près de ce grand artiste, de réelles connaissances pratiques. C'est vers cette époque (1685) que, préludant à la composition de son *Cours d'architecture*, il traduisit le sixième livre de l'*Architecture de Scamozzi*[1] ; mais comme ce n'était qu'un extrait d'un plus grand ouvrage et que d'autres maîtres italiens l'emportaient sur Scamozzi dans la faveur du public français, ce livre n'eut pas grand succès.

---

1. *Les cinq ordres d'architecture de* Vincent Scamozzi, Vicentin, architecte de la république de Venise, tirés du *VI⁰ livre* de son *Idée générale*

Il n'en fut pas de même du *Cours d'architecture*, qui parut six ans plus tard[1], et dont la méthode, l'étendue et le choix judicieux des exemples proposés à l'étude des élèves, justifient la faveur dont ce traité a joui en France et à l'étranger pendant un siècle et lui assignent encore aujourd'hui une des premières places dans les bibliothèques d'architecture publiques ou privées[2].

Outre cet ouvrage, — et dans le but même d'en rendre la lecture et l'étude plus faciles et plus attrayantes en ne coupant pas à tous moments son traité par une explication indispensable des mots techniques, — d'Aviler composa un véritable *Dictionnaire des termes d'architecture* **qui,** d'abord réuni à son cours, fut dans la suite revu et augmenté par Alexandre Le Blond, de même que Dorbay avait été d'un heureux conseil pour le cours d'architecture. Ce Dictionnaire forma le second volume[3] dans les éditions postérieures à d'Aviler. Le mérite de ce dernier ouvrage est tel que, jusqu'à l'apparition, en 1788, du *Dictionnaire d'architecture* de l'Encyclopédie méthodique par **Quatremère de Quincy,** les définitions données par d'Aviler furent adoptées par nos meilleurs dictionnaires de la langue française.

« En travaillant ainsi dans son cabinet, d'Aviler, dit Mariette, avait espéré de se faire un nom, et de se produire

---

d'architecture (avec les planches originales), par AUGUSTIN-CHARLES D'AVILER, *architecte*. Paris, J. B. Coignard, in-fol.

1. Voir note 1, p. 308.

2. L'*Institut royal des architectes britanniques* a fait acheter, au mois d'avril 1872, un exemplaire de l'édition de 1720, à la vente de la bibliothèque du professeur Willis.

3. *Cours d'architecture*, etc.... 2ᵉ édit. (y compris les termes d'architecture), 2 vol. in-4, revu par J. B. Alexandre Leblond. — 3ᵉ édit., en tout semblable, 1720. — *Explication des termes d'architecture* ou nouv. édit. revue et augmentée, suite du *Cours d'architecture* par le sieur A. C. D'AVILER, architecte, in-4, Paris, MDCCX, J. Mariette, rééditée vers 1750, même format, même date et semblable en tous points à l'édition du Cours d'architecture.

ensuite à Paris, à la faveur de quelque édifice de réputation ;
mais, commençant à s'apercevoir que tant qu'il demeure-
rait attaché à M. Mansard et qu'il travaillerait en sous-ordre,
il ne fallait pas s'en flatter, il se dégoûta de son emploi et ne
balança point à accepter la proposition qu'on lui fit d'aller
à Montpellier. Cette ville avait délibéré de faire élever à la
gloire de Louis XIV une porte magnifique en forme d'arc
de triomphe[1]. M. Dorbay en avait fourni les dessins qui
avaient été fort applaudis et il ne s'agissait plus que de
trouver un homme intelligent pour prendre le soin de la
construction ; le choix tomba sur d'Aviler. Il partit en 1691
et, l'année suivante, l'arc de triomphe se trouva entièrement
achevé à la satisfaction de toute la province. »

Dès lors d'Aviler fut apprécié à sa juste valeur et, protégé
par M. de Basville, intendant-général du Languedoc, chargé
par M. de Colbert, archevêque de Toulouse, de la construction du *Palais archiépiscopal*[2] de cette ville, il devint bientôt, par décision spéciale des États du Languedoc, architecte
de cette province où il construisit de nombreux édifices, et,
s'étant marié à Montpellier, se fixa définitivement dans cette
ville. Mais à peine commençait-il à jouir du fruit de ses
travaux et à voir son nom honoré de tous les artistes par

1. Cette porte, appelée la *porte du Pérou*, est un grand arc de triomphe percé d'une seule arcade, sans colonnes ni pilastres. Un grand entablement dorique d'une très-belle proportion en fait le couronnement, et
il est en outre orné de quatre médaillons en bas-relief de PH. BERTRAND,
représentant la *Jonction des deux mers* et les *Victoires de la France*.

2. Ce palais archiépiscopal est devenu l'*hôtel actuel de la préfecture*.
« Les constructions en sont belles par leur distribution et leur régularité. La vaste cour qui précède l'entrée des bâtiments est grandiose et
donne à l'édifice un aspect presque monumental. La disposition des différentes parties de l'hôtel était parfaitement appropriée à sa destination
première ... La dimension des appartements et des salons de réception
est peu ordinaire. Les archives du département occupent une partie de
l'aile gauche et principalement l'ancienne chapelle particulière des archevêques de Toulouse. » — *Guide dans Toulouse*, 5ᵉ édit., in-18, Del-
boy, 1869.

suite du retentissement qu'obtenaient ses ouvrages, qu'il mourut en l'année 1700, n'étant âgé que de quarante-sept ans et dans toute la maturité de son talent.

AVITUS ou AVITE (saint).

Un des prélats les plus éclairés de la civilisation gallo-romaine fut saint Avite, dix-huitième évêque de Clermont, très-versé dans la connaissance des beaux-arts et de l'architecture et auquel on doit, vers l'an 580, la fondation[1] et la construction primitive de l'*Église Notre-Dame-du-Port*[2] à Clermont-Ferrand. Saint Avite fut enterré en 594 dans cet édifice que les Normands incendièrent en 853, mais qui fut reconstruit plus tard sur un plan beaucoup plus considérable. Ce prélat que plusieurs traditions disent avoir agrandi son église cathédrale, fut aussi le fondateur et l'architecte des premières églises de *Saint-Genièz* à Thiers et de *Saint-Anatolien* en Auvergne.

Bibliographie. — C. ALEX. DE LA BORDE, *Monum. de la France*, t. I, in-fol., n. pl. A. MALLAY, *Essai sur les égl. rom. du diocèse de Clermont*, demi-fol., n. pl.

[1]   « *Hoc templum sanctus, primo fundavit Avitus,*
         « *Inclitus antistes nobilis et genere,*
         « *Quod dicavit ovans Christo sanctæque Mariæ,*
         « *Censibus et propria nobilitavit ope.* »

(Vers tirés d'un manuscrit conservé dans l'église Notre-Dame-du-Port.)

2. Nom tiré d'une petite place située au N. E. de l'église et appelée *le Port*, parce que c'était le lieu du *port* de toutes les denrées. — DUFRESSE, *Origine des églises*, p. 472. — L'église Notre-Dame-du-Port fut pendant un temps assez considérable la cathédrale du diocèse de Clermont.

AYRES DE QUINTAL.

La façade extérieure de l'*église du Couvent du Christ* à
Thomar [1] et la fenêtre de la *salle du Chapitre* de ce couvent,
remontant toutes deux au commencement du seizième siècle,
comptent parmi les plus beaux et les plus riches morceaux
d'architecture dans le style du roi Emmanuel [2] dont s'enor-
gueillisse le Portugal. C'est pour cette raison que, malgré
l'absence de tous renseignements biographiques sur Ayres
de Quintal, l'auteur de ces œuvres remarquables, nous
donnons place ici à cet architecte des rois Emmanuel et
Jean III. Une statue de cet artiste, plus moderne il est vrai
que son œuvre, se voit sur l'angle du fronton de l'église
Saint-Jean à Thomar, et ses descendants existent encore à
Santarem.

Bibliographie. — C^c A. Raczynski, *Les Arts en Portugal*
et *Dict. hist.-artist. du Portugal.* 2 vol. in-8°, Paris, Renouard, 1846-47.

1. Commencé sous le règne d'Alphonse Henriquez, au milieu du dou
zième siècle, et augmenté peu après sous le règne du roi Diniz, cet édifice considérable fut continué par les rois Emmanuel le Fortuné et
Jean III, et par les rois de la maison d'Espagne. Ayres de Quintal, qui
fut l'architecte de la période de restauration et d'agrandissement sous les
rois Emmanuel et Jean III, eut à construire une grande partie de l'édifice actuel comprenant cloître, réfectoire, dortoir, etc.

2. « Sous Emmanuel, dit M. A. Raczynski, il s'est formé un style
« particulier et caractéristique en Portugal qui tient autant du *gothique*
« que de la *renaissance*, qui parfois devient *baroque*, et qui même n'est
« pas tout à fait exempt de réminiscences mauresques; ce style a pro-
« longé son existence jusque vers le milieu du règne de Jean III
« (1550). »

AYTOUN (William).

On a longtemps ignoré le nom de l'architecte de *Heriot's Hospital* (l'hôpital d'Hériot)[1] à Édimbourg. Ce grand édifice, qui fut érigé dans la première moitié du dix-septième siècle[2], et décoré dans ce style mixte qui date du règne de la reine Elisabeth, offre, dans sa construction et dans ses nombreux détails d'ornementation[3], des motifs empruntés au style classique se mêlant aux données de l'art du moyen âge. Aussi, a-t-on généralement attribué au célèbre Inigo Jones[4] la construction de l'hôpital d'Hériot, ce qui ne fait pas un mince honneur au véritable auteur aujourd'hui connu de ce remarquable édifice[5], William Aytoun, architecte écossais du dix-septième siècle. En effet le portrait de William Aytoun figure dans la salle du Conseil de l'Hôpital avec ce titre : « *Measter Meason to Heriot's Werke* » maître maçon de l'œuvre d'Hériot, sans qu'aucun renseignement d'aucune nature puisse être sérieusement invoqué en faveur de Inigo Jones ou d'un autre artiste contemporain.

1. Fondé par l'orfévre George Hériot, le Geordie des *Aventures de Nigel*, cet hôpital dont les bâtiments seuls coûtèrent plus de *sept cent cinquante mille francs*, reçoit des fils de bourgeois pauvres d'Édimbourg qui se destinent aux professions les plus diverses.

2. Commencé en 1628, l'hôpital d'Hériot fut terminé en 1650.

3. Les deux cent treize fenêtres, toutes sculptées, de l'hôpital d'Hériot, sont, à l'exception de deux, décorées d'ornements différents.

4. Inigo Jones, et après lui son élève, Christophe Wren, furent les deux plus célèbres architectes anglais du dix-septième siècle.

5. Le plan de l'*hôpital d'Hériot* qui s'élève près des promenades de *Meadows*, est quadrangulaire, et ses quatre côtés, de chacun *quarante-sept mètres de longueur*, encadrent une cour de *vingt-huit mètres carrés*. Les bâtiments, élevés de trois étages, sont flanqués à chaque angle de tours carrées ornées chacune de quatre tourelles. Au-dessus de l'entrée principale s'élève une cinquième tour carrée, couronnée d'un dôme et atteignant *trente-quatre mètres de hauteur*. — D'après Alph. Esquiros, *Itin. de la Grande-Bretagne*, in-12, Paris, 1865.

M. Joseph Roberston, architecte écossais, qui a le premier,
croyons-nous, revendiqué sans hésitation[1] pour William
Aytoun l'honneur d'avoir construit l'hôpital d'Hériot, a de
plus retrouvé l'indication des honoraires que cet architecte
reçut pour avoir donné les plans[2] de *Inner-House* à Murray,
construction d'une réelle importance à cette époque.

Bibliographie. — *The Builder*, vol. ix, n° 416.

AZNAR (frère athanase).

Religieux laïque de l'ordre de Saint-François, frère Atha-
nase de Aznar fut reçu *académicien de mérite de l'Académie
de San-Fernando* en 1758, après avoir adressé à cette compagnie les dessins de nombreux édifices qu'il avait érigés
dans la province d'Aragon et subi, sur les diverses parties de
l'architecture, un examen qui montra toute l'étendue de ses
connaissances et son savoir approfondi des mathématiques.

Une des œuvres les plus importantes de cet architecte est
l'*église paroissiale de Munebrega* (district de Calatayud).
Cet édifice, qui offre en plan un carré parfait (disposition
assez rare pour les églises catholiques) est divisé intérieurement par quatre colonnes soutenant une gracieuse coupole.
Il ne fut terminé que peu après la mort de Aznar, arrivée
en 1766.

Bibliographie. — Bermudez (Juan A. C), *Noticias de los
arquitectos*, etc., déjà cité, t. IV.

---

1. *Notes on early Scotch architects*, read at Architectural Institute of
Scotland (1851).

2. La pièce originale porte : « *for drawing the form of the house on
paper*, pour avoir dessiné le plan de la maison sur le papier. »

AZON.

Ce religieux français, que Félibien[1] considère « comme un habile architecte », vivait au dixième siècle et, devenu évêque de Séez (Orne), il reconstruisit, en 910, son église cathédrale consacrée à la sainte Vierge et qui avait été incendiée en 878[2]. Il se servit dans ce travail « des pierres des murs de la ville que les Normands venaient de détruire[3]. » Malheureusement il ne reste aucune partie de l'édifice érigé par les soins de Azon ; car, en 1048, Yves de Belléme, un de ses successeurs à l'évêché de Séez, causa la ruine totale de la cathédrale due à Azon et, l'année suivante, jeta les fondements de celle actuelle[4].

1. *Recueil hist. de la vie des plus célèb. archit.*, in-4°, Paris, MDCLXXXX, l. IV, p. 194.

2. Cette première église avait été construite en bois, au cinquième siècle, sous la direction de l'évêque saint Laitun et sur l'emplacement même d'un temple gallo-romain d'ordre corinthien. — RUPRICH-ROBERT, *Bull. mens. de la Soc. centr. des archit.*, in-8°, t. II, Paris, 1872.

3. ODOLANT DESNOS, *Mém. hist. de la ville d'Alençon*, in-8°, pl., Alençon, MDCCLXXXVII, t. I, p. 416.

4. *Idem, ibid.*